Housman 詩 全集

슈롭셔의 젊은이

박병희 역주

UUP

하우스만 시집
슈롭셔의 젊은이

■
2012년 3월 12일 **초판 인쇄** ▪ 2012년 3월 19일 **초판 발행** ▪ **지은이** 박병희 ▪ **펴낸이** 이 철
▪ **펴낸곳** **UUP**(울산대학교출판부) 680-749 울산광역시 남구 대학로 93(무거동) 울산대학교 출판부
▪ 전화 (052)259-2488 팩스 (052)277-3011 ▪ **홈페이지** http://uup.ulsan.ac.kr
▪ **출판등록** 제370-1996-000001호(1996.3.13)
▪ ₩ 20,000

■
이 도서의 국립중앙도서관 출판시도서목록(CIP)은 e-CIP홈페이지(http://www.nl.go.kr/ecip)와 국가자료공동목록시스템(http://www.nl.go.kr/kolisnet)에서 이용하실 수 있습니다.(CIP제어번호 : CIP2012001168)

ISBN 978.89.7868.276.3 (93840)

목 차

머리말 /8

하우스만 연보 /10

『슈롭셔의 젊은이』(*A Shropshire Lad*): 1986 / 11

1. *1887*......12
2. Loveliest of trees, the cherry now......16
3. *The Recruit*......18
4. *Reveille*......22
5. Oh see how thick the goldcup flowers......26
6. When the lad for longing sighs......30
7. When smoke stood up from Ludlow......32
8. Farewell to barn and stack and tree......36
9. On moonlit heath and lonesome bank......40
10. *March*......44
11. On your midnight pallet lying......46
12. When I watch the living meet......48
13. When I was one-and-twenty......50
14. There pass the careless people......52
15. Look not in my eyes, for fear......54
16. It nods and curtseys and recovers......56
17. Twice a week the winter thorough......58
18. Oh, when I was in love with you......60
19. *To an Athlete Dying Young*......62
20. Oh fair enough are sky and plain......66
21. *Bredon Hill*......68
22. The street sounds to the soldiers' tread......72
23. The lads in their hundreds to Ludlow come......74
24. Say, lad, have you things to do?......76
25. This time of year a twelvemonth past......78
26. Along the field as we came by......80
27. Is my team ploughing......82
28. *The Welsh Marches*......86
29. *The Lent Lily*......90
30. Others, I am not the first......92
31. On Wenlock Edge the wood's in trouble......94
32. From far, from eve and morning......96

33. If truth in hearts that perish....98
34. *The New Mistress*....100
35. On the idle hill of summer....102
36. White in the moon the long road lies....104
37. As through the wild green hills of Wyre....106
38. The winds out of the west land blow....110
39. 'Tis time, I think, by Wenlock town....112
40. Into my heart an air that kills....114
41. In my own shire, if I was sad....116
42. *The Merry Guide*....120
43. *The Immortal Part*....126
44. Shot? so quick, so clean an ending?....130
45. If it chance your eye offend you....134
46. Bring, in this timeless grave to throw....136
47. *The Carpenter's Son*....138
48. Be still, my soul, be still....142
49. Think no more, lad; laugh, be jolly....144
50. Clunton and Clunbury....146
51. Loitering with a vacant eye....150
52. Far in a western brookland....152
53. *The True Lover*....154
54. With rue my heart is laden....158
55. Westward on the high-hilled plains....160
56. *The Day of Battle*....162
57. You smile upon your friend to-day....164
58. .When I came last to Ludlow....166
59. *The Isle of Portland*....168
60. Now hollow fires burn out to black....170
61. *Hughley Steeple*....172
62. Terence, this is stupid stuff....174
63. I hoed and trenched and weeded....180

『최종 시집』(*Last Poems*): 1922 / 183

서문....184
서시: We'll go to the weeds no more....186
1. *The West*....188
2. As I gird on for fighting....192
3. Her strong enchantments failing....194
4. *Illic Jacet*....196
5. *Grenadier*....198
6. *Lancer*....200
7. In valleys green and still....204
8. .Soldier from the wars returning,....206
9. The chestnut casts his flambeaux....208

10. Could man be drunk for ever..................212
11. Yonder see the morning blink..................214
12. The laws of God, the laws of man..................216
13. *The Deserter*..................218
14. *The Culprit*..................222
15. *Eight O'clock*..................226
16. *Spring Morning*..................228
17. *Astronomy*..................232
18. The rain, it streams on stone and hillock..................234
19. In midnights of November..................236
20. The night is freezing fast..................240
21. The fairies break their dances..................242
22. The sloe was lost in flower..................244
23. In the morning, in the morning..................246
24. *Epithalamium*..................248
25. *The Oracle*..................252
26. The half-moon westers low, my love..................254
27. The sigh that heaves the grasses..................256
28. Now dreary dawns the eastern light..................258
29. Wake not for the world-heard thunder..................260
30. *Sinner's Rue*..................262
31. *Hell's Gate*..................264
32. When I would muse in boyhood..................272
33. When the eye of day is shut..................274
34. *The First of May*..................276
35. When first my way to fair I took..................280
36. *Revolution*..................282
37. *Epitaph on an Army of Mercenaries*..................284
38. Oh stay at home, my lad, and plough..................286
39. When summer's end is nighing..................288
40. Tell me not here, it needs not saying..................292
41. *Fancy's Knell*..................296

『유작(遺作) 시집』(*More Poems*): 1936 / 301

서시: They say my verse is sad..................302
1. *Easter Hymn*..................304
2. When Israel out of Egypt came..................306
3. For these of old the trader..................310
4. *The Sage to the Young Man*..................314
5. *Diffugere Nives*..................318
6. I to my perils..................322
7. Stars, I have seen them fall..................324
8. Give me a land of boughs in leaf..................326
9. When green buds hang in the elm like du..................328

10. The weeping Pleiads wester.......330
11. The rainy Pleiads wester.......332
12. I promise nothing: friends will part.......334
13. I lay me down and slumber.......336
14. The farms of home lie lost in even.......338
15. Tarry, delight, so seldom met.......340
16. How clear, how lovely bright.......342
17. Bells in tower at evening toll.......344
18. Delight it is in youth and May.......346
19. The mill-stream, now that noises cease.......348
20. Like mine, the veins of these that slumber.......350
21. The world goes none the lamer.......352
22. Ho, everyone that thirsteth.......354
23. Crossing alone the nighted ferry.......356
24. Stone, steel, dominions pass.......358
25. Yon flakes that fret the eastern sky.......360
26. Good creatures, do you love your lives.......362
27. To stand up straight and tread the turning mill.......364
28. He, standing hushed, a pace or two apart.......366
29. From the wash the laundress sends.......368
30. Shake hands, we shall never be friends.......370
31. Because I liked you better.......372
32. With seed the sowers scatter 374
33. On forelands high in heaven.......376
34. Young is the blood that yonder.......380
35. Half-way, for one commandment broken.......384
36. Here dead lie we.......386
37. I did not lose my heart 388
38. By shores and woods and steeples.......390
39. My dreams are of a field afar.......392
40. Farewell to a name and a number.......394
41. He looked at me with eyes I thought.......396
42. *A. J. J.*.......398
43. I wake from dreams and turning.......400
44. Far known to sea and shore.......402
45. Smooth between sea and land.......404
46. *The Land of Biscay*.......408
47. *For My Funeral*.......412
48. *Parta Quies*.......414

『추가 시집』(*Additional Poems*): 1937/ 417

1. *Atys*.......418
2. Oh were he and I together.......422
3. When Adam walked in Eden young.......424

4. It is no gift I tender......426
5. Here are the skies......428
6. Ask me no more......430
7. He would not stay for me......432
8. Now to her lap the incestuous earth......434
9. When the bells justle in the tower......436
10. Oh on my breast in days hereafter......438
11. *God's Acre*......440
11A. They shall have breath that never were......442
12. *An Epitaph*......444
13. Oh turn not in from marching......446
14. Oh is it the jar of nations......448
15. 'Tis five years since......450
16. Some can gaze and not be sick......452
17. The stars have not dealt me the worst......454
18. Oh who is that young sinner 456
19. *The Defeated*......458
20. I shall not die for you......460
21. *New Year's Eve*......462
22. *R. L. S.*......468
23. *The Olive*......470

참고문헌......472
색인......473

✤✤✤ 머리말

영국의 고전학자요 시인인 A. E. 하우스만(1859-1936)의 시는 절제되고 단순한 문체로 낭만적 염세주의를 표현하고 있다. 오랜 라틴어 연구로 얻어진 간결한 문체는 19세기 말 영국시의 장황하고 부정확한 문체와 대조를 이룬다. 형식과 내용이 단순하여 그의 시는 많은 대중적 인기를 누렸다.

하우스만의 부친은 변호사였고, 그는 일곱 남매 중 맏이로 태어났다. 그는 아버지보다 어머니를 더 좋아했고, 그가 12살 되던 해 생일날 어머니가 돌아가시자 크게 충격을 받았다. 이것은 확실히 그의 시에 표현된 염세주의의 한 원인이 되었다. 게다가 그는 옥스퍼드 대학 재학 중에 자신이 동성애적 욕망을 느끼고 있음을 깨닫고 더욱 고민에 빠졌다. 이러한 요인들로 인하여 그는 친구가 되었지만 그의 사랑에 반응을 보이지 않는 건장하고 잘생긴 대학 친구에 대한 강한 애정을 느끼게 되었다. 정서적 혼란 속에서 하우스만은 훌륭한 학생이면서도 옥스퍼드 대학 졸업시험에 실패하여 학위를 받지 못하고 대학을 떠나야 했다.

그는 1822년부터 1892년까지 런던의 특허국 관리로 근무했다. 이후 11년간 야간에 대영박물관 열람실에서 라틴 문학을 독학으로 공부하면서 라틴어 실력과 시어 선택에 대한 감수성 덕택에 고전 문헌의 오류를 수정하는 탁월한 재능을 개발했다. 그가 문예지에 기고한 글이 학자들의 관심을 끌었고, 그 결과 1892년 런던대학 유니버시티 칼리지의 라틴문학 교수로 임명되었다.

그는 사랑이 없이 살아야 한다는 사실을 확인하고서, 점점 더 은둔생활을 하면서 노트를 기록하는 것을 위안으로 삼았다. 그러면서 시를 쓰기 시작하여 1896년에 첫 시집 『수롭셔의 젊은이』(A Shropshire Lad)를 발표하였다. 후일 그는 자신이 정서적 삶이 끝난 다음에 본격적으로 시를 쓰기 시작했다고 말한 바 있다. 그는 독일 시인 하인리히 하이네와 셰익스피어의 서정시 그리고 스코틀랜드 민요시를 모델로 삼았다. 이들을 통해 그는 정서를 명료하게 표현하면서도 일정한 심미적 거리를 유지하는 방법을 터득했다. 또한 같은 목적으로 그는 자신의 시에서 농부의 역할을 자임하고 슈롭셔를 시의 배경으로 삼았다. 그는 시를 쓰기 시작할 때까지만 해도 슈롭셔를 직접 가본 적이 없었다. 『슈롭셔의 젊은이』가 서서히 그러면서도 확실하게 인기를 굳히게 되자 1922년에 발표한 『최종 시집』(Last Poems)은 시집으로서는 놀라운 성공을 거두었다. 작품 수는 100여 편에 불과하지만, 그의 시는 우정의 변화, 청춘의 무상, 자연의 미와 잔인성, 그리고 인간 욕망의 허망함 등의 주제를 다루었다. 제한된 범위에도 불구하고, 그의 시는 심미적 감각과 기법이 완벽하고 형식과 내용 면에서 어느 누구도 모방할 수 없는 독특한 성질을 가지고 있어서 비평가들의 호평을 받았다. 그의 시는 민요시만큼 낭만적이고 그리스 시만큼 고전적이다.

하우스만은 자기 자신을 주로 고전학자라 생각했고 문단을 피했다. 1911년에 그는 케임브리지 대학의 라틴어 교수가 되어 작고 시까지 라틴어 강의를 했다. 30년 이상 헌신한 학문적 노력의 결실은 마닐리우스의 주해 판을 완성한 것이다. 그는 마닐리우스의 시를 좋아하지 않았으나, 마닐리우스는 그에게 풍부한 교정의 기회를 제공해 주었다. 하우스만의 시가 거칠고 직접적인 것은 그의 학문연구에 기인한다. 그는 냉소적 기지로 상식을 옹호했고, 그로 인하여 사람들의 두려움의 대상이 되었다.

강연 원고인 『시의 명칭과 본질』(*The Name and Nature of Poetry*) (1933)은 하우스만의 예술관을 담고 있다. 그가 타계한 후 그의 동생 로렌스 하우스만은 유고를 편집하여 『유작 시집』 (*More Poems*)을 출간했다. 그는 또한 1937년에 『A. E. 하우스만』을 출간하면서 그의 저서에 『추가 시집』(*Additional Poems*)을 포함시켰다. 1971년에는 『서간집』(*Letters*)이 출간되었다. 그의 생애와 작품에 대한 설명은 A. S. F. 고우(Gow)의 『A. E. 하우스만』에 잘 정리되어 있다.

✣✣✣ 하우스만 연보

1859 우스터셔(Worcestershire) 포크버리(Fockbury)에서 탄생 (3월 26일)
1870- 1877: 브롬즈그로브 학교(Bromsgrove School) 재학
1871 3월 26일 모친 Sara Jane 별세
1877- 1881: 옥스퍼드 대학 세인트 존즈 칼리지 (St. John's College) 재학
1879 대학에서의 첫 공식 시험인 제1차 학사시험에서 우등
1881 대학에서의 마지막 공식 시험인 인문학과정(Literae Humaniores) 최종시험(Greats)에 불합격하여 학위를 받지 못하고 졸업
1882- 1892: 공무원시험에 합격하여 런던 특허청에 근무. 그리스와 로마 작가에 대한 다수의 논문 발표.
1892- 1911: 런던 대학 유니버시티 칼리지의 라틴어 교수
1896 첫 시집 『슈롭셔의 젊은이』 (*A Shropshire Lad*) 출판
1903 매니리우스의 『성학(星學)』 (*Astronomicon*) 정판 제1권 편집 (제2권, 1912; 제3권, 1916; 제4권, 1920; 제5권, 1930)
1905 유베날리스(Juvenal)의 풍자시 교정판 출판
1911- 1936: 케임브리지 대학 라틴어 교수. 트리니티 칼리지(Trinity College)의 특별 연구원(Fellow)
1921 "The Application of Thought to Textual Criticism"이라는 제목으로 고전학회(Classical Association)에서 강연
1922 『최종 시집』(*Last Poems*) 출판
1926 로마 시인 루카누스(Lucan) 시집 교정판 출판
1933 케임브리지 대학에서 「시의 명칭과 본질」(*The Name and Nature of Poetry)* 이라는 제목으로 특강 (Leslie Stephen Lecture)
1936 4월 30일 별세. 동생 로렌스 하우스만(Laurence Housman)이 『유작 시집』(*More Poems*) 출판
1937 로렌스 하우스만이 『A. E. 하우스만』 출판; 『추가 시집』(*Additional Poems*) 포함

슈롭셔의 젊은이

A Shropshire Lad

1896

I
1887

From Clee[1] to heaven the beacon[2] burns,
  The shires[3] have seen it plain,
From north and south the sign returns
  And beacons burn again.

Look left, look right, the hills are bright,
  The dales are light between,
Because 'tis fifty years[4] to-night
  That God has saved[5] the Queen.

Now, when the flame they[6] watch not towers
  About the soil they trod,
Lads, we'll remember friends of ours
  Who shared the work[7] with God.

To skies that knit their heartstrings[8] right,
  To fields that bred them brave,
The saviours come not home to-night:
  Themselves they could not save.[9]

It dawns in Asia, tombstones show
  And Shropshire names[10] are read[11];
And the Nile spills his overflow
  Beside the Severn's dead.

---

1) *Clee*: 클리山: the Clee Hills; 영국 슈롭셔 주의 루들로(Ludlow) 근처에 있는 산맥
2) *beacon*: 봉화, 봉홧불 (a signal fire lighted on a pole, a hill, or other high place)
3) *shire*: the inhabitants of a shire collectively
4) *fifty years*: golden jubilee; 빅토리아 여왕 재위 50주년(1887년 6월 20일)
5) *save*: 지키다, 수호하다, 보호하다 (deliver, rescue, or protect (a person) from impending danger, harm, or annoyance)
6) they: 다음에 나오는 "friends"를 가리킨다. 하우스만은 이와 같은 선행 대명사를 자주 사용한다.
7) *the work*: 그 일, 즉 여왕을 지키는 일
8) *heartstrings*: 심금(心琴), 깊은 감정 (one's deepest emotions)
9) *The saviors... save*: 성서의 인유이다. "He saved others; himself he cannot save." (Matt. 27:42)
10) *Shropshire names*: 조국을 지키다가 죽어 무덤에 묻혀 있는 슈롭셔 사람들의 이름
11) *read*: find recorded in writing

1. 1887년

클리山에서 하늘로 봉화(烽火)가 타오르고,
　불은 여러 주(州)에서 뚜렷이 보인다,
북쪽과 남쪽에서 신호가 돌아오고
　봉화는 다시 타오른다.

왼쪽을 보고, 오른쪽을 보라, 산도 밝고,
　그 사이 계곡도 밝다,
오늘 밤은 하나님께서 여왕을
　구원해오신지 오십 년째이니까.

그들이 보지 못하는 불이 그들이 밟고 간
　땅위로 솟아오르는 지금,
젊은이들이여, 하나님과 함께 여왕을 구원한
　우리의 벗들을 기억하자.

그들의 심성을 바르게 길러준 하늘과,
　그들을 용감하게 키워준 들로,
조국을 구한 그들은 오늘밤 돌아오지 않는다;
　그들은 스스로를 구하지 못했다.

아시아에 동이 트고, 묘석(墓石)이 보이고,
　슈롭셔의 이름들이 서서히 나타난다;
나일 강이 범람하여 넘치는 물이
　세번 강의 젊은이들 무덤 옆을 흐른다.

We pledge[1] in peace by farm and town
  The Queen they served in war,
And fire the beacons up and down
  The land they perished for.

"God save the Queen"[2] we living sing,
  From height to height 'tis heard;
And with the rest your voices ring,
  Lads of the Fifty-third[3].

Oh, God will save her, fear you not:
  Be you the men you've been,
Get you the sons your fathers got,
  And God will save the Queen.

---

1) *pledge*: 축배를 들다 (drink to the health, toast)
2) "*God save the Queen*": 영국국가
3) *the Fifty-third*: 제53 보병 연대 (일명 슈롭셔 연대); 1755년에 창설된 영국 육군 보병 연대이며, 1881년에 The King's Shropshire Light Infantry Regiment로 개편되었고, 그 전통은 오늘날 The Light Infantry 제3대대로 이어지고 있다.

그들이 전쟁터에서 섬긴 여왕을 위해
  우리는 농장과 도시에서 평화롭게 축배를 들고,
그들이 몸 바쳐 지킨 이 땅의
  곳곳에서 봉홧불을 밝힌다.

우리는 '여왕 폐하 만세'를 살아서 노래하고,
  그 노래는 이 산 저 산에 울려 퍼진다:
그리고 당신들의 목소리는 다른 목소리들과 함께 울린다,
  53연대의 젊은이들이여.

오, 하나님께서 여왕을 구원하시리니, 그대들은 두려워 말라;
  그대들은 여태껏 살아온 인간으로 있어라,
그대들의 조상들처럼 아들을 낳아라,
  그러면 하나님께서 여왕을 구원하실 것이니.

✤해설✤

이 시는 1887년 6월 20일의 빅토리아 여왕(1837~1901) 즉위 50주년 기념 축전(Golden Jubilee)을 소재로 쓴 작품이다. 이 시의 구조는 "God save the Queen"이라는 반복구에 담긴 의미와 어조의 변화에 의해 드러난다. 제1연과 제2연은 여왕 즉위 50주년 기념을 축하하는 분위기에 젖어있다. 제2연의 마지막 행 "God has saved the Queen"은 여왕과 조국을 지켜준 하나님의 자비에 감사하는 전통적인 태도를 표현하고 있다. 제3연에서 여왕을 구원한 주체는 하나님과 "우리의 벗들"로 바뀐다. 비록 하나님과 인간이 함께 여왕을 구원했다고 말하고는 있지만, 실로 조국이 만세(萬歲)를 누리는 것은 이 젊은이들의 희생 덕택이다. 따라서 반복구는 "Both God and our friends has saved the Queen"으로 수정된다. 제4연은 성경의 인유를 통해 "우리의 벗들"을 구세주 그리스도에 비유하여 조국을 구하기 위해 목숨을 바친 고귀한 희생정신을 기림으로써 제3연의 의미를 더욱 강화한다. 오늘날 우리가 평화롭게 축배를 들 수 있는 것은 그들의 희생이 있었기 때문에 가능한 일이다. 제7연에서 화자는 산 사람들과 죽은 사람들이 애국가 "God save the Queen"을 합창하며 여왕 만세를 함께 기원하고 있다고 상상한다. 마지막 연은 자손을 낳아 대를 이어 조국을 지킨다면 "하나님이 여왕을 구원하실 것이다"(God will save the Queen)라고 미래의 애국을 이야기한다. 한 개인으로서 인간의 수명은 짧지만 자손을 낳아 대를 이어갈 때 조국은 영원토록 번영을 누릴 수 있게 될 것이다. 이것은 미래에도 조국의 평화와 안녕을 지키기 위해서는 수많은 후손들의 희생이 뒤따라야 함을 의미한다.

II

Loveliest of trees, the cherry now
Is hung with bloom along the bough,
And stands about the woodland ride[1)]
Wearing white[2)] for Eastertide[3)].

Now, of my threescore years and ten,
Twenty will not come again,
And take from seventy springs a score,
It only leaves me fifty more.

And since to look at things in bloom
Fifty springs are little room[4)],
About[5)] the woodlands I will go
To see the cherry hung with snow.

---

1) *ride*: 승마길 (a path or track made for riding on horseback, esp. through a wood)
2) *white*: 흰 옷 (white clothing)
3) *Eastertide*: 부활절 계절 (Easter Sunday부터 성령강림절까지의 50일간); Cf. *Easter*: 춘분 후 만월 다음의 첫 일요일
4) *room*: 기회, 여지 (opportunity or allowance for something to occur, develop, etc.; scope)
5) *about*: 근처에, 가까이에 (somewhere near)

2

나무 중 가장 아름다운 벚나무는
가지마다 꽃을 매달고서
부활절을 맞아 흰 옷을 입고
숲속 승마 길에 늘어서 있네.

이제 내 일생 일흔 해 중에서
스무 해는 다시 오지 않으리라,
그러니 일흔 번 봄에서 스물을 빼면,
내겐 남은 것은 오직 쉰 번뿐.

그리고 꽃 핀 것들을 보기에
오십 번의 봄은 너무 짧으니,
나는 숲 근처에 나가서
벚나무에 눈꽃 핀 것 보리라.

해설

하우스만의 시 중에서 가장 잘 알려진 작품이다. 이 시에서 화자는 스무 살의 나이에 남달리 인생무상과 생에 대한 애착을 느낀다. 이미 지나간 스무 번의 봄은 다시 오지 않을 것이며, 인생을 칠십으로 볼 때 남은 오십 번의 봄이 너무 짧기 때문에 겨울에 벚나무에 눈꽃이 달린 모습도 보겠다고 말한다. 얼핏 보면 이 시는 자연의 아름다움을 예찬한 단순한 작품으로 보이지만, 그 이면에는 복잡한 생각이 깔려 있다. 벚꽃을 보고 있는 화자의 마음속에는 봄의 부활에서 여름의 성장과 겨울의 쇠락과 죽음으로 이어지는 자연의 변화에 관한 복잡한 생각들이 스치면서 인간의 숙명을 깨우쳐준다. "우수는 미와 더불어 산다"고 한 키츠의 말처럼, 화자는 가장 아름다운 자연 앞에서 인간의 숙명에 대한 슬픔과 우수를 느끼고 있다. 그래서 그는 무상한 인생에 대해 더욱 강한 애착을 느끼고, 살아 있는 동안 "꽃 핀 것들"을 더욱 열심히 즐기고자 한다.

III
The Recruit

Leave your home behind, lad,
  And reach your friends your hand,
And go, and luck go with you
  While Ludlow[1] tower shall stand.

Oh, come you home of Sunday
  When Ludlow streets are still
And Ludlow bells are calling
  To farm and lane and mill,

Or come you home of Monday
  When Ludlow market hums[2]
And Ludlow chimes are playing
  'The conquering hero comes',[3]

Come you home a hero,
  Or come not home at all,
The lads you leave will mind[4] you
  Till Ludlow tower shall fall.

And you will list[5] the bugle[6]
  That blows in lands of morn,
And make the foes of England
  Be sorry you were born.

---

1) *Ludlow*: 루들로: England의 Salop (Shropshire)에 있는 장터 마을(market town)이며 자치 도시(borough: city 다음 가는 행정구역); 템(River Teme) 강변에 위치하고 있다. 이 단어는 [lʌdlou] 또는 [lúdlō]로 발음된다.

2) *hum*: 시끌벅적하다 (emit an indistinct noise); 활기를 띠다 (be in a state of busy activity)

3) *"The conquering hero comes"*: 헨델(George Frederick Handel)이 작곡한 유명한 합창곡; 헨델은 독일 태생의 작곡가인데 영국에서 작곡 활동을 했다.

4) *mind*: 기억하다 (remember)

5) *list*: listen to

6) *bugle*: 나팔 (a brass instrument like a small trumpet, used for giving military signals)

3. 신병(新兵)

젊은이, 집을 두고 떠나라,
그리고 친구들과 악수를 하고,
떠나라, 루들로 탑이 서있는 동안
행운이 그대와 함께 하리라.

오, 루들로 거리가 조용한
일요일에 집에 돌아오면,
농가와 골목길과 물방앗간에
루들로 종이 울려 퍼지리라.

아니면 루들로 장터가 붐비는
월요일에 집에 돌아오면,
루들로 종소리가 울려 "승리의 용사가
돌아온다"는 곡을 연주하리라.

그대가 영웅이 되어 집에 돌아오든
혹은 전혀 돌아오지 않든지 간에,
두고 온 벗들은 그대를 기억하리라,
루들로 탑이 무너질 때까지.

그리고 그대는 아침의 땅에서 울리는
나팔 소리를 들을 것이며,
그대가 태어난 것을 영국의 원수들이
유감으로 생각하게 만들리라.

And you till trump[1] of doomsday
  On lands of morn may lie,
And make the hearts of comrades
  Be heavy[2] where you die.

Leave your home behind you,
  Your friends by field and town:
Oh, town and field will mind you
  Till Ludlow tower is down.

---

1) *trump*: a trumpet
2) *heavy*: hard to bear or endure; causing sorrow, sad, distressing

그리고 그대는 최후의 심판 나팔이
  울릴 때까지, 아침의 땅에 누워,
그대가 죽은 곳에서 벗들의
  마음을 슬프게 만들리라.

집을 두고 떠나라,
  들과 마을에 벗들을 두고 떠나라:
오, 루들로 탑이 무너질 때까지
  마을과 들은 그대를 기억하리라.

✣해설✣

이 시에서 화자는 신병으로 징집되어 고향을 떠나는 젊은이의 전도(前途)를 축복하고 있다. 군인의 길은 살아서 영웅이 되어 돌아오거나 죽어서 시체로 돌아오거나 둘 중 하나일 것이다. 화자는 떠나는 젊은이에게 그가 개선하여 귀향하는 날 "루들로 종"이 울려 퍼지고 "보라, 승리의 용사가 돌아온다(See, the conquering hero comes)"는 헨델의 개선행진곡을 연주하여 환영하는 장면을 상상하며 용기를 내도록 격려한다. 그리고 만에 하나 그가 전사하더라도 고향의 벗들은 "루들로 탑이 서 있는 동안" 그를 기억할 것이라고 말한다. 그러나 화자의 말의 이면에는 다른 의미가 숨어 있다(Leggett 18).

하우스만은 반복구를 즐겨 사용한다. 이 시에는 루들로 탑에 관한 절이 세 번 반복되는데, 그 외연적 의미는 동일하지만 각각이 함축하고 있는 연상적 의미는 다르다. 처음의 "While Ludlow tower shall stand"와 두 번째의 "Till Ludlow tower shall fall"은 둘 다 미래시제로 되어 있으나 두 동사 "stand"와 "fall"은 정반대의 의미를 가지며, 이러한 반복구의 변화는 탑이 무너질 것임을 암시한다. 그리고 마지막의 "Till Ludlow tower is down"은 현재시제로 되어 있어 탑이 무너지는 것이 기정사실화 되어 있다. 따라서 고향이 신병을 오래 기억할 것이라는 화자의 말의 이면에는 탑은 언젠가는 무너질 것이며 신병의 명예 또한 잊어지고 말 것이라는 반어적 의미가 내포되어 있음을 알 수 있다. 이러한 반복구의 구조는 민요시에 빈번히 사용되는 점층적 반복(incremental repetition)에 해당한다. (1895년 1월 작)

IV
Reveille[1)]

Wake: the silver dusk[2)] returning
  Up the beach of darkness brims[3)],
And the ship of sunrise[4)] burning
  Strands[5)] upon the eastern rims[6)].

Wake: the vaulted shadow[7)] shatters,
  Trampled to the floor it spanned[8)],
And the tent of night in tatters
  Straws[9)] the sky-pavilioned land.

Up, lad, up, 'tis late for lying:
  Hear the drums of morning play;
Hark, the empty highways crying
  "Who'll beyond the hills away?"

Towns and countries woo together[10)],
  Forelands beacon[11)], belfries call;
Never lad that trod on leather[12)]
  Lived to feast[13)] his heart with all[14)].

---

1) *reveille*[rivéli]: 기상나팔 (music played to as a signal to waken soldiers in the morning)
2) *dusk*: 여명(黎明) (the darker stage of twilight);
3) *brim*: 넘치다, 넘쳐흐르다 (be full to the brim; overflow)
4) *the ship of sunrise*: 일출의 배 (떠오르는 태양을 배에 비유한 말); the ship: a thing resembling a ship in form or appearance
5) *strand*: 기슭에 올라앉다 (run aground)
6) *rim*: the visible limit or margin of the horizon; the landscape
7) *the vaulted shadow*: 둥근 그림자; 반원형의 하늘을 지붕으로 삼은 대지가 어둠으로 가득 차 있는 모양을 가리킨다. 이것은 그 다음에 나오는 "sky-pavillioned land"와 같은 표현이다. pavilion: 대형 천막, 천막으로 덮다 (enclose in a large peaked tent)
8) *span*: 걸치다 (arch across from side to side); 대명사 "it"는 "the vaulted shadow"를 가리킨다.
9) *straw*: 흩뿌리다 (strew; scatter)
10) *together*: 함께, 동시에 (in union); 서로 (to one another, mutually, reciprocally)
11) *beacon*: 횃불을 밝히다 (kindle as a beacon)
12) *tread on leather*: tread shoe leather=tread this earth; 살아 있다 (be alive)
13) *feast*: 만족시키다, 기쁘게 하다 (regale, gratify)
14) *all*: *everything*

4. 기상나팔

깨어나라: 은빛 여명(黎明)이 돌아와
　어두운 해변 위로 차오르고,
불타는 일출의 배는
　동쪽 수평선에 걸려 있다.

깨어나라: 둥근 그림자가 부서지고
　짓밟히어 결쳐 있던 바닥으로 떨어진다.
그리고 밤의 장막은 갈기갈기 찢어져
　하늘을 지붕 삼은 땅에 흩어진다.

일어나라, 젊은이, 누워 있기엔 늦은 시간이다;
　아침의 북이 울리는 소릴 들어라;
들어라, 텅 빈 거리가 외치고 있다
　"누가 저 언덕 너머로 가겠는가?"

도시와 시골이 함께 구애하고,
　갑(岬)이 밝아오고, 종탑이 운다;
가죽신을 신은 어느 젊은이도
　살면서 매사에 만족을 얻지는 못했다.

Up, lad: thews that lie and cumber
  Sunlit pallets never thrive;[1)]
Morns abed[2)] and daylight slumber
  Were not meant for man alive.

Clay[3)] lies still, but blood's a rover;
  Breath's a ware[4)] that will not keep[5)].
Up, lad: when the journey's over
  There'll be time enough to sleep.

---

1) 햇빛 밝은 침상에 누워 짓뭉개는 근육은 결코 자라지 못 한다: 해가 뜰 때까지 늦잠 자는 사람을 성공하지 못한다는 의미임. *thews*=근육 (muscles, sinews); 여기서는 육신을 의미함; *cumber*=짐을 지우다 (burden. load), 괴롭히다 (bother, trouble, harass); *pallets*: 초라한 침상 (a straw bed or mattress)

2) *abed*: in bed

3) *clay*: human body

4) *ware*: an article of merchandise

5) *keep*: remain in good condition; not decay; last without spoiling

일어나라, 젊은이: 햇빛 비친 침상을
  짓뭉개는 근육은 결코 잘 자라지 못 한다;
아침에 자리에 누워 해 뜰 때까지 자는 것은
  산 사람이 할 일이 아니다.

몸은 가만히 누웠으나, 피는 돌고 있다;
  숨은 오래 가지 못하는 것이다.
일어나라, 젊은이: 여행이 끝나고 나면
  잠 잘 시간은 얼마든지 있을 테니.

해설

인생은 해가 뜨면 일어나고 해가 지면 자리에 눕는 순환적 과정의 연속이다. 이 순환의 마지막은 죽음이다. 동이 트자 어둠이 걷히고, 거리에 아침을 알리는 북소리와 노래 소리가 울려 퍼진다. 화자는 늦잠 자는 것은 산 사람이 할 일이 아니며 죽으면 실컷 잘 테니 어서 일어나서 활동하라고 독려한다. 시인은 이 시의 제목과 더불어 거의 모든 연에서 "Wake"와 "Up"를 반복함으로써 주제를 효과적으로 강조하고 있다. 이 두 단어를 합하면 "잠 깨어 일어나라(Wake up!)"가 되며, 이 말은 생명은 길지 않으니 살아 숨 쉬는 동안 적극적으로 생에 참여하라는 의미를 갖는다.

이 시에는 하우스만 특유의 완곡어법(婉曲語法)이 두드러지게 나타나 있다. 완곡어법이란 직설적인 표현보다는 에둘러 말하는 수사법을 말한다. 영어로는 완곡어법을 "periphrasis" 또는 "circumlocution"이라 부르는데, 특히 불쾌감을 주거나 귀에 거슬리는 말 대신에 듣기에 좋고 부드러운 표현을 사용하는 간접적인 표현 방법을 "euphemism"이라 한다. 이 시에는 "the tent of night in tatters / Straws the sky- pavilioned land"(어둠이 걷히다), "lad that trod on leather"(살아 있는 사람), "thews that lie and cumber / Sunlit pallets never thrive"(늦잠 자는 사람은 성공하지 못한다), "the journey's over"(죽다), 등은 완곡어법이 사용되어 있다. (1895년 1월, 초고)

V

Oh see how thick the goldcup flowers
  Are lying in field and lane,
With dandelions to tell the hours
  That never are told again.
Oh may I squire[1] you round the meads
  And pick you posies[2] gay?
—'Twill do no harm to take my arm.
  'You may, young man, you may.'

Ah, spring was sent for lass and lad,
  'Tis now the blood runs gold,
And man and maid had best be glad
  Before the world is old.
What flowers to-day may flower to-morrow,
  But never as good as new.
—Suppose I wound my arm right round—
  ''Tis true, young man, 'tis true.'

Some lads there are, 'tis shame to say,
  That only court to thieve[3],
And once they bear the bloom away
  'Tis little enough they leave.
Then keep your heart for men like me
  And safe from trustless[4] chaps.
My love is true and all for you.
  'Perhaps, young man, perhaps.'

---

1) *squire*: 안내하다 (escort, accompany, go out with)
2) *posy*: 꽃다발 (a small bunch of flowers)
3) *thieve*: 훔치다 (steal, commit theft)
4) *trustless*: 믿을 수 없는 (unreliable, untrustworthy)

5

오, 보시오, 미나리아재비 꽃이
　민들레와 함께 들과 골목길에
무성히 피어, 다시는 돌아오지 않을
　시간을 알려주고 있소.
오, 내가 당신을 데리고 풀밭으로 나가
　아름다운 꽃을 꺾어 드릴까요?
—내 팔을 잡아도 해롭지는 않으련만.
　"그러세요, 총각, 그러세요."

아, 처녀 총각을 부르러 봄을 보냈나 보오,
　지금은 피가 황금빛으로 달아오르고,
세상이 더 늙기 전에 우리 처녀총각들이
　즐기는 것이 좋을 시간이라오.
오늘의 꽃이 내일도 피겠지만,
　오늘처럼 싱싱하지는 않으리오.
—내가 팔로 당신을 안는다면—
　"맞아요, 총각, 맞아요."

부끄러운 말이지만, 단지 훔치기 위해서
　유혹하는 사내들도 있다오,
그리고 한번 꽃을 꺾어버리고 나면
　남는 것이 거의 없다오.
그러니 믿을 수 없는 사내들에게 마음을 주지 말고,
　나 같은 사람을 위해 안전하게 지키시오.
내 사랑은 진실하고 오직 당신만을 위한 것이라오.
　"아마 그럴 테지요, 총각, 아마도."

Oh, look in my eyes then, can you doubt?
  —Why, 'tis a mile from town.
How green the grass is all about!
  We might as well sit down.
—Ah, life, what is it but a flower?
  Why must true lovers sigh?
Be kind, have pity, my own, my pretty,—
  'Good-bye, young man, good-bye.'

오, 그러면 내 눈을 보시오, 의심할 수 있겠소?
　—자, 우린 도시에서 멀리 떨어져 있고.
주변의 풀은 너무도 푸르구려!
　우리 차라리 여기 앉는 게 좋겠소.
—아, 인생이란, 꽃이 아니고 무엇이겠소?
　왜 진실한 연인들이 한숨을 쉬어야 하나요?
친절을 베푸시오, 연민을 가지시오, 내 사랑, 내 여인,—
　"잘 가요, 총각, 잘 가요."

해설

인생무상을 주제로 한 작품이다. 남자는 이 주제를 사용하여 여자를 유혹하지만, 역설적으로 여자는 인생의 덧없음을 깨닫고 남자의 유혹을 피한다. 반복해서 나타나는 꽃의 이미지를 이해하는 것이 이 작품 이해의 관건이다. 제1연에서 꽃은 시간의 불가역성(不可逆性)을 강조한다. 한 번 흘러간 시간은 다시 돌이킬 수 없으며 청춘도 한 번 가면 다시 오지 않는다. 여자는 "꽃을 꺾다"는 말의 의미를 모른 채 꽃을 꺾어 꽃다발을 만들어주겠다는 남자의 제의를 받아들이면서 "you may"라고 대답한다. 제2연에서 꽃의 이미지는 제1연의 의미를 더욱 강화한다. 오늘 핀 꽃은 내일이면 시든다는 남자의 말에 여자도 동의하며 "Tis true"라고 대답한다. 제3연에서 남자는 한 번 꽃을 꺾어 가버리면 남는 것이 없다고 말한다. 이 말은 진실하지 못한 남자들을 조심하라고 여자에게 경고하기 위한 의도로 한 말이지만, 여자는 이 말을 듣고 꽃을 꺾는다는 것이 무엇을 의미하는지를 어렴풋이 깨닫게 된다. 그래서 남자가 자신의 사랑이 진실함을 역설하지만 여자는 남자의 진실성을 의심하면서 "Perhaps"라고 회의적인 반응을 보인다. 마지막 연에서 "아, 인생이란 꽃이 아니고 무엇이겠소?"라는 남자의 말은 여자에게는 사랑도 인생도 덧없는 것이라는 절실한 깨달음으로 다가온다. 그래서 "Goodbye"라고 말하면서 남자의 유혹을 단호하게 뿌리친다. 아이러니컬하게도 남자는 인생무상에 대한 깨달음을 얻어감에 따라 점점 더 마음이 조급해지고 절박해지는 반면, 여자는 처음에는 순진하게 믿다가 점차 남자의 진실성을 의심하게 되고 마침내 사랑과 인생의 의미에 대한 통찰력을 얻게 된다. 이처럼 순진한 믿음에서 인생에 대한 통찰로 발전하는 과정이 하우스만 시의 중심 구조를 이루고 있다.

VI

When the lad for longing sighs,
  Mute and dull of cheer[1] and pale,
If at death's own door he lies,
  Maiden, you can heal his ail[2].

Lovers' ills are all to buy:
  The wan look, the hollow tone,
The hung head, the sunken eye,
  You can have them for your own.

Buy them, buy them: eve and morn
  Lovers' ills are all to sell.
Then you can lie down forlorn;
  But the lover will be well.

---

1) *cheer*: high spirits
2) *ail*: ailment, an illness that is not serious

6

젊은이가, 말없이 풀이 죽어
  창백하게, 그리워하며 한숨지을 때는,
만약 그가 죽음의 문턱에 누웠다면,
  여인이여, 당신은 그의 병을 고칠 수 있다.

연인들의 병은 돈으로 사는 것:
  창백한 표정, 공허한 어조,
숙인 머리, 움푹 들어간 눈,
  이 모든 것을 당신의 것으로 가질 수 있다.

이것들을 모두 사라: 아침저녁으로
  연인의 병은 팔아야 할 물건이니.
그러면 당신은 쓸쓸히 앓아누울 테지만:
  연인은 병이 나을 것이다.

해설

사랑의 덧없음을 주제로 한 작품이다. 하우스만은 이 시에서 궁정풍 연애(courtly love)의 전통에 따라 사랑을 병(病)에 비유하고 있다. (중세 후기의 궁정풍 연애는 결혼한 귀부인에게 젊은 기사가 스스로 종이라 칭하고 숭배와 애정을 바치는 고도로 양식화된 것이었다.) 이 작품에서 상사병에 걸려 앓아누운 젊은이는 창백하게 한숨 쉬며 죽음의 문턱에 누워 있다. 그 젊은이의 병은 그가 사랑하는 여자만이 고칠 수 있다. 그러나 그 병을 고치려면 여자 자신도 그 병에 감염될 위험을 감수해야 한다. 병을 사고판다는 것은 사랑이 서로 주고받는 것임을 의미한다. 다시 말해서, 사랑에는 공짜가 없으며 반드시 대가가 따른다는 뜻이다. 그 대가는 "창백한 표정, 공허한 어조, / 숙인 머리, 움푹 들어간 눈"이다. 사랑의 병을 판 사람은 병이 낫겠지만, 반대로 그 병을 산 사람이 앓아눕게 된다. 욕망이 충족되고 나면 쉬 끝나버리는 것이 사랑이기 때문에, 사랑의 본질은 덧없는 것이다. 또한 이 시에는 사랑이라는 역병이 일으키는 끝없는 순환의 과정이 암시되어 있다(Leggett 39).

VII

When smoke stood up[1] from Ludlow,
  And mist blew off from Teme[2],
And blithe afield to ploughing
  Against the morning beam
I strode beside my team[3],

The blackbird in the coppice
  Looked out to see me stride,
And hearkened as I whistled
  The trampling team beside,
  And fluted[4] and replied:

'Lie down, lie down, young yeoman[5];
  What use to rise and rise?
Rise man a thousand mornings
  Yet down at last he lies,
  And then the man[6] is wise.'

I heard the tune he sang me,
  And spied his yellow bill;
I picked a stone and aimed it
  And threw it with a will[7]:
  Then the bird was still.

---

1) *stand up*: (of flame, smoke, etc.) rise up, issue upwards
2) *Teme*: the River Teme (Shropshire 주의 Ludlow를 경유하여 Severn 강으로 합류한다.)
3) *team*: two or more oxen or horses in harness to pull together
4) *flute*: whistle, sing, or speak in flutelike tones
5) *yeoman*: 자작농, 소지주 (a man holding a small landed estate; a freeholder below the rank of a gentleman)
6) *the man*: i. e., 누워 있는 사람
7) *with a will*: with determination, vigorously, energetically

7

루들로에서 연기가 솟아오르고,
  템 강에서 안개가 날릴 때,
나는 아침 햇살을 받으며
  말을 몰고 쟁기질하러
  즐겁게 들로 나갔다.

그때 지빠귀가 잡목 숲에서 고개를 내밀어
  내가 걸어가는 모습을 보았고,
터덜터덜 걸어가는 말들 옆에서
  내가 부는 휘파람 소리를 듣고,
  피리 소리를 내며 응답했다:

"누워라, 누워라, 젊은 농부야;
  일어나고 또 일어난들 무슨 소용 있으랴?
천 날 아침에 일어나도
  끝내는 눕고 말 것을,
  그러니 그 사람이 현명하니라."

나는 그 새가 부르는 노래를 듣고,
  그 새의 노란 부리를 보았다;
나는 돌멩이 하나를 주워
  그 새를 향해 힘껏 던졌다:
  그제야 그 새는 조용해졌다.

Then my soul within me
  Took up[1] the blackbird's strain,
And still beside the horses
  Along the dewy lane
  It sang the song again:

'Lie down, lie down, young yeoman;
  The sun moves always west;
The road one treads to labour
  Will lead one home to rest,
  And that will be the best.'

1) *take up*: 이어 받다, 뒤를 잇다 (begin again (something left off or begun by another, resume)

그러자 내 안의 영혼이
  지빠귀의 노래를 이어받아,
여전히 말들과 함께,
  이슬 젖은 오솔길을 걸어가면서
  그 노래를 다시 불렀다:

"누워라, 누워라, 젊은 농부야;
  해는 언제나 서쪽으로 진단다;
일 하러 밟고 가는 그 길은
  편히 쉴 집으로 인도한단다,
  그리고 그것이 최선(最善)이니라."

해설

다람쥐 쳇바퀴 돌리듯 하는 단조로운 농촌의 일상을 묘사한 작품이다. 농부는 아침이면 일어나 들에 나가서 일을 하고 저녁이면 돌아와 자리에 눕는다. 어느 날 농부가 여느 날처럼 들에 나갈 때 잡목 숲에서 들려오는 지빠귀의 노래가 마치 자신의 처지를 야유하는 것처럼 들린다. 농부는 화가 나서 돌멩이를 던져 새를 쫓아버린다. 새는 쫓았지만 이제는 그의 영혼이 새의 노래를 흉내 내고 있다. 다시 말해서 그의 마음속에는 이미 무의미한 일상에 대한 자의식이 자리 잡고 있었다. 그는 차라리 영원히 누워 쉬는 것이 현명한 일일 것이라 생각한다. 이 시에서 "자리에 눕다(lie down)"는 말은 "죽다(die)"의 의미를 함축하고 있다. 따라서 지빠귀의 노래는 "죽어라, 죽어라, 젊은 농부야, / 살고 또 살면 무슨 소용 있느냐? / 천 번을 아침에 다시 살아나도 / 끝내는 죽고 말 것을"이라는 말로 풀이될 수 있다.

VIII

'Farewell to barn and stack[1] and tree,
  Farewell to Severn shore.
Terence[2], look your last at me,
  For I come home no more.

'The sun burns on the half-mown hill,
  By now the blood is dried;
And Maurice amongst the hay lies still[3]
  And my knife is in his side.

'My mother thinks us long away;
  'Tis time the field were mown.
She had two sons at rising day,
  To-night she'll be alone.

'And here's a bloody hand to shake[4],
  And oh, man, here's good-bye;
We'll sweat no more on scythe and rake,
  My bloody hands and I.

---

1) *stack*: 낟가리, 건초더미 (a haystack, a rick; a circular or rectangular pile of grain in the sheaf or of hay, straw, etc.)

2) *Terence*: 슈롭셔 청년을 대표하는 이름; 처음에는 *Terence* 또는 *The Poems of Terence Hearsay*를 이 시집의 제목으로 삼으려 하다가 A. W. Pollard의 제안에 따라 *A Shropshire Lad*로 바꾸었다.

3) *still*: motionless, not moving

4) *shake*: wave (the hand) in farewell

8

잘 있어라, 곡간아 낟가리야 나무야,
　세번 강변아 잘 있어라.
테렌스야, 마지막으로 나를 보아라,
　나는 다시 고향에 오지 않을 테니.

해는 베다 만 언덕 위에서 타오르고,
　지금쯤 피는 말라 있다;
모리스는 건초 밭에 조용히 누어있고,
　내 칼은 그의 옆구리에 꽂혀 있다.

내 어머니는 우리가 멀리 갔으리라 생각한다;
　들에 풀베기가 끝났을 시간이다.
해 뜨는 아침에 두 아들이 있었으나,
　오늘 밤 어머니는 홀로 지낼 것이다.

여기 피 묻은 손이 손짓을 한다,
　그리고, 오, 여보게, 여기 이별이 있다;
우린 낫과 쇠스랑으로 더 이상 땀 흘리지 않으리라,
　내 피 묻은 손과 나는.

'I wish you strength to bring you[1]) pride,
  And a love to keep you clean,
And I wish you luck, come Lammastide[2]),
  At racing on the green.

'Long for me the rick will wait,
  And long will wait the fold,
And long will stand the empty plate,
  And dinner will be cold.'

---

1) *you*: i. e., Terence
2) *Lammastide*: 수확제 (옛날 영국에서 8월 1일에 열렸던 축제; 햇보리로 만든 빵을 먹었다.)

나는 네게 긍지를 가질 힘과, 네 몸을
  깨끗이 지킬 사랑을 기원하노라,
나는 네게, 수확제의 계절이 오면,
  잔디밭 경주에서의 행운을 비노라.

낟가리는 오래 나를 기다릴 것이고,
  우리 안의 양떼도 오래 기다리겠지,
또한 텅 빈 접시도 오래 놓여 있고,
  저녁 식사는 식어 있겠지.

해설

살인과 이향(離鄕)의 주제를 다룬 민요시 형식의 작품이다. 하우스만은 이 시에서 인류 최초의 살인사건인 카인(Cain)과 아벨(Abel)의 이야기를 소재로 사용하고 있다. 성서에서 카인은 농부이고 아벨은 목자(牧者)이다. 카인은 농산물을, 아벨은 가축을 제물로 바쳤는데, 하나님은 아벨과 그가 바친 제물은 반기고, 카인과 그가 바친 제물은 반기지 않았다. 이게 카인은 아벨을 질투하여, 그를 들로 꾀어내어 죽인다. 그 후 그는 저주받은 몸이 되어 세상을 떠돌아다니는 신세가 된다. 이 작품에서도 형인 화자는 농부이고 동생 모리스(Maurice)는 목동이다. 화자는 건초 밭에서 동생을 칼로 찔러 죽이고 홀어머니를 남겨둔 채 피 묻은 손을 흔들며 정든 고향을 떠난다. 화자는 테렌스(시인)에게 긍지와 사랑을 가지고 죄를 짓지 않고 깨끗하게 살아가기를 기원하면서 행운을 빌어준다.

하우스만은 이 작품에서 성서와 목가의 전통을 이용하여 죄와 이향의 주제에 신화적 의미를 부여하고 있다. 인간의 죄는 에덴에서 인류의 조상이 저지른 원죄(原罪) 이후 인간이 물려받은 유산이다. 살인자가 고향인 슈롭셔를 떠나는 것은 아담과 이브가 에덴에서 추방된 것이나 목가에서 인간이 이상향(Arcadia)을 떠나는 것에서 유래한다. 카인의 살인과 방랑은 슈롭셔 젊은이의 이향과 방랑의 전형이다. 또한 하우스만의 고향 슈롭셔는 잃어버린 낙원 에덴이며 이상향 아르카디아이다. (1894년 8월 작)

IX

On moonlit heath and lonesome bank
  The sheep beside me graze;
And yon the gallows used to clank
  Fast[1] by the four cross ways.

A careless shepherd once would keep
  The flocks by moonlight[2] there,
And high amongst the glimmering sheep
  The dead man stood on air.

They hang us now in Shrewsbury[3] jail:
  The whistles blow forlorn,
And trains all night groan on the rail
  To men that die at morn.

There sleeps in Shrewsbury jail to-night,
  Or wakes, as may betide[4],
A better lad, if things went right,
  Than most that sleep outside.

And naked to the hangman's noose[5]
  The morning clocks will ring
A neck God made for other use
  Than strangling[6] in a string.

---

1) *fast*: close, very near
2) *keep the flocks by moonlight*: 쇠사슬에 매달리다; "Hanging in chains was called keeping sheep by moonlight" (작가 주)
3) *Shrewsbury*: 잉글랜드 서부에 있는 Shropshire 주의 주도
4) *betide*: happen, befall
5) *noose*: 올가미 (a loop with a running knot, which tightens as the rope is pulled); (교수형의) 목매는 밧줄 (the hangman's rope)
6) *strangle*: 목 졸라 죽이다 (throttle, kill by external compression of throat, esp. by means of a rope)

9

달빛 비친 황무지와 외로운 강둑에서
양들은 내 옆에서 풀을 뜯고 있다;
그리고 저 너머 교수대는 네 십자로 곁에서
절거덕 소리를 내곤 했었다.

옛날 어느 경솔한 목동은 그곳에서
쇠사슬에 매달렸었지,
어슴푸레 보이는 양들 사이에서
죽은 사내가 공중에 우뚝 서있었지.

이제 그들은 슈루즈베리 감옥에서 우리들 목을 매단다.
기적(汽笛)이 쓸쓸히 울리고 있다.
기차는 아침에 죽을 사람들을 향해
선로 위에서 밤새도록 신음하고 있다.

오늘 밤 슈루즈베리 감옥에서는,
일이 잘 풀렸더라면, 밖에서 자는 사람들보다
더 훌륭했을 한 젊은이가, 여느 때처럼
잠들어 있거나 깨어 있으리라.

아침 시계가 울리면, 밧줄에 매달기보다는
하나님께서 다른 용도로 만드신
하나의 목이 발가벗은 채
교수형 집행인의 올가미에 걸리겠지.

And sharp the link of life will snap[1],
  And dead on air will stand
Heels that held up as straight a chap
  As treads upon the land.

So here I'll watch the night and wait
  To see the morning shine,
When he will hear the stroke of eight
  And not the stroke of nine;

And wish my friend as sound a sleep
  As lads' I did not know,
That shepherded the moonlit sheep
  A hundred years ago.

---

1) *snap*: break suddenly with a sharp sound; close suddenly or with a snap

그러면 생명의 고리가 끊어지고,
　땅을 딛고 선 사람을 꼿꼿이 받치던
발뒤꿈치는 죽어서 공중에
　대롱대롱 매달리겠지.

그래서 나는 여기서 밤을 지키며
　그가 아홉 시를 알리는 종소리가 아니라
여덟 시를 알리는 종소리를 들을 때,
　아침 해가 빛나는 것을 보기 위해 기다리리라.

그리고 내가 몰랐던 젊은이들처럼
　내 친구도 깊이 잠들기를 바란다,
백 년 전에 쇠사들에 매달렸던
　저 목동 친구도.

해설

인간이 만든 법의 불합리성과 그 법에 의해 죄인이 되어 처형당하는 고향의 젊은이들에 대한 연민을 표현한 작품이다. 하우스만이 말한 "인간의 법"은 오랜 세월 동안 이 세상에 인위적으로 "교수대와 감옥과 지옥불"을 만들어 젊은이들을 억울하게 교수대에 매달고 있다(『최종 시집』, 12). 슈롭셔의 주도(主都)인 슈루즈베리에는 아침 여덟 시면 교수형을 집행하는 소리가 들려온다. 이 시의 화자는 바로 그 "인간의 법"에 의해 죄인이 되어 슈루즈베리 감옥에 갇혀 있는 젊은이다. 그는 경적을 울리며 "선로 위에서 밤새도록 신음하고 있는" 기차소리와 아침이면 처형될 동료 죄수에 대한 연민 때문에 잠을 이루지 못한다. 감옥에 갇혀 있는 젊은이들은 "일이 잘 풀렸더라면, 밖에서 자는 사람들보다 더 훌륭했을" 젊은이들이며, 이들의 목은 "하나님께서 밧줄에 매달기보다는 다른 용도로 만드신" 목이다. 이처럼 선량한 젊은이들을 죄인 아닌 죄인으로 만들어 형장의 이슬로 사라지게 하는 이 법은 백 년 전부터 지속되어온 법이다. 화자는 마지막으로 백 년 전에 같은 법에 의해 죄인이 되어 처형당한 어느 목동의 명복을 빌어준다.

X
March

The sun at noon to higher air,
Unharnessing[1] the silver Pair[2]
That late[3] before his chariot swam,
Rides on the gold wool of the Ram[4].

So braver notes the storm-cock[5] sings
To start the rusted wheel of things,
And brutes in field and brutes in pen
Leap that the world goes round again.

The boys are up the woods with day[6]
To fetch the daffodils away,
And home at noonday from the hills
They bring no dearth[7] of daffodils.

Afield for palms the girls repair[8],
And sure enough the palms are there,
And each will find by hedge or pond
Her waving silver-tufted[9] wand[10].

In farm and field through all the shire
The eye beholds the heart's desire;
Ah, let not only mine be vain,
For lovers should be loved again.

---

1) *unharness*: 마구를 풀다 (free from harness, unyoke)
2) *pair*: 한 쌍 (a set of two individual persons or things); 여기서 "은빛 한 쌍"(the silver Pair)은 "한 쌍의 은빛 물고기", 즉 황도의 제12궁(Pisces)인 쌍어궁(雙魚宮)을 의미한다.
3) *late*: recently, of late, not long ago
4) *Ram*: 양좌, 황도의 제1궁인 백양궁 (Aries)
5) *storm-cock*: 지빠귀 (mistle thrush), 큰 개똥지빠귀의 일종; 폭풍 속에서도 노래를 계속한다고 해서 붙여진 이름.
6) *with day*: 낮과 더불어, 날이 새자; day=daybreak, daylight
7) *dearth*: a scarcity of anything; no dearth of ~=an abundance of ~
8) *repair*: 구하러 가다; go to a place (for a thing)
9) *tuft*: a cluster of short-stalked flowers, vegetative shoots, etc
10) *wand*: 잔가지 (a slender branch, a twig)

10. 삼월

태양은 정오에 하늘 높이 솟아올라,
늦게까지 전차 앞에서 헤엄치던
은빛 쌍어궁(雙魚宮)의 굴레를 풀고,
백양궁(白羊宮)의 황금 양모를 타고 간다.

지빠귀는 더 멋진 노래를 불러
사물의 녹슨 바퀴를 움직이게 하고,
들판과 우리에 갇힌 짐승들이 뛰어
세상은 또 다시 돌아간다.

소년들은 날이 새면 수선화를
꺾으러 숲에 나가고,
한낮에 산에서 집으로 올 때
수선화를 한 아름 안고 온다.

소녀들은 종려나무를 찾아 들로 나간다,
들에는 언제나 종려나무가 많이 있고,
저마다 생 울타리나 연못가에서
은빛 술 달린 여린 가지를 찾으리라.

고향 마을의 농가와 들에서는
가슴이 갈망하는 것이 눈에 보인다;
아, 나의 욕망이 헛되지 않게 해 다오,
연인들은 다시 사랑을 받아야 하니까.

해설

고향의 봄을 소재로 한 작품이다. 제1연에서 시인은 봄이 오는 것을 태양이 쌍어궁에서 백양궁으로 갈아타는 것으로 묘사한다. 쌍어궁은 2월 21일부터 3월 20일까지의 기간을 지배하는 황도 제12궁이고. 백양궁은 춘분점인 3월 21일부터 4월 20일까지의 기간을 지배하는 황도대의 제1궁이다. 따라서 태양이 쌍어궁에서 백양궁으로 갈아탄다는 것은 계절이 겨울을 지나 봄이 되었음을 의미한다. 봄이 오면 만물이 소생하고 인간의 욕망도 되살아난다. 소년 소녀들은 들과 숲에 나가 봄을 즐긴다. 화자도 욕망의 대상을 찾게 해 달라고 기원한다.

XI

On your midnight pallet[1] lying,
  Listen, and undo the door:
Lads that waste the light in sighing
  In the dark should sigh no more;
Night should ease[2] a lover's sorrow;
Therefore, since I go to-morrow,
  Pity[3] me before.

In the land to which I travel,
  The far dwelling, let me say—
Once, if here the couch[4] is gravel,
  In a kinder[5] bed I lay,
And the breast the darnel[6] smothers[7]
Rested once upon another's
  When it was not clay.

---

1) *pallet*: a straw mattress or temporary bed
2) *ease*: make less severe; comfort, relieve
3) *pity*: feel pity for, be sorry for
4) *couch*: anything on which one sleeps; a bed
5) *kind*: gentle, soft, tender
6) *darnel*: 독보리 (a common weed in cornfields)
7) *smother*: cover thickly or heavily

11

한밤의 잠자리에 누워
　귀 기울이고, 문을 열어주오:
한숨으로 낮 시간을 낭비하는 젊은이들은
　어둠 속에선 더 이상 한숨짓지 말아야 해요;
밤은 연인의 슬픔을 위로해주니까;
그러므로, 내가 내일 떠나니까,
　그 전에 내게 연민을 보여주오.

내가 가는 나라에서는,
　말하자면, 저 먼 거처에서는—
지금 내 잠자리가 자갈밭이라면,
　나도 한땐 더 편한 잠자리에 누웠다오.
독보리가 덮고 있는 가슴은
한때는 다른 가슴 위에서 쉬었다오,
　내 가슴이 흙이 아니었을 때는.

해설

이루지 못한 사랑을 주제로 한 작품이다. 화자는 사랑을 이루지 못하고 죽은 젊은이의 원혼(冤魂)이다. 그 원혼은 어느 여인의 방을 찾아와서 "내일 떠나니까" 마지막 밤을 함께하며 위로해달라고 애원한다. 제2연에서 화자는 "내가 가는 나라에서는, 말하자면, 저 먼 거처에서는—" 하고 말끝을 흐린다. 아마도 저승에서는 사랑을 나눌 수 없을 것이라는 말을 하려고 했을 것이다. 그 다음 부분에서 그도 "한때는 다른 가슴 위에서 쉬었다"고 말한 것을 보면, 화자가 지금 찾아온 여인은 그가 생전에 서로 사랑한 여자가 아닐 가능성이 농후하다. 이 작품에서도 하우스만은 특유의 완곡어법으로 죽음을 묘사한다. 죽음은 가슴이 흙이 되는 것이며 그 흙을 "독보리가 덮고 있는"상태이다.

XII

When I watch the living meet,
  And the moving pageant[1] file[2]
Warm and breathing through the street
  Where I lodge a little while[3],

If the heats[4] of hate and lust[5]
  In the house of flesh are strong,
Let me mind the house of dust[6]
  Where my sojourn[7] shall be long.

In the nation that is not
  Nothing stands[8] that stood before;
There revenges are forgot,
  And the hater hates no more;

Lovers lying two and two
  Ask not whom they sleep beside,
And the bridegroom all night through
  Never turns him[9] to the bride.

---

1) *pageant*: 화려한 행렬 (spectacular procession), 야외극 (a play or parade performed in the open, illustrating historical events); 인생을 한 바탕의 야외극에 비유한 것.
2) *file*: 열을 지어 행진하다 (march in a line)
3) *Where I lodge a little while*: 내가 잠시 머물고 있는 곳, 즉 현세의 집을 의미한다.
4) *heats*: high temperature, warmth; vehemence of feeling, passion
5) *lust*: a very strong sexual desire
6) *dust*: 유골 (a dead person's remains)
7) *sojourn*: a temporary stay
8) *stand*: remain in s specified condition, relation, or situation; endure, last
9) *turn him*: turn himself: (古) 돌아눕다 (change his position in a different or opposite direction)

12

산 사람들이 만나는 것과,
  살아 움직이는 사람들의 행렬이
내가 잠시 동안 묵고 있는 거리로
  뜨겁게 숨 쉬며 지나가는 것을 볼 때,

만약 증오와 욕정의 열기가
  육신의 집에서 강하게 느껴진다면,
내가 더 오래 머물게 될
  유골의 집을 생각하자.

아직 오지 않은 나라에서는
  그 이전에 있었던 것은 남아 있지 않고,
그곳엔 복수도 잊어지고,
  증오도 더 이상 남아 있지 않다;

둘 씩 짝지어 누워 있는 연인들은
  옆에 누가 자고 있는지 묻지 않으며,
신랑은 온 밤이 새도록
  신부 곁으로 돌아눕지 않는다.

해설

현세의 삶에 대한 애착을 표현한 작품이다. 우리말에 '개똥밭에 굴러도 이승이 낫다'는 속담이 있다. 현세의 삶이 아무리 증오와 욕정과 복수심으로 가득 차 있다고 해도 그 삶을 포기한다는 것은 "육신의 집"에서 우리가 누리고 있는 모든 것을 포기해야 함을 의미한다. 현세는 잠간 동안이고 내세는 길기 때문에, 사랑마저 나눌 수 없는 "유골의 집"을 생각하면 현세의 삶이 더욱 소중하게 느껴질 것이다.

XIII

When I was one-and-twenty
  I heard a wise man say,
"Give crowns and pounds and guineas[1)]
  But not your heart away;
Give pearls away and rubies
  But keep your fancy[2)] free."
But I was one-and-twenty,
  No use to talk to me.

When I was one-and-twenty
  I heard him say again,
"The heart out of the bosom
  Was never given in vain;
'Tis paid with sighs a plenty
  And sold for endless rue[3)]."
And I am two-and-twenty
  And oh, 'tis true, 'tis true.

---

1) *crowns and pounds and guineas*: 금화와 은화; *crown*=옛 5 실링 은화; *pound*=옛 1파운드 금화(gold sovereign); *guinea*=옛 21 실링 금화

2) *fancy*: a liking; (癡) inclination in love;

3) *rue*: repentance, regret; sorrow, dejection

13

내 나이 스물하고도 한 살 적에
어느 현명한 사람이 말하기를,
"금돈 은돈은 다 주어도,
마음만은 절대로 주지 말아라;
진주와 홍옥은 다 주어도
좋아하는 마음만은 자유롭게 두어라."
그러나 내 나이 스물하고도 한 살,
내게 일러주어도 소용이 없었다.

내 나이 스물하고도 한 살 적에
그 사람이 또 다시 말하기를,
"가슴에서 내어준 마음은
결코 거저 준 것이 아니라;
숱한 한숨으로 값을 치르고,
끝없는 후회를 받고 판 것이니라."
이제 내 나이 스물하고도 두 살,
오, 정말이구나, 정말이구나.

해설

화자는 현명한 사람의 충고가 아니라 경험을 통해서 사랑의 본질에 대한 깨달음을 얻는다. 그는 스물한 살 때 "마음만은 절대로 주지 말라"는 충고와, 사랑은 마음을 주는 것으로 끝나는 것이 아니라 반드시 "한숨"과 "후회"로 그 대가를 받는 것이라는 설명을 들었으나, 그 의미를 이해하지 못했다. 그러나 스물두 살이 되어 사랑을 경험하고 나서 비로소 그 의미를 깨닫게 된다. 스물한 살 때 현명한 사람이 들려준 충고의 말은 단지 지성에 호소했을 뿐 화자의 감정에와 닿지는 않았다. 마지막 행—"And oh, 'tis true, 'tis true"—은 그 충고의 의미를 깨달은 화자의 정서적 반응을 강하게 드러낸다.

XIV

There pass the careless people
  That call their souls their own:
Here by the road I loiter,
  How idle and alone.

Ah, past the plunge of plummet[1],
  In seas I cannot sound[2],
My heart and soul and senses,
  World without end, are drowned.

His folly has not fellow[3]
  Beneath the blue of day
That gives to man or woman
  His heart and soul away.

There flowers no balm[4] to sain[5] him
  From east of earth to west
That's lost for everlasting
  The heart out of his breast.

Here by the labouring highway
  With empty hands I stroll[6]:
Sea-deep, till doomsday[7] morning,
  Lie lost[8] my heart and soul.

---

1) *plummet*: 측연선(測鉛線) (plumb line, sounding-line), 측(심)연 (sounding-lead)
2) *sound*: 측심연(sounding lead=plummet)이 달린 측연선(sounding line)으로 수심을 재다 (measure the depth of (a body of water) by using a line with a weight on it)
3) *fellow*: either of a pair, a counterpart, a match
4) *balm*: 향초(香草) (fragrant herbs), a tree yielding a fragrant and medicinal exudation
5) *sain*: bless, heal, secure (a person) by prayer or enchantment from evil influence
6) *stroll*: roam from place to place without any fixed abode
7) *doomsday*: 최후의 심판일 (the day when God is expected to judge the world), the Day of Judgement
8) *lost*: having gone astray; ruined morally or spiritually, damned

14

저기 영혼을 자기들 것이라 부르는
  조심성 없는 사람들이 지나간다;
여기 내가 한가로이 홀로
  길에서 서성거리고 있다.

아, 던진 측연선(測鉛線)의 저 너머로
  깊이를 잴 수 없는 바다에,
내 마음과 영혼과 감각과,
  끝없는 세계가 침몰한다.

남자나 여자에게
  마음과 영혼을 주어버리는
그의 어리석음은 푸른 하늘 아래
  어디에도 견줄 바 없다.

그곳에선, 땅의 동쪽에서 서쪽까지,
  가슴에서 마음을 영원히
잃어버린 사람을 구원해줄
  향초(香草)가 피지 않는다.

이곳에선, 힘든 한길에서
  내는 빈손으로 한가로이 거닌다;
바다 깊이, 최후의 심판일 아침까지,
  내 마음과 영혼이 길을 잃고 누워 있다.

해설

내 마음과 영혼은 내 것이 아니다. 인간의 마음은 한 번 주어버리면 죽을 때까지 되찾을 수 없다. 깊이를 측정할 수 없는 심연과 같은 사람의 마음속에 빠져버린 "마음"과 "영혼"은 다시는 건져 올릴 수 없다. 따라서 이성에게 마음을 주어버리는 것은 가장 어리석은 행위이다.

XV

Look not in my eyes, for fear[1)]
  They mirror true[2)] the sight I see,[3)]
And there you find your face too clear
  And love it and be lost like me.
One the long nights through must lie
  Spent[4)] in star-defeated[5)] sighs,
But why should you as well as I
  Perish[6)]? gaze not in my eyes.

A Grecian lad[7)], as I hear tell,
  One that many loved in vain,
Looked into a forest well
  And never looked away again.
There, when the turf in springtime flowers,
  With downward eye and gazes[8)] sad,
Stands amid the glancing showers
  A jonquil[9)], not a Grecian lad.

---

1) *for fear*: for fear that . . .; ~하는 것을 두려워하여 (to avoid the risk of/that ...)
2) *true*: (adv) 정확하게 (exactly, correctly, accurately)
3) *the sight I see*: 내 눈에 비친 당신의 모습
4) *spent*: consumed, exhausted, used up completely
5) *star-defeated*: 불운의 (star-crossed, ill-fated); defeat=frustrate
6) *perish*: cease to exist, come to untimely end
7) *a Grecian lad*: i. e., Narcissus
8) *gaze*: a steady or intent look
9) *jonquil*: 수선화의 일종 (a kind of narcissus, with rushlike leaves and fragrant yellow flowers)

15

내 눈을 보지 마오, 내 눈이
  내게 보이는 것을 그대로 비출까 두려우니,
당신은 내 눈에서 당신의 얼굴을 너무나 분명하게 보고
  그 얼굴을 연모하여, 나처럼 익사할 것이오.
누구든 틀림없이 기나 긴 밤 동안
  불행한 운명에 한숨짓다 지쳐 누워 있으리라.
그러나 왜 나처럼 당신마저 죽어야
  하나요? 내 눈을 보지 마오.

내가 듣기로, 어느 그리스 청년이,
  수많은 여인들이 헛되이 사랑한 한 청년이,
숲속의 우물을 들여다보고
  다시는 시선을 돌리지 못 했다 하오.
그곳에, 봄철 잔디에 꽃이 필 무렵,
  눈을 내리 뜨고 슬픈 시선을 하고,
반짝이는 소나기 속에, 그리스 청년이 아니라,
  수선화 한 송이가 피어 있었다 하오.

해설

이루지 못한 사랑을 주제로 한 작품이다. 하우스만은 옥스퍼드 대학 4학년 때 같은 집에서 하숙을 하던 친구 잭슨(Moses Jackson)에 대해 동성애의 감정을 느끼게 되었다. 그는 이 시에서 나르시스(Narcissus) 신화를 이용하여 그 친구에 대한 자신의 감정을 표현하고 있다(Bourne 45). 그리스 신화에서 나르시스는 산의 요정 에코(Echo)를 비롯한 뭇 여성들의 사랑을 무시한 벌로 다른 사람을 사랑하지 못할 운명에 처하게 된 비운의 청년이다. 그는 샘물에 비친 자신의 모습을 연모하게 되자 자신이 남들에게 얼마나 고통을 주었는지 깨닫고 물에 빠져 자살했는데, 그의 시체가 있던 곳에 수선화가 피었다고 한다. 하우스만은 자신의 사랑에 반응을 보이지 않는 친구를 나르시스에 비유하고 있다. 화자가 "내 눈을 보지 마오"라고 말하는 것은 그 눈에 비친 자신의 모습을 사랑하여 나르시스와 같은 운명을 겪을 테니까 보지 말라고 하는 것이다. 바꾸어 말하면, '내 눈에 비친 당신의 모습이 아니라 나를 사랑하라'는 의미가 된다.

XVI

It[1] nods and curtseys and recovers[2]
  When the wind blows above,
The nettle on the graves of lovers
  That hanged themselves for love.

The nettle nods, the wind blows over,
  The man, he does not move,
The lover of the grave, the lover
  That hanged himself for love.

---

1) *It*: 3행의 "the nettle"을 가리킨다.
2) *recover*: regain one's balance, return to a former position

16

머리 위로 바람이 불어올 때,
　그것은 고개를 끄덕여 인사하고 바로 선다,
사랑 때문에 목매단 연인들의
　무덤 위의 쐐기풀은.

바람이 위로 부니, 쐐기풀은 끄덕이고,
　사내는, 그 사내는 움직이지 않는다,
무덤을 사랑한 그 사람, 사랑
　때문에 목을 맨 그 연인은.

✣해설✣

쐐기풀과 바람은 하우스만이 즐겨 사용하는 상징이다. 『유작시집』32번 작품에서 쐐기풀은 끈질긴 생명력으로 온 세상에 창궐하여 인간에게 고통을 주는 풀로 묘사되어 있다. 쐐기풀은 피할 수 없고 고통스러운 인생의 조건과 우주의 악을 상징한다. 그리고 『슈롭셔의 젊은이』31번 작품에서 바람은 "인간의 나무"를 흔드는 "인생의 바람"으로 묘사되어 있다. 가장 강인한 생명력을 가진 쐐기풀 같은 식물마저도 바람에 시달리는 것을 보면, 고통과 고뇌가 피할 수 없는 삶의 조건임을 알 수 있다.

이 시에는 생(生)과 사(死)가 날카로운 대조를 이루고 있다. 무덤 위의 풀은 바람에 흔들리지만, 무덤 속에 묻힌 사내는 움직이지 않는다. 다시 말해서 살아 있는 생명체는 "인간의 나무"처럼 "인생의 바람"에 시달리지만, 죽은 사람은 그 바람을 초월하여 영원의 세계에 속해 있다. 또한 삶은 풀의 동작처럼 사소하고 무의미한 행위의 반복이며, 그 행위는 바람의 강요에 의해 반복된다. 제7행의 "The lover of the grave"는 "무덤 속의 연인" 또는 "무덤을 사랑하는 사람"이라는 두 가지 의미로 해석될 수 있다. 후자의 의미로 본다면, 무덤 속의 사내는 죽음을 사랑했기 때문에 자살한 사람이라는 해석이 가능해진다. 따라서 제1연의 "사랑 때문에 죽은 연인들"이라는 표현에서 "사랑"은 산 사람에 대한 사랑이 아니라 죽음에 대한 사랑이다. 죽음을 사랑한다면 자살이 삶과 사랑을 완성하는 유일한 방법이라는 논리적 귀결에 이르게 된다. 이러한 관점에서 보면 죽음은 인생의 승리라 할 수 있다.

XVII

Twice a week the winter thorough
  Here stood I to keep the goal:
Football then was fighting sorrow
  For the young man's soul.

Now in Maytime to the wicket
  Out I march with bat and pad:
See the son of grief at cricket
  Trying to be glad.

Try I will; no harm in trying:
  Wonder 'tis how little mirth[1)]
Keeps the bones of man from lying
  On the bed of earth.

---

1) *mirth*: 웃고 즐기는 것 (happiness and laughter)

17

겨우내 일주일에 두 번씩
  난 여기 서서 골문을 지켰다:
그때 축구는 젊은이의 영혼을 위해
  슬픔과 싸워 주었다.

오월인 지금 방망이와 정강이받이를 들고
  삼주문으로 달려 나간다:
슬픔의 아들이 크리켓을 하며
  즐거워지려고 애쓰는 것을 보라.

내가 아무리 애를 써도; 애써서 해로울 것은 없지만:
  흥겨운 놀이도 인간의 뼈가
흙침대에 눕는 것을 막지는
  못하다니 이상도 하여라.

해설

인생은 본질적으로 슬픈 것이다. 그래서 하우스만은 아담의 후예(後裔)인 인간을 “슬픔의 아들(the son of grief)”이라 부른다. 축구나 크리켓 같은 흥겨운 놀이는 슬픔을 일시적으로 잊는데 도움이 된다. 그러나 아무리 즐거운 놀이라 해도 죽음을 막지는 못한다. 하우스만은 이 시에서 죽음을 “인간의 뼈가 흙침대에 눕는 것”으로 묘사하고 있다.

XVIII

Oh, when I was in love with you,
  Then I was clean and brave,
And miles around the wonder grew
  How well did I behave.

And now the fancy passes by,
  And nothing will remain,
And miles around they'll say that I
  Am quite myself again.

18

오, 내가 당신과 사랑에 빠져 있었을 때는
나는 깨끗하고 용감하였고,
내가 참으로 행실이 바르다는
놀라운 느낌이 사방에 퍼져나갔다.

그런데 지금은 환상이 사라지고 나면,
아무 것도 남아 있지 않을 것이다,
그리고 도처에서 사람들은 말하리라,
내가 제정신으로 돌아왔다고.

해설

사랑은 "환상"이며 마음과 영혼을 빼앗긴 상태이지만, 사랑에 빠진 사람에게 깨끗하고 바르게 살도록 삶의 의욕과 용기를 불어넣어준다. 그러나 사랑이 끝나고 제정신으로 돌아오면 "환상"도 "놀라운 느낌"도 모두 꿈처럼 사라지고 남는 것은 아무 것도 없다.

XIX
To an Athlete Dying Young

The time you won your town the race
We chaired[1] you through the market-place;
Man and boy stood cheering by,
And home we brought you shoulder-high.

To-day, the road all runners come,
Shoulder-high we bring you home,
And set you at your threshold down,
Townsman of a stiller town.

Smart[2] lad, to slip betimes away[3]
From fields[4] where glory does not stay,
And early though the laurel[5] grows
It withers quicker than the rose.

Eyes the shady night has shut
Cannot see the record cut[6],
And silence sounds no worse than cheers
After earth has stopped the ears:

Now you will not swell the rout[7]
Of lads that wore their honors out[8],
Runners whom reknown outran
And the name died before the man.

---

1) *chair*: place (as if) in chair and carry aloft (winner of contest, election, etc.)

2) *smart*: clever, ingenious

3) *slip* betimes away: 인사도 없이 일찍 떠나다; *betimes*: early (in day, year, life, etc.); *slip away*=depart without leave-taking

4) *field*: 경기장 (ground for playing cricket, football, etc.)

5) *laurel*: 월계수; the foliage of this tree as an emblem of victory; 월계수가 장미보다 일찍 시든다는 말은 명예가 미보다 단명함을 의미한다.

6) *cut*: outdo, surpass, beat; *cut a record*=기록을 세우다

7) *rout*: a disorderly crowd of people; *swell the rout*=군중 수를 늘이다; *swell*=make greater, increase

8) *wear out*: use or be used until no longer usable

19. 요절한 육상선수에게

당신이 우리 마을에 우승의 영예를 안겨주었을 때
우리는 당신을 무등태우고 장터를 누볐었지;
어른 아이 할 것 없이 연도에서 환호했고,
우리는 당신을 어깨에 메고 집으로 향했었지.

오늘, 선수들이 돌아오는 그 길로,
그때보다 더 조용한 마을의 주민인
우리는 당신을 어깨에 메고 집으로 가서,
당신 집 문간에 당신을 내려놓는다,

영리한 청년이여, 영광이 머물지 않는
경기장에서 인사도 없이 일찍 떠나다니,
월계수는 비록 일찍 피어나지만
장미보다 더 빨리 시든다.

어두운 밤이 감겨버린 눈들은
기록이 깨지는 걸 보지 못 한다,
그리고 흙이 귀를 막아버린 후에는
차라리 침묵이 환호성보다 낫다:

이제 당신은 명예를 소진시킨 젊은이들
명성이 사라진 선수들의
무리에 끼지는 않으리라,
그리고 이름은 사람보다 먼저 사라졌느니.

So set, before the echoes fade,
The fleet foot on the sill of shade,
And hold to the low lintel[1] up
The still-defended challenge-cup.

And round that early-laurelled head
Will flock to gaze the strengthless dead,
And find unwithered on its curls
The garland briefer than a girl's.[2]

---

1) *lintel*: 상인방 (horizontal timber or stone over door or other aperture); "낮은 상인방"과 "차양 친 문턱(the sill of shade)"은 무덤 속의 상황을 묘사한 말이다.

2) 화관이 아직도 시들지 않았다는 말은 죽어서도 영광을 누리고 있음을 의미한다.

그러니 환성의 메아리가 사라지기 전에,
어두운 문턱을 빠른 발로 밟고서
아직도 방어하고 있는 우승컵을
낮은 상인방까지 들어 올려라.

그러면 이른 월계관을 쓴 머리 주위에
힘없는 망자(亡者)들이 구경하러 모여들어,
소녀의 머리카락보다 더 빨리 시드는 화관이
그대 머리에서 아직 시들지 않았음을 알게 되리라.

해설

이 시의 화자는 요절한 육상선수의 친구 중 한 사람이다. 그는 경기에 승리하여 마을에 영광을 안겨주고 요절한 육상선수의 죽음을 찬양한다. 그는 명예가 덧없는 것이며 미(美)보다 더 빨리 사라진다는 것을 알고 있다. 따라서 오래 살아서 명예를 소진시키기보다는 명예의 절정에 죽는 것이 명예를 영원히 지킬 수 있는 길이라 생각한다. 화자는 오래 살아서 "명예를 소진시킨 젊은이들" 중의 한 사람이다. 그는 마지막 두 연에서 요절한 선수가 죽어서도 명예를 지키고 있는 무덤 속의 상황을 코믹하게 제시한다. 요절한 선수는 무덤의 문턱을 딛고 서서 "낮은 상인방까지" 우승컵을 자랑스럽게 들어 보이고 있고, 망령들이 모여들어 그 장한 모습을 구경하고 있다.

그러나 이 선수처럼 명예의 절정에 죽는다면 명예를 영원히 지킬 수 있을 것이라는 생각은 순진한 화자의 기상(奇想)에 불과하다. 화자는 요절한 육상선수의 묘지 옆에서 명예의 영원성을 역설하지만, 이 작품 전체가 의미하는 바는 명예란 덧없는 것이며 죽음은 누구도 피할 수 없다는 것이다. 죽음이 마치 최후의 승리인 것처럼 죽음을 예찬하는 순진한 화자의 목소리는 시인의 관점이나 시인의 의도를 이해하는 독자의 관점에서 보면 아이러니컬하게 들릴 뿐이다.

XX

Oh fair enough are sky and plain,
  But I know fairer far:
Those are as beautiful again[1)]
  That in the water are;

The pools and rivers wash so clean
  The trees and clouds and air,
The like[2)] on earth was never seen,
  And oh that I were there[3)].

These are the thoughts I often think
  As I stand gazing down
In act[4)] upon the cressy[5)] brink
  To strip and dive and drown;

But in the golden-sanded brooks
  And azure meres[6)] I spy
A silly lad that longs and looks
  And wishes he were I.

---

1) *as beautiful again*: twice as beautiful
2) *the like*: a person or thing of the same kind
3) *there*: in the water
4) *in act*: 막 ~하려고 (보통 in the act of -ing를 사용한다)
5) *cressy*: 물냉이(cress)가 많은
6) *mere*: a body of standing water, a lake, a pond

20

오, 하늘과 들은 너무나 아름답지만,
  나는 더 아름다운 것을 알고 있다:
물속에 있는 것들은
  그보다 두 배는 더 아름답다.

물웅덩이와 강물은 깨끗이 씻어준다,
  나무와 구름과 공기를,
지상에서는 그런 것이 보이지 않았다,
  오 내가 물속에 있다면 좋으련만.

물냉이가 피어 있는 물가에 서서
  옷을 벗고 뛰어들어 죽으려고
물속을 들여다보고 있노라면,
  나는 종종 이런 생각을 한다.

그러나 나는 황금빛 모래 깔린
  개울과 푸른 호수 속에서
애타게 쳐다보며 내가 되고 싶어 하는
  바보 같은 젊은이의 모습을 본다.

해설

물속의 세계에 매료되어 뛰어들어 죽으려고 물속을 들여다보면 거기 뭍에 사는 사람을 부러워하는 바보의 얼굴이 보인다. 인간은 누구나 이처럼 자신이 처한 현실에 불만을 가지고 다른 세계를 동경한다. 하우스만은 이 시에서 현실의 아름다움과 가치를 긍정하는 태도가 바람직하다는 것을 보여주고 있다.

XXI
Bredon Hill[1]

In summertime on Bredon
  The bells they sound so clear;
Round both the shires[2] they ring them
  In steeples far and near,
  A happy noise to hear.

Here of a Sunday morning
  My love[3] and I would lie,
And see the coloured counties,
  And hear the larks so high
  About us in the sky.

The bells would ring to call her
  In valleys miles away:
"Come all to church, good people;
  Good people, come and pray."
  But here my love would stay.

And I would turn and answer
  Among the springing thyme,
"Oh, peal upon our wedding,
  And we will hear the chime,
  And come to church in time."

But when the snows at Christmas
  On Bredon top were strown,
My love rose up so early
  And stole out unbeknown[4]
  And went to church alone.

---

1) *Bredon Hill*: 잉글랜드의 우스터셔(Worcestershire)에 있는 해발 981 피트 높이의 언덕이다. 지리적으로는 글로스터셔(Gloucestershire)에 있는 코츠월드 언덕(Cotswolds)의 일부를 이루고 있다.

2) *both the shires*: Worcestershire and Gloucestershire

3) *love*: a beloved person; esp. one's sweetheart

4) *unbeknown*: unrecognized

21. 브리든 언덕

여름철 브리든 언덕에는
  종소리가 맑게 울려 퍼진다.
두 마을에서, 멀리 그리고
  가까이 종탑에서, 듣기 좋은
  소리로 종이 울린다.

일요일 아침이면
  내 애인과 나는 여기에 누워,
아름다운 마을을 보고,
  우리 주위에서 하늘 높이 나는
  종달새 노래를 듣곤 했다.

종들은 멀리 떨어진 골짜기에서
  울려 그녀를 부르곤 했다;
"선량한 사람들이여, 모두 교회로 오라:
  선량한 사람들이여, 와서 기도하라."
  그러나 내 애인은 굳이 이곳에 머물렀다.

그리고 나는 자라나는 백리향 숲속에서
  돌아서서 대답하곤 했다,
"오, 우리의 결혼식 날 울려라,
  우리는 종소리를 듣고,
  때 맞춰 교회에 가리라."

그러나 성탄절에 브리든 언덕에는
  흰 눈이 흩날렸고,
내 애인은 일찍 일어나,
  남들 몰래 집을 나가서,
  혼자 교회에 갔다.

They tolled the one bell only,
  Groom there was none to see,
The mourners followed after,
  And so to church went she,
  And would not wait for me.

The bells they sound on Bredon
  And still the steeples hum.
"Come all to church, good people,"—
  Oh, noisy bells, be dumb;
  I hear you, I will come.

종은 하나만 울었고,
　신랑은 보이지 않았다.
조문객들이 뒤따랐고,
　그녀는 그렇게 교회로 갔다,
　그녀는 나를 기다리려 하지 않았다.

브리든 언덕에 종소리가 울리고
　종탑은 여전히 웅얼거리고 있다.
"모두 교회로 나오라, 선량한 사람들아,"—
　오. 시끄러운 종아, 울지 마라.
　네 소리가 들리니, 내가 가마.

해설

사랑의 덧없음을 주제로 한 작품이다. 하우스만은 이 시에서도 사랑과 죽음을 병치시켜 시간의 잔인성과 사랑의 무상함을 묘사하고 있다. 청춘 남녀가 브리든 언덕에서 만나 사랑을 나누었고, 성탄절 날 교회종이 울리면 교회에서 결혼식을 올리기로 약속을 했다. 이들은 심지어 일요일에도 교회에 가지 않고 브리든 언덕에서 만나 사랑을 나누곤 했다. 그런데 정작 결혼식 올리기로 약속한 날에 화자의 애인은 화자를 배신하고 다른 남자와 결혼식을 올리려고 남몰래 일찍 교회에 가다가 눈 속에서 죽게 된다. 그래서 결혼식은 신랑이 없이 "조문객"만 뒤따르는 장례식이 되어버린다. 이리하여 사랑이 영원하리라 믿었던 젊은 날의 희망과 사랑의 약속은 잔인한 시간의 파괴력과 죽음 앞에서 무참히 무너지고 만다.

이 시의 중심 심상은 이 작품 처음부터 끝까지 반복해서 울리는 종소리이다. 종소리는 처음에는 사랑하는 남녀에게 사랑의 완성과 결혼을 상징하는 희망의 소리로, 즉 "듣기 좋은 소리"로 들린다. 그러나 마지막에는 사랑하는 사람의 죽음을 알리는 조종으로 변한다. 시의 마지막 부분에서 화자는 "오, 시끄러운 종아, 울지 마라; / 네 소리가 들리니 내가 가마"라고 마치 화가 나서 토라진 어린 아이의 말투와 같은 어조로 종소리에 짜증스럽게 반응한다. 하우스만은 이처럼 청각심상의 점진적 구조를 이용하여 사랑과 인생의 덧없음을 간접적으로 드러낸다. (Bourne 104; Ricks [ed.] 72-3; Leggett[1978] 64-5)

XXII

The street sounds to the soldiers' tread,
  And out we troop[1] to see:
A single redcoat[2] turns his head,
  He turns and looks at me.

My man, from sky to sky's so far,
  We never crossed before;
Such leagues[3] apart the world's ends are,
  We're like to meet no more;

What thoughts at heart have you and I
  We cannot stop to tell;
But dead or living, drunk or dry,
  Soldier, I wish you well.

---

1) *troop out*: go out in a troop
2) *redcoat*: (붉은 군복을 입은) 영국 병사
3) *league*: 거리의 단위 (약 5km 또는 3마일)

22

거리에는 병사들의 발걸음이 울리고,
　우리는 떼 지어 보러 나간다;
영국 병사 하나가 고개 돌리고,
　돌아서서 나를 바라본다.

병사여, 우리가 건널 수 없는,
　하늘에서 하늘까지가 너무 멀구나;
세상의 끝과 끝이 이처럼 멀어,
　우린 다시 만날 수가 없겠구나;

너와 내가 가슴에 품은 생각을
　우리는 멈춰 서서 말할 수 없네;
죽었거나 살았거나, 취했거나 아니거나,
　병사여, 그대 안녕하소서.

해설

군인을 소재로 다룬 작품이다. 화자는 전쟁터에 나가는 군인들의 대열에서 얼굴을 마주친 한 영국 병사의 안녕을 빈다. 병사는 군인으로서의 의무를 다하기 위해 "가슴에 품은 생각"을 접어 둘 수밖에 없다. 화자는 그 병사에게 무슨 말을 하려 했을까? 어쩌면 그 병사는 전쟁터에 조국을 지키다가 전사할 수도 있을 것이고, 어쩌면 살아서 제대 후에 피비린 전쟁의 기억을 잊을 수 없어 술에 취해 나날을 보낼지도 모른다. 시인은 이와 같은 짧은 만남에서 가슴에 품은 생각을 나누지 못하는 안타까움과 인간과 인간 사이의 소통의 단절을 절제된 언어로 표현하고 있다. 하우스만은 민요시의 전통에 따라 과감한 생략과 암시적 기법을 사용함으로써 삶과 죽음, 사랑과 이별 등의 인간 보편의 주제를 함축적으로 표현한다.

XXIII

The lads in their hundreds to Ludlow come in for the fair,
  There's men from the barn and the forge[1] and the mill and the fold,
The lads for the girls and the lads for the liquor are there,
  And there with the rest are the lads that will never be old.

There's chaps from the town and the field and the till[2] and the cart,
  And many to count are the stalwart, and many the brave,
And many the handsome of face and the handsome of heart,
  And few that will carry their looks or their truth to the grave.

I wish one could know them, I wish there were tokens[3] to tell
  The fortunate fellows that now you can never discern;
And then one could talk with them friendly and wish them farewell
  And watch them depart on the way that they will not return.

But now you may stare as you like and there's nothing to scan[4];
  And brushing your elbow unguessed-at and not to be told
They carry back bright to the coiner the mintage[5] of man,
  The lads that will die in their glory and never be old.

---

1) *forge*: 대장간 (a smithy; blacksmith's hearth or fireplace, with bellows)
2) *till*: a stiff clay
3) *token*: a mark or indication serving to distinguish an object from others
4) *scan*: search through for particular information; perceive, discern
5) *mintage*: a coin or coins; 인간을 동전에 비유하고, 조물주를 주조자(coiner)에 비유한 표현임.

23

젊은이들이 수백 명씩 장을 보러 루들로로 온다,
　농가와 대장간과 방앗간과 양 우리에서 온 사람들,
처녀를 보러 온 젊은이들과 술을 마시러 온 젊은이들,
　그리고 나머지는 전혀 늙지 않을 젊은이들이 있다.

도회지와 들과 경작지와 짐마차에서 온 사람들이 있고,
　그중 많은 사람이 건장하고, 많은 사람이 용감하며,
많은 사람이 얼굴이 잘 생겼고 마음씨도 곱지만,
　외모와 진실을 무덤까지 가지고 가는 사람은 드물다.

누군가가 그들을 알고 있으면 좋겠다, 지금은 식별할 수 없는
　행복한 사람을 말해줄 징표가 있다면 좋겠다:
그러고 나서 그들과 다정하게 이야기하고 작별을 하고
　그들이 다시는 돌아오지 않을 길을 떠나는 것을 지켜볼 수 있으리라.

그러나 이제 뚫어져라 바라보아도, 찾아낼 것이 없으리라;
　추측도 못하게 하고 말도 듣지 않고 당신의 팔꿈치를 밀치면서,
그들은 인간 동전을 새 것 그대로 가지고 주조자에게 돌아간다,
　영광 속에 죽어서 결코 늙지 않은 젊은이들은.

✣해설✣

루들로(Ludlow)는 예로부터 슈롭셔 주의 장터마을이었다. 장터는 인간 전시장이다. 장터에는 도회지 사람과 농촌사람, 농부, 대장장이, 방앗간 주인, 양치기, 마부 등 온갖 종류의 사람들이 모여든다. 또한 그들이 장터에 나오는 목적도 다양하다. 하우스만은 동전의 비유를 사용하여 인간을 두 가지 유형으로 분류하고 있다. 그 하나는 때 묻지 않은 동전처럼 타고난 순수성을 그대로 보존하고 있는 "늙지 않는 젊은이들"이고, 다른 하나는 그 반대의 사람들이다. 많은 사람들이 활력과 용기와 잘 생긴 얼굴과 착한 마음씨를 가지고 있지만, 대부분은 외모와 내면의 진실을 "무덤까지" 즉 죽을 때까지 보존하지 못한다. 그들 중 소수의 사람들만이 타고난 순수성을 끝까지 지키는 "행복한 사람들"이다. 시인은 이런 유형의 인간에 특별한 가치를 부여한다. 그런데 어떻게 시간에 예속된 인간이 늙지 않을 수 있다는 말인가? 그 해답은 마지막 행에 함축되어 있다. 즉 "영광"의 절정에서 죽는 것이 "늙지 않는" 방법이다. 하우스만은 여러 작품에서 죽음에 이와 같은 역설적 의미를 부여하고 있다.

XXIV

Say, lad, have you things to do?
  Quick then, while your day's at prime
Quick, and if 'tis work for two,
  Here am I, man: now's your time

Send me now, and I shall go;
  Call me, I shall hear you call;
Use me ere they lay me low
  Where a man's no use at all;

Ere the wholesome flesh decay,
  And the willing[1] nerve be numb,
And the lips lack breath to say,
  'No, my lad, I cannot come.'

---

1) *willing*: voluntary

24

여보게, 젊은이, 할 일이 있는가?
　그렇다면 빨리 해라, 혈기 왕성할 때,
빨리, 그리고 그 일이 두 사람 몫이면,
　여기 내가 있다, 여보게: 지금은 자네가 일할 시간이야.

이제 나를 보내다오, 나는 가련다;
　나를 부르라, 내 들으리니;
나를 이용하라, 인간이 전혀 쓸모없는 곳에
　사람들이 나를 눕히기 전에;

건강한 육체가 썩기 전에,
　자발적인 신경이 마비되기 전에,
입술이 '아니야, 젊은이, 난 갈 수 없어'라고
　말할 숨이 끊어지기 전에.

✣해설✣

모든 일에는 때가 있는 법이다. 화자는 할 일이 있다면 혈기 왕성할 때 하라고 충고한다. 그리고 그 일이 혼자서 할 수 없는 일이면 자신의 도움을 받으라고 말한다. Carpe diem (Seize the day!) 또는 "Gather ye rosebuds while ye may!"와 유사한 주제를 다루고 있는 것처럼 보이지만, 쾌락의 추구가 아니라 죽기 전에 주어진 삶에 최선을 다할 것을 요구한다는 점에서 다르다. 하우스만은 이 시에서도 다양한 표현으로 죽음을 묘사하고 있다. "인간이 전혀 쓸모없는 곳에 나를 눕힌다"는 말은 죽어서 무덤에 묻힌다는 뜻의 완곡어법이다. 또한 죽음은 건강한 육체가 썩고 신경이 마비되고 숨이 끊어져 입술이 말을 할 수 없게 되는 상태로 묘사되어 있다. 이 시에서 죽음을 묘사한 이유는 유한한 삶의 가치를 강조하고 적극적인 삶의 자세를 고취시키기 위함이다.

XXV

This time of year a twelvemonth past,
  When Fred and I would meet,
We needs must jangle[1], till at last
  We fought and I was beat.

So then the summer fields about,
  Till rainy days began,
Rose Harland on her Sundays out
  Walked with the better man.

The better man she walks with still,
  Though now 'tis not with Fred:
A lad that lives and has his will
  Is worth a dozen dead.

Fred keeps the house all kinds of weather,
  And clay's the house he keeps;
When Rose and I walk out together
  Stock-still[2] lies Fred and sleeps.

---

1) *jangle*: speak angrily, harshly, or discordantly; dispute, wrangle, squabble
2) *stock-still*: completely motionless

25

열두 달 전 작년 이맘때에는
　프레드와 내가 만나기만 하면,
싸움에서 마침내 내가 질 때까지
　우린 틀림없이 싸우곤 했다.

그래 그때 여름 들판에서,
　우기(雨期)가 시작될 때까지,
로즈 할랜드는 일요일이면 외출하여
　더 멋진 사내와 함께 걸었다.

그녀는 여전히 더 멋진 사내와 걷는다,
　비록 지금은 프레드와 걷지 않지만:
살아서 의지를 가진 사내 하나가
　죽은 사내 열보다 나으니까.

프레드는 궂으나 개나 집을 지킨다,
　흙이 그가 지키는 집이다;
로즈와 내가 함께 외출할 때도
　프레드는 꼼짝 않고 누워서 잠을 잔다.

해설

사랑의 덧없음을 주제로 한 민요시 형식의 연시이다. 하우스만은 이 시에서 사랑과 죽음을 병치시켜 인생처럼 사랑도 변하는 것임을 보여준다. 이 시에 등장하는 세 인물 중, 화자와 프레드는 친구 사이이고, 로즈 할랜드는 여자친구이다. 로즈 할랜드는 "살아서 의지를 가진 사내 하나가 / 죽은 사내 열보다 낫다"는 신념으로 항상 "더 멋진 사내"와 데이트를 즐긴다. 프레드가 살아 있었을 때 이 여자는 싸움에서 이긴 프레드를 사랑했으나, 프레드가 죽어버린 지금 그녀는 살아 있는 화자를 사랑하고 있다. 이처럼 죽음은 인생의 종말일 뿐 아니라 사랑마저 변화시킨다. 마지막 연에서 "흙집"은 무덤을, "꼼짝 않고 누워서 잠을 잔다"는 표현은 죽음의 상태를 나타내는 완곡어법이다.

XXVI

Along the field as we came by
A year ago, my love and I,
The aspen[1] over stile[2] and stone
Was talking to itself alone.
'Oh who are these that kiss and pass?
A country lover and his lass;
Two lovers looking to be wed;
And time shall put them both to bed,
But she shall lie with earth above,
And he beside another love.'

And sure enough beneath the tree
There walks another love with me,
And overhead the aspen heaves[3]
Its rainy-sounding silver leaves;
And I spell[4] nothing in their stir,
But now perhaps they speak to her,
And plain[5] for her to understand
They talk about a time at hand[6]
When I shall sleep with clover clad[7],
And she beside another lad.

---

1) *aspen*: 버드나무, 사시나무 (버드나무 과 사시나무 속의 식물)
2) *stile*: 계단 (an arrangement of steps)
3) *heave*: move with effort or force
4) *spell*: understand, interpret by close observation
5) *plain*: clearly, distinctly
6) *at hand*: near in time,
7) *clad*: covered as with clothes

26

일 년 전에 내가 사랑하는 여인과
들을 거닐고 있었을 때,
계단과 돌담 위의 사시나무가
혼자 중얼거리고 있었다.
"오, 입 맞추며 지나가는 이들은 누구인가?
시골 총각과 그의 애인;
결혼을 앞 둔 두 연인들;
시간은 두 사람을 잠들게 하겠지,
처녀는 흙을 덮고 누울 것이고,
총각은 다른 애인 옆에 누울 게야."

그런데 틀림없이 나무 아래선
다른 애인이 나와 함께 걷고 있다,
그리고 머리 위에선 사시나무가
빗소리 나는 은빛 잎사귀를 흔들고 있다;
그런데 나는 잎이 하는 말을 알아듣지 못 한다,
어쩌면 그녀에게 말하고 있을지도 몰라,
그리고 그녀가 알아들을 수 있도록 분명하게
내가 클로버를 덮고 잠들어 있고
그녀는 다른 남자 옆에 잠들어 있을
가까운 미래에 관하여 이야기하고 있을 테지.

해설

사랑의 덧없음을 주제로 한 작품이다. 하우스만은 이 시에서 자연을 매개체로 하여 이간의 숙명과 사랑의 가변성(可變性)을 묘사하고 있다. 화자는 일 년 전에 애인과 사시나무 숲을 거닐었으나, 지금 그의 애인은 죽어 "흙을 덮고 누워" 있고, 그는 다른 애인과 같은 장소를 거닐고 있다. 화자는 가까운 장래에 자신이 "클로버를 덮고"잠들어 있을 때 지금의 애인은 또 다른 남자를 사랑하게 될 것이라 생각한다. 이 시에는 또한 하우스만의 자연관이 나타나 있다. 인간과는 달리 자연은 변함없이 그 자리에 있다. 자연과 인간 사이에는 대화가 이루어지지 않는다. 인간은 처음에는 자연의 말을 엿들을 수 있었으나, 제2연에서는 대화가 단절되어 있다. 이것은 "자연의 말하는 얼굴"이라 표현한 워즈워스와 자연을 단순한 대상물로 보는 현대시 사이에 위치한 하우스만의 전환기적 성격을 말해준다.

XXVII

'Is my team ploughing,
  That I was used to drive
And hear the harness jingle
  When I was man alive?'

Ay, the horses trample[1],
  The harness jingles now;
No change though you lie under
  The land you used to plough.

'Is football playing
  Along the river shore,
With lads to chase the leather[2],
  Now I stand up no more?'

Ay, the ball is flying,
  The lads play heart and soul[3];
The goal stands up, the keeper
  Stands up to keep the goal.

'Is my girl happy,
  That I thought hard to leave,
And has she tired of weeping
  As she lies down at eve?'

Ay, she lies down lightly,
  She lies not down to weep,
Your girl is well contented.
  Be still, my lad, and sleep.

---

1) *trample*: 뚜벅뚜벅 걷다 (tread or walk heavily)
2) *leather*: the ball in cricket or football
3) *heart and soul*: 열심히 (with all one's energies and affections)

27

"내 말은 지금 쟁기질을 하고 있는가?
  내가 살아 있었을 적에
내가 몰고 쟁기질할 때 딸랑딸랑
  방울을 울리던 그 말들은?"

그래, 자네 말은 뚜벅뚜벅 걸어가며,
  딸랑딸랑 종을 울리고 있지;
자네가 쟁기질 하던 바로 그 땅 밑에
  자네가 누워 있어도 달라진 건 없다네.

"내가 더 이상 일어나지
  못하는 지금, 강가에서,
젊은이들은 공을 쫓으며
  축구경기를 하고 있는가?"

그렇다네, 공이 날고 있고,
  젊은이들이 열심히 뛰고 있다네;
공이 솟아오르고, 골키퍼가
  골문을 지키려고 일어선다네.

"내가 헤어지기 어려워했던
  내 애인은 지금 행복한가?
그리고 저녁에 자리에 누울 때
  울기에도 지쳤는가?"

그렇다네, 그녀는 조용히 누워있고,
  누워서도 울지 않는다네,
자네 애인은 매우 만족해하고 있다네.
  젊은이, 조용히 잠이나 자지 그래.

'Is my friend hearty[1],
  Now I am thin and pine,
And has he found to sleep in
  A better bed than mine?'

Yes, lad, I lie easy,
  I lie as lads would choose;
I cheer[2] a dead man's sweetheart,
  Never ask me whose.

---

1) *hearty*: in good health, robust
2) *cheer*: comfort, console, make joyous

"내 친구는 건강한가?
　나는 그리움에 야위었는데,
그리고 그는 내 침대보다
　잠자기에 더 좋은 침대를 찾았는가?"

그래, 젊은이, 난 편히 누웠다네,
　나는 젊은이들이 하는 식대로 누웠다네;
나는 죽은 친구의 애인을 위로하고 있다네,
　누구의 애인인지는 묻지 말게.

해설

사랑의 덧없음을 주제로 한 연시이다. 하우스만은 연시에서 자주 사랑과 죽음을 병치시킨다. 이것은 사랑도 인생처럼 무상하다는 것을 보여주기 위함이다. 이 시에도 삼각관계에 있는 세 사람이 등장하는데 그 중 한 사람인 화자는 죽어 무덤에 묻혀 있다. 죽은 사람은 자신이 죽은 다음 세상이 어떻게 변해 있는지 궁금하여 산 사람에게 묻는다. 그가 부리던 말은 여전히 쟁기질을 하고 있고, 고향의 젊은이들은 예전처럼 강가에서 축구를 하고 있다는 대답을 듣는다, 한 개인은 죽어도, 전체적인 인간의 삶은 변함없이 지속된다. 화자는 순진하게도 우정과 사랑 역시 영원하리라 믿고 있다. 그러나 그의 애인은 울기는커녕 새 남자를 만나 행복하게 지내고 있다는 사실을 알게 된다. 마지막으로 친한 친구의 안부를 물었을 때, 화자가 만난 사람은 다름 아닌 그의 친구이고 그 친구가 화자의 애인과 교제하고 있다는 사실이 드러나자 자신의 믿음이 착각이었음을 깨닫는다.

XXVIII
The Welsh Marches

High the vanes of Shrewsbury gleam
Islanded[1] in Severn stream;
The bridges from the steepled crest
Cross the water east and west.

The flag of morn in conqueror's state
Enters at the English gate:
The vanquished eve, as night prevails[2],
Bleeds upon the road to Wales.

Ages since the vanquished bled
Round my mother's marriage-bed;
There the ravens feasted[3] far
About the open house of war:

When Severn down to Buildwas ran
Coloured with the death of man,
Couched[4] upon her brother's grave
The Saxon[5] got me on the slave.

The sound of fight is silent long
That began the ancient wrong;
Long the voice of tears is still
That wept of old the endless ill.

In my heart it has not died,
The war that sleeps on Severn side;
They cease not fighting, east and west,
On the marches of my breast.

---

1) *island*: place on an island; insulate
2) *prevail*: become very strong, gain force
3) *feast*: partake of a feast, enjoy oneself
4) *couch*: cause to lie down, lay down
5) *Saxon*: 색슨인; 원래 독일 북부 지방에 살던 게르만 인으로서, 5-6세기경에 잉글랜드의 일부를 점령하고 눌러 살았다.

28. 웨일즈 국경지대

저 높이 슈루즈베리의 풍향계가
세번 강물 위의 섬에서 빛나고 있다;
다리는 첨탑 꼭대기에서
강물을 가로질러 동서로 놓여 있다.

아침의 깃발이 정복자의 나라에서
잉글랜드의 대문으로 들어선다:
밤이 되자, 정복당한 저녁이
웨일즈로 가는 길목에서 피를 흘린다.

오래 전에 피정복자는 내 어머니의
신혼 잠자리 주위에서 피를 흘렸고;
거기서 까마귀들이 멀리 대문 열린
전쟁의 집 주위에서 잔치를 벌였다;

죽은 인간의 피로 물든 세번 강이
빌드워스로 흘러내릴 때,
색슨 여인은 오라버니의 무덤에
누워, 나를 노예로 삼았다.

해묵은 악행을 시작한 전쟁의
소음은 오래 전에 멎었고:
옛날 끝없는 재난을 슬퍼했던
눈물 젖은 목소리도 오래 전에 멎었다.

그러나 세번 강가에 잠든 전쟁이
내 가슴에는 아직도 살아 있다:
내 가슴의 국경지대, 동쪽과 서쪽에서는,
아직도 전쟁이 계속되고 있다.

Here the truceless armies yet
Trample, rolled in blood and sweat,
They kill and kill and never die;
And I think that each is I.

None will part us, none undo
The knot that makes one flesh of two,
Sick with hatred, sick with pain,
Strangling—When shall we be slain?

When shall I be dead and rid
Of the wrong my father did?
How long, how long, till spade and hearse
Put to sleep my mother's curse?

여기엔 휴전 없는 군대가 아직도
피와 땀 속에 뒹굴며 짓밟고 있고,
죽이고 또 죽이지만 결코 죽지 않는다:
그리고 내가 그 군대라 생각된다.

누구도 우릴 갈라놓지 못하며, 누구도
둘을 한 몸으로 만든 매듭을 풀지 못한다,
증오에 병들고, 고통으로 아파하며,
목이 조인다—우린 언제나 살해될 것인가?

나는 언제 죽어 부친이 저지른
죄업에서 벗어날 것인가?
얼마나 오래, 얼마나 오랜 세월이 지나야,
삽과 상여가 내 어머니의 저주를 잠재울 것인가?

해설

역사적으로 웨일즈 국경지대는 끝없는 전쟁의 소용돌이에 휘말렸던 곳이다. 전쟁의 소음은 오래 전에 멎었으나, 화자의 가슴 속의 "국경지대"에는 아직도 전쟁이 계속되고 있다고 한다.

XXIX
The Lent Lily

'Tis spring; come out to ramble
  The hilly brakes[1)] around,
For under thorn and bramble[2)]
  About the hollow ground
  The primroses[3)] are found.

And there's the windflower[4)] chilly
  With all the winds at play,
And there's the Lenten lily[5)]
  That has not long to stay
  And dies on Easter day.

And since till girls go maying
  You find the primrose still,
And find the windflower playing
  With every wind at will,
  But not the daffodil,

Bring baskets now, and sally[6)]
  Upon the spring's array[7)],
And bear from hill and valley
  The daffodil away
  That dies on Easter day.

---

1) *brake*: 수풀, 덤불 (a clump of bushes, brushwood, or briars; a thicket)
2) *bramble*: 가시덤불 (rough prickly shrub); 검은 딸기 숲 (blackberry-bush)
3) *primrose*: 앵초 (an early flowering primula of woods, banks, etc., with solitary pale yellowish flowers)
4) *windflower*: 아네모네 (anemone)
5) *Lenten lily*: Lent-lily: 나팔수선화 (daffodil); *Lent*=사순절 (the period of 40 days from Ash Wednesday to Easter); 이른 봄 사순절 기간에 핀다고 해서 붙여진 이름
6) *sally*: 돌격하다 (make a sortie); rush out from a place of defence or retreat in order to attack
7) *array*: 치장 (attire, dress); 여기서 "spring's array"는 봄 치장, 즉 봄꽃을 의미한다.

29. 나팔수선화

봄이다; 밖으로 나와
  야산 풀숲 가를 거닐어라,
가시나무 덤불 아래
  빈 터에는 여기저기
  앵초가 피어 있으니.

그리고 차가운 아네모네가
  온갖 바람과 노닐고 있고,
오래 머물지 못하고
  부활절 날 시들어버리는
  나팔수선화가 있다.

처녀들이 5월제에 가기까지는
  언제나 앵초를 볼 수 있고,
아네모네가 온가 바람과
  멋대로 놀고 있는 것을 보겠지만,
  수선화는 볼 수 없으리라.

지금 바구니를 들고 나와,
  봄꽃을 꺾어라,
그리고 산과 계곡에서
  부활절 날 시들어버릴
  수선화를 실어가라.

해설

고향의 봄꽃을 소재로 쓴 작품이다. 봄에는 앵초, 아네모네, 수선화, 등 갖가지 아름다운 꽃들이 핀다. 하우스만은 이 작품에서 primrose, Lent-lily 그리고 anemone의 어원적 의미를 나름대로 풀이하고 있다. 먼저 primrose를 봄꽃 중에서 가장 먼저 소개한 것은 이 단어의 라틴 어원인 "prima rosa"가 "맨 먼저 피는 꽃"(the earliest rose)이기 때문일 것이다. Lent는 성회수요일(Ash Wednesday)부터 부활절(Easter)까지의 40일간을 말하며, 나팔수선화(Lent- lily)는 이 기간 중에 피어 부활절 날에 시드는 꽃으로 묘사되어 있다. 그리고 "windflower"는 anemone를 영어로 번역하여 만든 단어이다. 그리스어 어근인 "anemo-"는 "wind"를 의미한다. 시인은 이 작품에서 아네모네를 "바람꽃" 또는 "바람과 노는 꽃"이라는 의미로 풀이하고 있다. 이처럼 하우스만은 단어의 어원적 의미를 즐겨 활용하며, 때로는 현대영어에서 잘 쓰이지 않는 고어(古語)나 폐어(廢語)의 의미를 되살려내기도 한다.

XXX

Others, I am not the first,
Have willed[1)] more mischief[2)] than they durst[3)]:
If in the breathless[4)] night I too
Shiver[5)] now, 'tis nothing new.

More than I, if truth were told,
Have stood[6)] and sweated hot and cold,[7)]
And through their reins[8)] in ice and fire
Fear contended with desire.

Agued[9)] once like me were they,
But I like them shall win my way
Lastly to the bed of mould[10)]
Where there's neither heat nor cold.

But from my grave across my brow
Plays no wind of healing now,
And fire and ice within me fight
Beneath the suffocating night.

---

1) *will*: 의지의 힘으로 일어나게 하다 (have as the object of one's will; intend consciously)
2) *mischief*: (廢) a misfortune, a calamity; (古) a disease, an illness
3) *durst*: dare의 과거; *dare*=meet defiantly
4) *breathless*: 바람 한 점 없는 (with no wind, unstirred by wind)
5) *shiver*: tremble or shudder with cold or fear
6) *stand*: endure, undergo
7) *hot and cold*: 앞의 두 동사 "stand"와 "sweat"에 공통으로 연결된다. 그리고 hot와 cold는 둘 다 형용사와 명사의 기능을 한다.
8) *reins*: 신장, 콩팥 (the kidneys); (聖) the seat of the feelings or affections; the heart: Cf. "Oh the wickedness of the wicked come to an end; but establish the just: for the righteous God trieth the hearts and reins." (Psalms 7:9)
9) *agued*: 학질에 걸린 (affected with a malarial fever with hot, cold, and sweating stages)
10) *mould*: the ground regarded as a place of burial; *the bed of mould*=the grave

30

내가 처음이 아니라, 남들도
감내할 수 있는 것보다 더 많은 불행을 자초했다:
만약 고요한 밤인 지금 나 또한
떨고 있다면, 그건 새삼스러운 일이 아니다.

진실을 말하자면, 나보다 많은 사람들이
열과 오한을 견디며 더운 땀과 식은땀을 흘렸고,
그들의 가슴에서는 얼음과 불 속에서
공포와 욕망이 싸웠다.

그들도 한때 나처럼 학질에 걸렸다,
그러나 나도 그들처럼 끝내는
더위도 추위도 없는
흙침대로 가게 되리라.

그러나 내 무덤에서는 내 이마에
지금 치유의 바람이 불지 않는다,
그리고 내 안에선 숨 막히는 어둠 아래서
불과 얼음이 싸우고 있다.

✣해설✣

자연에는 얼음과 불, 추위와 더위 같은 상반된 현상이 공존한다. 그러나 인간은 감정의 동물이어서 이러한 자연현상보다 더 견디기 어려운 병이나 재앙을 견디다가 결국은 죽음을 맞이한다. 이것은 피할 수 없는 인간의 조건이다. 인간이 갖는 감정 중에서 "공포"와 "욕망"은 가장 본질적인 감정이다. 공포는 위험이나 악 또는 죽음에 직면했을 때 느껴지는 감정이며, 공포를 느낄 때 인간은 떨거나 식은땀을 흘리게 된다. 욕망은 소유나 성취의 대상을 향한 감정이며, 욕망을 느낄 때 인간은 열이 나거나 더운 땀을 흘린다. 일반적으로 죽고 나면 추위도 더위도 느끼지 못하게 되고 인간의 감정도 사라진다고 생각하지만, 하우스만은 죽어서 무덤에 가서도 인간의 내부에서는 "불과 얼음이 싸우고 있다"고 말한다.

XXXI

On Wenlock Edge[1] the wood's in trouble[2]
His forest fleece[3] the Wrekin[4] heaves;
The gale, it plies the saplings double,
And thick on Severn[5] snow[6] the leaves.

'Twould blow like this through holt[7] and hanger[8]
When Uricon[9] the city stood:
'Tis the old wind in the old anger,
But then it threshed another wood.

Then, 'twas before my time, the Roman
At yonder heaving hill would stare:
The blood that warms an English yeoman,
The thoughts that hurt him, they were there.

There, like the wind through woods in riot,
Through him the gale of life blew high;
The tree of man was never quiet:
Then 'twas the Roman, now 'tis I.

The gale, it plies the saplings double,
It blows so hard, 'twill soon be gone:
To-day the Roman and his trouble
Are ashes under Uricon.

---

1) *Wenlock Edge*: Shropshire 동부에 있는 석회암 단애. 웬록 에지는 리킨 산 남쪽에 있는 Craven Arms에서 시작하여 동북쪽으로 Much Wenlock까지 길게 뻗어 있고, 그 길이가 15마일, 높이가 해발 330m에 달하며, 가파른 산기슭을 낙엽송림이 덮고 있다.

2) *trouble*: disturbance (of the mind or feelings)

3) *fleece*: a thing resembling a sheep's fleece in appearance

4) *the Wrekin*: 리킨 산: Shropshire 동부에 있고 높이는 해발 407m이다. 이 산에 올라가면 슈롭셔 평원(Shropshire Plain)이 한눈에 내려다보인다.

5) *Severn*: 세번 강; Wales 중부에서 발원하여 잉글랜드 서부를 지나 브리스틀 해협으로 흘러드는 길이 340m의 강으로, 영국에서 가장 큰 강이다.

6) *snow*: 눈처럼 내리다 (fall as snow; shower)

7) *holt*: (古) 잡목림 (a wood, a copse); 야산 (a wooded hill)

8) *hanger*: 급경사지의 숲 (a hanging wood; a wood on the side of a steep hill)

9) *Uricon*: 오늘날의 록스터(Wroxeter)에 있었던 로마시대의 옛 도시; 리킨(Wrekin) 산 서쪽 기슭, 세번(Severn) 강변에 위치하고 있었고, AD 400년경에 영국이 로마의 통치하에 있었을 때 유리콘은 중요한 영국 도시의 하나였다고 한다.

31

웬록 에지에는 숲이 소란하다
　리킨 산은 숲의 보풀을 날린다;
강풍은 어린 나무를 휘어지게 하고,
　나뭇잎이 세번 강에 눈처럼 자욱이 내린다.

옛 도시 유리콘이 서있었을 때도
　바람은 이처럼 야산과 숲에 불었으리라;
바람은 옛 분노를 실은 옛날의 바람이나,
　그 바람에 시달린 것은 또 다른 숲이었다.

그 옛날에는 로마인이
　저 너머 바람 이는 산을 보았으리라;
영국 농부의 몸에서 끓는 피나,
　그의 마음을 상하게 하는 생각들은, 그 때도 있었다.

저기 숲에서 부는 소란한 바람처럼,
　거센 인생의 바람이 그를 통해 불었고;
인간의 나무는 조용한 날이 없었느니;
　그땐 로마인이 그랬고, 지금은 내가 그렇다.

강풍은 어린 나무를 휘어지게 한다,
　지금은 거세게 불지만, 바람은 곧 지나가리라;
오늘날 로마인과 그의 고뇌는
　유리콘 밑에 묻혀 있는 흙이리니.

✧해설✧

인생무상을 주제로 한 작품이다. 숲에 강풍이 불어 어린 나무가 부러지고 잎이 떨어져 눈처럼 내리고 있다. 시인은 고뇌에 시달리는 인간을 바람에 요동치는 나무에 비유하고 있다. 지금 웬록 에지에 부는 바람은 옛날 로마 시대에 불던 그 바람이지만, 숲은 그 숲이 아니다. 예나 지금이나 "인간의 나무"에는 "인생의 바람"이 거세게 불지만, 인생의 바람은 한 바탕 불고 나면 곧 지나가게 마련이다. 옛 로마인이 지금 "유리콘의 땅 밑에 유골로 묻혀" 있듯이 오늘의 "영국 농부"도 죽어서 땅에 묻히게 될 것이다.

이 시의 중심 심상은 바람이다. 자연의 바람이 숲의 나무를 흔들듯이, 인간의 내부에 부는 바람—즉 "마음을 상하게 하는 생각들"—은 인간을 괴롭힌다. 이 시에도 나무가 바람에 흔들리듯이 고뇌에 시달리는 것이 인생의 본질이라는 염세주의적 생각이 나타나 있다.

XXXII

From far, from eve and morning
  And yon twelve-winded sky,
The stuff[1] of life to knit[2] me
  Blew hither: here am I.

Now—for a breath I tarry
  Nor yet disperse apart—
Take my hand quick and tell me,
  What have you in your heart.

Speak now, and I will answer;
  How shall I help you, say;
Ere to the wind's twelve quarters[3]
  I take my endless way.

---

1) *stuff*: material to work with or on; substance in an unworked state prior to being shaped, spun, etc.
2) *knit*: weave or plait together; make
3) *quarter*: any direction or point of the compass

32

머나먼 곳, 밤과 아침과 열두 방향의
  바람이 스치는 저 하늘로부터,
나를 짜깁기 위한 생명의 원형질이
  이곳으로 날아오고, 여기에 내가 있네.

잠시 동안 나 여기 머물리니
  아직 산산이 흩어지지 않은 지금
내 손을 얼른 잡고 말해주오,
  당신 마음에 품고 있는 것들을.

지금 말해주오 내가 대답하리니,
  어떻게 내가 당신을 도울 수 있는지 말해주오,
내가 바람의 열 두 방향으로
  끝없는 길을 나서기 전에.

해설

우리의 생명은 어디서 와서 어디로 가는가? 화자는 열두 방향에서 바람이 "생명의 원형질"을 실어 와서 자신을 탄생시켰다고 말한다. 또한 죽음은 생명이 해체되어 열두 방향으로 되돌아가는 것으로 묘사되어 있다. 이러한 생각은 기독교의 창조설과는 전혀 다르다. 이것은 생명의 원료가 우주공간에 산재해 있고 적절한 환경에 도달하면 생명이 시작된다는 범종설(汎種說: panspermia)에 가깝다. 인간은 생명의 원료가 바람에 실려와 한 곳에서 마치 천처럼 "짜여 지는" 우연적인 존재다. 그리고 인생은 한 순간 이 세상에 머물다가 산산이 흩어지는 덧없는 것이다. 그러니 우리는 육신이 해체되기 전에 서로 돕고 사랑하면서 우리에게 주어진 소중한 순간순간을 열심히 살아야 한다.

XXXIII

If truth in hearts that perish
  Could move the powers on high,
I think the love I bear you
  Should make you not to die.

Sure, sure, if stedfast meaning,
  If single thought could save,
The world might end to-morrow,
  You should not see the grave.[1)]

This long and sure-set liking,
  This boundless will to please,
—Oh, you should live for ever,
  If there were help in these.

But now, since all is idle[2)],
  To this lost[3)] heart be kind,
Ere to a town you journey
  Where friends are ill[4)] to find.

---

1) 무덤을 보지 못한다는 말은 영원히 산다는 것을 의미한다.
2) *idle*: 무의미한, 헛된 (lacking worth or significance, useless, vain)
3) *lost*: 어찌할 바를 모르는, 절망적인 (ruined morally or spiritually)
4) *ill*: (古) difficult, hard

33

만약 썩어 없어질 가슴의 진실이
　하늘의 힘을 움직일 수만 있다면,
내가 당신에게 품은 사랑은
　당신을 죽지 않게 할 텐데.

그래, 그렇다, 만약 한결같은 의미가,
　단 하나의 생각이 세상을 구할 수 있다면,
세상은 내일 끝날 수도 있을 것이고,
　당신은 무덤을 보지 못할 것이다.

이 오래고 확실한 애정,
　기쁨을 주려는 이 끝없는 의지,
—오, 이것들이 도움이 된다면,
　당신은 영원히 살리라.

그러나 모든 것이 부질없는 지금,
　이 절망적인 마음에 친절을 베풀어라,
친구들을 찾을 수 없는 어느 마을로
　당신이 먼 길을 떠나기 전에.

해설

인생은 죽음을 향해 가는 여행이다. 가슴 속의 진실, 생각, 애정, 의지, 그 무엇으로도 죽음을 막을 수는 없다. 화자는 "모든 것이 부질없는 지금" 절망적인 마음에 친절을 베풀라고 연인에게 요구한다. 죽음은 사랑뿐만 아니라 삶의 욕구를 더욱 절실하게 만든다. 하우스만은 죽음을 여러 가지로 묘사한다. 이 시에서 죽음은 "친구들을 찾을 수 없는 어느 마을로 먼 길을 떠나는 것"으로 묘사되어 있다.

XXXIV

The New Mistress

'*Oh, sick I am to see you, will you never let me be?*
You may be good for something but you are not good for me.
Oh, go where you are wanted, for you are not wanted here.
And that was all the farewell when I parted from my dear.

'I will go where I am wanted, to a lady born and bred
Who will dress me free for nothing in a uniform of red;
She will not be sick to see me if I only keep it clean:
I will go where I am wanted for a soldier of the Queen.

'I will go where I am wanted, for the sergeant does not mind;
He may be sick to see me but he treats me very kind:
He gives me beer and breakfast and a ribbon for my cap,
And I never knew a sweetheart spend her money on a chap.

'I will go where I am wanted, where there's room for one or two,
And the men are none too many for the work there is to do;
Where the standing line wears thinner and the dropping dead lie thick;
And the enemies of England they shall see me and be sick.'

34. 새 애인

"'오, 난 당신이 보기 싫어요, 날 내버려 두지 않겠어요?
당신은 나름대로 훌륭하지만, 내게는 맞지 않아요.
오, 당신을 필요로 하는 곳으로 가세요, 여기선 당신이 필요 없으니.'
이것이 내가 사랑하는 여인과 헤어질 때 작별인사였다.

"나는 나를 필요로 하는 곳으로 가겠소, 공짜로 기꺼이
붉은 제복을 입혀주는, 태어나 범절 있게 자란 여인에게로:
내가 제복을 깨끗이만 하면, 그 여인은 나 보기를 싫어하지 않을 게요;
난 여왕의 병사로서 나를 필요로 하는 곳에 가겠소.

"나는 나를 필요로 하는 곳에 가겠소, 상사가 나를 싫어하지 않으니:
그는 내가 보기 싫을지 모르지만, 나를 친절히 대해주오;
그는 내게 맥주와 아침식사와 내 모자에 달 리본을 주고,
나는 여자가 애인을 위해 돈을 쓴다는 것을 미처 몰랐소.

"나는 나를 필요로 하는 곳, 한 두 사람을 받아줄 여지가 있는 곳에 가겠소,
할 일을 제대로 할 수 있는 사내들이란 많지 않소:
늘어선 줄이 점점 짧아지고, 쓰러져 죽는 시체들이 쌓이는 곳:
그리고 영국의 적들이 나를 보고 혐오감을 느끼게 될 곳으로."

✣해설✣

화자는 "새 애인"을 찾아 이별 여행을 떠난다. 그가 궁극적으로 찾아가는 목표는 사람이 아니라 어떤 장소이다. 이것은 모든 연에서 반복되는 동일한 의미의 구문을 보면 알 수 있다. 제2연에서 새 애인은 여왕의 군대이다. 그는 "붉은 제복"을 입은 여왕의 군대 즉 영국군에 입대하겠다고 말한다. 제3연에서 "새 애인"은 "상사"이다. 다른 애인들은 남자를 위해 돈을 쓰지 않지만, "새 애인"은 공짜로 옷을 입혀주고 맥주와 식사와 리본을 주며 예의범절이 깍듯한 여자다. 그러나 마지막 연에서 "나를 필요로 하는 곳"은 "한 두 사람을 받아줄 여지가 있는 곳"이며 "늘어선 줄이 점점 짧아지고, 쓰러져 죽은 시체들이 쌓이는 곳"이다. 즉 그가 찾아가는 애인은 "죽음"이다. 이처럼 죽음을 향해 가는 여행의 메타포는 다음 작품에도 나온다.

XXXV

On the idle hill of summer,
  Sleepy with the flow of streams,
Far I hear the steady drummer
  Drumming like a noise in dreams.

Far and near and low and louder
  On the roads of earth go by,
Dear to friends and food for powder[1],
  Soldiers marching, all to die.

East and west on fields forgotten
  Bleach[2] the bones of comrades slain,
Lovely lads and dead and rotten;
  None that go return again.

Far the calling bugles hollo[3],
  High the screaming fife replies,
Gay the files of scarlet[4] follow:
  Woman bore me, I will rise[5].

---

1) *food for powder*: 총알받이 (soldiers)
2) *bleach*: become white, pale, or colourless
3) *hollo*: call out or yell (to attract attention)
4) *the files of scarlet*: 진홍색 대열, 즉 영국군대의 대열; *file*=a line of people (soldiers)
5) *rise*: 봉기하다(revolt, rebel); 총칼을 들다 (take up arms); (癈) make an attack

35

한가로운 여름 산 위에서,
　개울물 소리에 졸고 있을 때,
멀리서 끊임없이 북치는 소리가
　꿈결에 들리듯 들려온다.

멀리서 가까이서, 높고 낮은 소리로,
　진흙길을 밟고 지나간다.
친구에게 소중한, 총알받이가 될,
　행진하여 죽으러 가는 병사들이.

잊어진 들판의 동쪽과 서쪽에서
　살해된 동지들의 뼈가 빛을 바래고 있다.
잘 생긴 청년들과 죽어 썩은 청년들;
　간 사람은 아무도 돌아오지 않는다.

멀리서 나팔소리 울리고,
　높은 곳에서 날카로운 피리가 화답하고,
진홍색 대열이 즐겁게 뒤 따른다:
　여자가 나를 낳았으니, 나도 총칼을 들련다.

해설

군인을 소재로 한 작품이다. 하우스만의 전쟁시에서 군인은 운명을 기꺼이 받아들이는 영웅적 인간으로 찬양의 대상이 되는 동시에, 필연적인 죽음을 향해 행진하는 인간의 가장 기본적인 전형으로서 연민의 대상이 된다. 군인뿐만 아니라 모든 인간은 죽어야 하는 운명을 타고 난다. 특히 이 시에서 화자는 전쟁의 부름에 총칼을 드는 이유를 “여자가 나를 낳았기” 때문이라고 말한다. 즉 태어난 이상 피할 수 없는 운명을 받아들인다는 의미이다. 제3연에서 “총알받이(food for powder)”가 되어 죽은 동지들의 뼈가 지금은 잊어진 전쟁터에 여기저기 흩어져 있는 장면은 전쟁과 죽음의 냉엄한 현실을 웅변적으로 말해주고 있다.

XXXVI

White in the moon the long road lies,
  The moon stands blank[1] above;
White in the moon the long road lies
  That leads me from my love.

Still hangs the hedge without a gust,
  Still, still the shadows stay:
My feet upon the moonlit dust
  Pursue the ceaseless way.

The world is round, so travellers tell,
  And straight though reach the track,
Trudge on, trudge on, 'twill all be well,
  The way will guide one back.

But ere the circle[2] homeward hies[3]
  Far, far must it remove[4]:
White in the moon the long road lies
  That leads me from my love.

---

1) *blank*: 멍청한, 무표정한 (void of interest or expression)
2) *circle*: 둥근 길, 궤도 (the orbit of a planet)
3) *hie*: go quickly, hurry
4) *remove*: go away, depart

36

달빛 속에 하얗게 먼 길이 놓여 있고,
　달은 멍청하게 하늘에 떠 있다;
달빛 속에 하얗게 먼 길이 놓여 있고,
　나는 사랑하는 사람을 떠나 그 길을 간다.

울타리는 바람 한 점 없이 고요하고,
　그림자조차 움직이지 않는다:
내 발은 달빛 비친 흙을 밟으며
　끝없는 길을 걸어만 간다.

나그네들은 말한다, 길은 비록
　곧게 뻗어 있지만, 지구는 둥글다고,
그리고 걷고 또 걸어가면, 만사 잘 되어,
　길은 다시 제자리로 돌아올 것이라고.

그러나 둥근 길을 돌아 집으로 향하기 전에,
　길은 점점 더 멀어져야만 한다:
달빛 속에 하얗게 먼 길이 놓여 있고,
　나는 사랑하는 사람을 떠나 그 길을 간다.

✣해설✣

사랑하는 사람과의 이별을 묘사한 작품이다. 하얀 달빛 속에 멀리 끝없는 길이 뻗어 있다. 사람들은 지구가 둥글기 때문에 곧게 뻗은 그 길을 계속 걸어가면 처음 출발한 곳으로 되돌아오게 된다고들 말한다. 그러나 지구의 반을 돌아 반환점을 지나기까지는 사랑하는 사람과 점점 더 멀리 떨어져야 한다는 생각에 이별의 슬픔은 더욱 고조된다. 이 시에는 이와 같은 표면적인 내용의 이면에 더 깊은 의미가 숨어 있다.

이 시의 중심 심상인 원(circle)은 인생이 끝없는 변화와 유전(流轉)의 과정임을 암시한다. "끝없는 길"을 걸어가는 나그네의 여정에서 사랑하는 사람과의 만남과 헤어짐 또한 반복된다. 이 주제는 이 작품의 순환적 구조(cyclical structure)에 의해 강화된다. 이 시의 마지막 두 줄은 첫 연의 1행 및 4행과 일치한다. 이 작품의 순환 구조는 원형의 길을 끝없이 돌아가는 인생 유전의 주제를 표현하는 메타포이다.

XXXVII

As through the wild green hills of Wyre[1]
The train ran, changing sky and shire,
And far behind, a fading crest,
Low in the forsaken west
Sank the high-reared head of Clee[2],
My hand lay empty on my knee.
Aching on my knee it lay:
That morning half a shire away
So many an honest fellow's fist
Had well-nigh wrung it from the wrist.[3]
Hand, said I, since now we part
From fields and men we know by heart,
For strangers' faces, strangers' lands,—
Hand, you have held true fellows' hands.
Be clean then; rot before you do
A thing they'd not believe of you.
You and I must keep from shame
In London streets the Shropshire name;
On banks of Thames they must not say
Severn breeds worse men than they;
And friends abroad must bear in mind
Friends at home they leave behind.
Oh, I shall be stiff and cold
When I forget you, hearts of gold;
The land where I shall mind you not
Is the land where all's forgot.

---

1) *Wyre*: 슈롭셔(Shropshire)와 우스터셔(Worcestershire)에 걸쳐 있는 숲
2) *Clee*: 슈롭셔의 루들로(Ludlow) 근처에 있는 산
3) *So many . . . the wrist*: 수많은 정직한 친구들의 주먹이 내 손을 손목에서 거의 뽑아 놓았다: 즉 이별의 악수를 너무 많이 해서 손이 아픔을 의미.

37

기차가 하늘과 주(州)를 변화시키며,
와이어의 거칠고 푸른 언덕을 달리고,
멀리 등 뒤에, 희미해져가는 산마루,
외로운 서녘으로 높이 솟은
클리의 정상이 가라앉을 때,
내 손은 텅 빈 채 내 무릎에 놓여 있었다.
내 손은 무릎에서 앓고 있었다:
그날 아침 동구 밖까지 전송 나온
수많은 정직한 친구들의 주먹이
내 손을 손목에서 거의 뽑아 놓았다.
내가 말했지, 손아, 이제 우리가
낯익은 들과 사람들과 헤어져,
낯선 얼굴, 낯선 땅으로 가야하니까,—
손아, 너는 진실한 친구들의 손을 잡았지.
그러니 깨끗이 해라; 네가 그들이 네게서
기대하지 않는 일을 행하기 전에 썩어라.
너와 나는 런던 거리에서 슈롭셔라는
이름을 부끄럽게 해서는 안 되느니라;
템즈강 둑에서, 세번강에서 태어난 사람들이
런던사람보다 못하다는 말을 들어서는 안 된다;
고향 떠난 친구들은 고향에 두고 온
친구들을 기억해야 한다.
오, 황금의 심장을 가진 이들이여,
내가 너희를 잊을 때면, 나도 싸늘하게 굳어지리라;
내가 너희를 기억하지 못하고 사는 땅은
모든 것이 잊혀진 땅이리라.

And if my foot returns no more
To Teme nor Corve nor Severn shore,
Luck, my lads, be with you still
By falling stream and standing hill,
By chiming tower and whispering tree,
Men that made a man of me.
About your work in town and farm
Still you'll keep my head from harm,
Still you'll help me, hands that gave
A grasp to friend me to the grave.

그리고 내 발이 템이나 콜브나 세번강 가로
더 이상 돌아오지 못한다 해도,
나의 청년들이여, 행운이 그대들과 함께하기를,
흐르는 강물과 서 있는 산 곁에서,
울리는 종탑과 속삭이는 나무 곁에서,
나를 어른으로 키워준 사람들이여.
도시나 농장에서 일을 할 때도,
언제나 너희는 내 머리를 보호하리라.
무덤으로 가는 길에 길동무해주며
잡아준 손들아, 너희는 언제나 나를 도우리.

해설

화자는 정든 고향을 떠나 런던으로 간다. 고향을 떠나는 화자(Terence)의 모습은 에덴을 떠나는 아담을 연상시킨다. 그가 떠나는 고향은 "황금의 심장"을 가진 순수하고 "정직한 친구들"이 사는 낙원이다. 그가 가는 곳인 런던은 "에덴의 동쪽"에 있는 "낯선 땅" 즉 타락한 세계이다. 이 시의 중심 심상은 고향을 떠날 때 친구들과 잡았던 손이다. 화자는 동구 밖까지 전송 나온 친구들과 잡았던 손의 감촉이 낯선 타향에서 살아가는 동안 "슈롭셔라는 이름을 부끄럽게 하지 않도록" 악으로부터 자신을 지켜주기를 소망한다. 그에게 손의 감촉을 잊는다는 것은 고향을 상실한다는 의미이며, 고향을 상실한다면 차라리 죽음을 택하리라고 다짐한다. 그에게 죽음은 "손"이 친구들의 기대를 저버리는 행위를 하지 못하게 하는 수단이다.

이 시는 하우스만이 시집을 출판하기 직전에 인쇄본에 추가한 작품이다. 이 시를 기점으로 하여 앞쪽에 수록된 작품들은 슈롭셔 시편들이고 뒤에 나오는 작품들은 다향인 런던에서 고향을 추억하는 "유배지 시편들"(exile poems)이다(Leggett 94).

XXXVIII

The winds out of the west land blow,
  My friends have breathed them there;
Warm with the blood of lads I know
  Comes east the sighing air.

It fanned[1)] their temples[2)], filled their lungs,
  Scattered their forelocks[3)] free;
My friends made words of it with tongues
  That talk no more to me.

Their voices, dying as they fly,
  Loose[4)] on the wind are sown;
The names of men blow soundless by,
  My fellows' and my own.

Oh lads, at home I heard you plain[5)],
  But here your speech is still,
And down the sighing wind in vain
  You hollo[6)] from the hill.

The wind and I, we both were there,
  But neither long abode[7)];
Now through the friendless world we fare[8)]
  And sigh upon the road.

---

1) *fan*: blow gently on
2) *temple*: 관자놀이 (the flat part of either side of the head between the forehead and the ear)
3) *forelock*: 앞머리 (the lock of hair growing just above the forehead)
4) *loose*: 흩어진, 산개한 (straggling)
5) *plain*: clearly, distinctly
6) *hollo*: call out or yell
7) *abide*: stay, remain; (古) reside, dwell
8) *fare*: go, move; get on

38

바람은 서쪽 땅에서 불어오고,
  내 벗들은 그곳에서 바람을 숨 쉬고 있다;
내가 아는 젊은이들의 피로 데워져
  한숨 쉬는 바람은 동으로 온다.

바람은 벗들의 관자놀이를 스치고, 허파를 채우고,
  앞머리를 헝클어 놓았다;
벗들은 혀로 바람의 언어를 만들었으나,
  내게는 더 이상 들리지 않는다.

그들의 목소리는, 날아가면서 약해져,
  여기 저기 바람에 심어 진다;
사내들의 이름이 소리 없이 바람에 날린다,
  내 벗들과 나의 이름이.

오, 젊은이들아, 고향에선 분명히 들렸으나,
  여기선 너희 말이 조용하구나.
너희는 산 위에서 한숨짓는 바람에
  소리쳐 보지만 소용이 없다.

바람과 나는, 고향에 있었으나,
  둘 다 오래 머물지는 못 했다;
지금 우리는 벗 없는 세상을 살면서
  길에서 한숨을 짓는다.

해설

화자는 고향을 떠나 런던으로 가는 길에 서쪽에서 불어오는 바람에 귀를 기울여본다. 그 바람에는 고향 친구들의 체온과 음성과 언어가 묻어 있을 것이다. 어쩌면 지금 벗들이 산 위에서 소리쳐 화자의 이름을 부르고 있을지도 모른다. 그러나 그 소리는 점점 약해져서 바람결에 스며 들고 만다. 고향에서 불어오는 바람에는 수많은 언어들이 내포되어 있을 테지만, 화자는 바람의 언어를 알아듣지 못한다.

XXXIX

'Tis time, I think, by Wenlock town
  The golden broom[1)] should blow;
The hawthorn sprinkled up and down
  Should charge[2)] the land with snow.

Spring will not wait the loiterer's time
  Who keeps so long away;
So others wear the broom and climb
  The hedgerows heaped with may.

Oh tarnish[3)] late on Wenlock Edge,
  Gold that I never see;
Lie long, high snowdrifts[4)] in the hedge
  That will not shower on me.

---

1) *broom*: 금작화 (a yellow-flowered shrub)
2) *charge*: fill, saturate
3) *tarnish*: become dull, dim, or discoloured
4) *snowdrift*: (바람에 쌓인) 눈 더미 (a bank of snow heaped up by the action of the wind)

39

지금쯤 아마도 웬록 마을에선
  황금색 금작화가 피고 있겠지;
여기 저기 흩어진 아가위 꽃은
  눈처럼 하얗게 땅을 덮었겠지.

봄은 그렇게 오래도록 고향을 떠나
  방황하는 사람을 기다려주지 않겠지;
그래서 남들은 금작화를 꽂고서, 아가위 꽃
  흐드러진 울타리를 오르겠지.

오 웬록 산마루에 늦도록 피어 있어라,
  내가 보지 못 하는 황금이여;
오래 머물어라, 내게는 꽃비를 내리지 않는
  울타리에 높이 쌓인 눈송이들아,

해설

꽃피는 고향의 봄을 상상한다. 지금쯤 웬록 마을에는 노란 금작화와 흰 아가위 꽃이 흐드러지게 피어 마을에 꽃비를 내리고 있을 것이다. 고향의 봄꽃들은 귀한 황금과 순백의 눈송이에 비유되어 있다. 화자는 자신이 고향에 돌아갈 기약이 없어 그 꽃들을 보지 못하지만, 오래 피어 있기를 소망한다. 그는 고향을 떠남으로써 순수와 젊음의 세계로부터 단절되어 버렸다. 그에게 고향의 봄은 황금(黃金)과 순백(純白)으로 단순화되어 기억 속에 남아 있다. 이제 그의 고향은 현실세계가 아니라 상상 속에만 존재하는 목가적인 이상향(理想鄕)이며 잃어버린 낙원(樂園)이다.

XL

Into my heart an air that kills[1)]
  From yon far country[2)] blows:
What are those blue remembered hills,
  What spires, what farms are those?

That is the land of lost content[3)],
  I see it shining plain,
The happy highways where I went
  And cannot come again.

---

1) *kill*: cause extreme pain or suffering; overwhelm (a person) with admiration, amusement, grief, etc.
2) *country*: the land of one's birth, one's native land, one's homeland
3) *content*: ① constituent elements, substance; ② contented state, satisfaction

40

내 가슴에 슬픔으로 압도하는 바람이
  저 멀리 고향에서 불어온다.
기억 속에 떠오르는 저 푸른 산은,
  저 첨탑은, 저 농가는 뭔가?

저것은 잃어버린 만족(滿足)의 땅,
  내 눈에 선하게 빛나고 있다,
내가 과거에 걸었으나, 다시는
  걸을 수 없는 저 행복한 한길들이.

해설

고향에서 불어오는 바람은 화자의 마음속에 또 하나의 바람을 일으킨다. 그 바람은 "an air that kills," 즉 "슬픔으로 압도하는 바람"이다. 그 바람은 화자의 기억 속에 "푸른 산"과 "첨탑"과 "농가"와 "한길"로 이루어진 고향의 풍경을 생생하게 떠올려 화자로 하여금 상실의 아픔을 느끼게 한다. 고향은 잃어버린 "만족"과 행복의 땅이다. 지금 그 고향은 기억 속에만 존재할 뿐, 그 풍경("내용")과 "만족"을 모두 잃어버린 상실의 땅이다.

XLI

In my own shire, if I was sad,
Homely comforters I had:
The earth, because my heart was sore,
Sorrowed for the son she bore;
And standing hills, long to remain,
Shared their short-lived comrade's pain.
And bound for the same bourn[1] as I,
On every road I wandered by,
Trod beside me, close and dear,
The beautiful and death-struck[2] year:
Whether in the woodland brown
I heard the beechnut[3] rustle down,
And saw the purple crocus pale
Flower about the autumn dale;
Or littering far the fields of May
Lady-smocks[4] a-bleaching lay,
And like a skylit water stood
The bluebells in the azured wood.

---

1) *bourn*: 목적지 (destination); 영토, 영역 (realm, domain)
2) *death-struck*: subject to a mortal illnes, wound, etc.
3) *beechnut*: 너도밤나무 열매
4) *lady-smock*: 황새냉이

41

내 고향에선, 내 비록 슬펐으나,
내게 위안을 주는 소박한 것들이 있었지;
대지는, 내 마음이 아팠기에,
자신이 낳은 아들을 위해 울어주었고,
그리고 우뚝 선 산들은, 오래 남아서,
단명한 친구의 아픔을 같이 앓았지.
그리고 아름답지만 죽을병을 앓고 있는 세월은,
나와 같은 목적지를 향하여,
내가 걸어간 모든 길을 따라서,
내 옆에서 정답게 걸었다;
때로 나는 갈색 숲속에서
너도밤나무 열매가 떨어지는 소리를 들었고,
연자주색 크로커스 꽃이
가을 골짜기에 피어 있는 것을 보았다;
혹은 황새냉이가 빛바랜 채
오월의 들판에 여기 저기 흩어져 있었다.
그리고 푸른 숲 속에는 블루벨들이
하늘 빛 비친 물처럼 피어 있었다.

Yonder[1], lightening[2] other loads,
The seasons range[3] the country roads,
But here in London streets I ken
No such helpmates[4], only men;
And these are not in plight to bear,
If they would, another's care.
They have enough as 'tis: I see
In many an eye that measures[5] me
The mortal sickness of a mind
Too unhappy to be kind.
Undone with misery, all they can
Is to hate their fellow man;
And till they drop[6] they needs must still
Look at you and wish you ill[7].

---

1) *yonder*: 저 너머에 (over there), 즉 첫 줄의 "in my shire"와 같은 의미이다.
2) *lighten*: (짐을) 덜어주다, 가볍게 하다 (remove a burden from, relieve)
3) *range*: 돌아다니다 (traverse in all directions)
4) *helpmate*: 조력자, 내조자 (a companion who gives a help; a partner, esp. a husband or wife
5) *measure*: 훑어보다 (look up and down)
6) *drop*: sink to the ground because exhausted, wounded, or dead; die
7) *ill*: harm, evil, or bad luck,

저 너머에선, 다른 사람의 짐을 덜어주면서,
계절이 시골길을 돌아다니지만,
여기 런던의 거리에선 인간들만 보일뿐,
그런 조력자가 눈의 띄지 않는다;
이들은, 그러고 싶어도,
남의 걱정을 짊어질 상황이 아니다.
이들은 이미 무거운 짐을 지고 있다: 나는
나를 훑어보는 여러 사람의 눈에서
너무나 불행하여 친절을 베풀지 못 하는
치명적인 마음의 병을 본다.
불행을 당하면, 그들은 고작해야
다른 사람을 증오할 수 있을 뿐이다;
그래서 그들은 죽을 때까지 당신을
바라보고, 당신의 불행을 바랄 것이다.

✤해설✤

화자는 떠나온 고향 슈롭셔와 지금 유랑 생활을 하고 있는 도시 런던을 비교하면서 향수에 젖어 있다. 고향에서는 철따라 변하는 자연의 아름다움이 인간의 슬픔을 덜어주고 아픔을 위로해 주었다. 대지는 인간의 어머니로서 자식과 슬픔을 같이해주었고, 산은 "단명한 친구"인 인간의 고통에 공감해주었다. 그러나 화자는 고향을 떠나면서 이와 같은 자연과의 공감과 일체감을 상실해버렸다. 지금 그가 살고 있는 런던은 인간 상호간의 공감마저 상실해버린 타락한 세계이다. 런던에는 인간을 위로해줄 자연이 없고, "치명적인 마음의 병"을 앓고 있는 인간들만 득실거린다. 사람들은 남을 돕거나 적정해줄 마음의 여유를 갖지 못하고, 단지 남을 증오하고 남의 불행을 바랄 뿐이다.

시골을 순수와 선(善)의 세계로, 도시를 타락과 악(惡)의 세계로 보는 것은 목가적 전통에 따른 것이다. 이러한 관점은 낭만주의 전통과도 일치한다. 자연이 인간의 아픔을 덜어주는 치유력을 갖고 있다는 생각은 워즈워스의 자연관과 유사하지만, 하우스만은 워즈워스와 달리 자연이 신성(神性)을 가지고 있다고는 생각하지 않는다.

XLII
The Merry Guide

Once in the wind of morning
  I ranged the thymy wold;
The world-wide air was azure
  And all the brooks ran gold.

There through the dews beside me
  Behold a youth that trod,
With feathered cap on forehead,
  And poised[1] a golden rod.

With mien[2] to match the morning
  And gay delightful guise[3]
And friendly brows[4] and laughter
  He looked me in the eyes.

Oh whence, I asked, and whither?
  He smiled and would not say,
And looked at me and beckoned
  And laughed and led the way.

And with kind looks and laughter
  And nought to say beside
We two went on together,
  I and my happy guide.

Across the glittering pastures
  And empty upland still
And solitude of shepherds
  High in the folded hill,

---

1) *poise*: 손에 들다 (hold balanced in one's hand)
2) *mien*: 태도, 모습 (the look or bearing of a person, as showing character, mood, etc.)
3) *guise*: 거동 (behavior, conduct); 외모, 외관 (external appearance)
4) *brows*: 이마 (the forehead); (*arch*) 표정 (expression of countenance)

42. 쾌활한 안내자

언젠가 나는 아침 바람 속에
  백리향 숲을 거닐었다;
세상의 공기는 푸르렀고,
  개울은 황금빛으로 흘렀다.

거기 내 옆에 이슬 맺힌 길로
  깃털달린 모자를 이마에 눌러쓰고,
황금 지팡이를 손에 들고
  걸었던 한 청년을 보라.

아침에 어울리는 자태와,
  유쾌하고 즐거운 거동과,
다정한 표정과 웃음으로,
  그는 내 눈을 응시했다.

오, 어디서 왔으며, 어디로 가나요?
  내가 물었으나, 그는 웃으며 말이 없었다,
그는 나를 보고 손짓을 하고,
  웃으며 길을 안내했다.

그리고 친절한 표정과 웃음으로,
  달리 할 말이 없어서,
우리 둘은, 나와 내 행복한
  안내자는, 함께 걸었다,

반짝이는 목장과 조용하고
  텅 빈 고지대를 가로지르고,
겹겹의 산 속 높은 곳의
  외로운 목동들을 지나서,

By hanging woods and hamlets
  That gaze through orchards down
On many a windmill turning
  And far-discovered town,

With gay regards of promise
  And sure unslackened stride
And smiles and nothing spoken
  Led on my merry guide.

By blowing realms of woodland
  With sunstruck vanes afield[1)]
And cloud-led shadows sailing
  About the windy weald[2)],

By valley-guarded granges[3)]
  And silver waters wide,
Content at heart I followed
  With my delightful guide.

And like the cloudy shadows
  Across the country blown
We two fare on for ever,
  But not we two alone.

With the great gale[4)] we journey
  That breathes from gardens thinned[5)],
Borne in the drift[6)] of blossoms
  Whose petals throng[7)] the wind;

---

1) *afield*: at a distance, away from home
2) *weald*: a wooded district, a wold
3) *grange*: 농장, 부농의 저택 (country house with farm buildings)
4) *gale*: very strong wind, (poet.) gentle breeze
5) *thinned*: 잎이 져버린
6) *drift*: material driven by wind
7) *throng*: crowd round and press against, jostle; collect closely,

과수원 숲을 통하여
　돌고 있는 수많은 풍차와
멀리 떨어진 도회지가 내려다보이는
　가파른 숲과 촌락을 지나,

즐겁게 약속을 생각하며
　자신 있는 빠른 걸음으로
미소 지으며 아무 말 없이
　내 쾌활한 안내자는 앞장서서 걸었다.

멀리 햇빛 비친 바람개비가 보이고
　바람 부는 숲지대 주위로
구름 따라 그림자가 흘러가는
　바람 부는 삼림지대를 지나,

아늑한 골짜기의 시골집과
　넓은 은빛 강물을 지나
만족스런 마음으로 나는
　내 쾌활한 안내자를 따라갔다.

그리고 시골을 가로질러
　바람에 실려 가는 구름 그림자처럼
우리 둘은 끝없이 길을 간다,
　그러나 우리는 둘만이 아니다.

꽃잎이 바람을 모으고,
　떨어져 쌓인 꽃잎 속에 실려와
잎 진 정원에서 불어오는
　강풍과 더불어 우리는 여행한다:

Buoyed[1] on the heaven-heard whisper
  Of dancing leaflets whirled
From all the woods that autumn
  Bereaves[2] in all the world.

And midst the fluttering legion[3]
  Of all the ever died
I follow, and before us
  Goes the delightful guide,

With lips that brim with laughter
  But never once respond,
And feet that fly on feathers,
  And serpent-circled wand.

---

1) *buoy*: 띄우다 (keep afloat, raise to the surface of a liquid)
2) *bereave*: 앗아가다 (deprive, despoil)
3) *legion*: a vast host or multitude, esp. of angels or spirits

가을에 온 세상의 모든 숲에서
  소용돌이치며 떨어지는
춤추는 나뭇잎들이 하늘에서
  속삭이는 소리에 실려 떠간다.

그리고 지금까지 죽은 모든 것들의
  파닥이는 무리에 섞여
나는 따라간다, 그리고 우리들 앞에
  쾌활한 안내자가 가고 있다.

그의 입술에는 웃음이 넘치지만
  언제나 대답이 없고,
그의 발은 깃털을 타고 날아가며,
  그의 지팡이엔 뱀이 새겨져 있다.

✣해설✣

인생을 죽음을 향해 가는 여행에 비유한 작품이다. 화자는 바람 부는 아침에 "쾌활한 안내자"를 따라 어디론가 길을 떠난다. 얼핏 보기에는 목장, 과수원, 숲과 촌락, 강물, 시골집, 등 낯익은 풍경을 지나 안내자를 따라 먼 길을 떠나는 평범한 여행을 묘사한 것처럼 보인다. 그러나 안내자의 성격을 자세히 살펴보면 이 여행이 단순한 여행이 아니라 상징적인 여행임을 알 수 있다. "쾌활한 안내자"는 그리스 신화에 나오는 헤르메스(Hermes)이다. 신화에서 헤르메스는 신발과 모자에 날개가 달려 있고 두 마리의 뱀이 감겨 있는 마법의 지팡이(Caduceus)를 들고 있는 모습으로 그려진다. 그는 영혼을 하계(Hades)로 인도하는 신이다. 따라서 이 시의 화자는 "개울물이 황금빛으로 흐르는" 목가(牧歌)의 이상향과 같은 고향 슈롭셔를 떠나 안내자를 따라 신화의 하계와도 같은 런던으로 여행을 떠나고 있다. 그의 동반자가 낙엽과 모든 "죽은 것들"의 무리인 것을 보면, 여행의 종착지는 죽음임을 알 수 있다. 또한 이 여행은 "어디서 왔으며, 어디로 가는지" 모른 채 죽음을 향해 "끝없이 길을 가는" 인생 여정이기도 하다.

그런데 어떻게 죽음으로 인도하는 안내자가 "쾌활한 안내자"일 수 있을까? 여기에 하우스만의 아이러니가 숨어 있다. 하우스만은 죽음에 대해 양면적인 태도를 보인다. 셸리의 서풍처럼 이 시에서도 바람에 실려 가는 것은 "꽃"(12연)과 "낙엽"(13연)이다. 즉 죽음을 향해 부는 "강풍"은 서풍처럼 "파괴자요 보존자"이다. 죽음은 생의 종말이지만, 청춘의 황금기에 시간을 멈추게 함으로써 순수와 아름다움을 영원히 보존하는 수단이 될 수도 있다.

XLIII
The Immortal Part

When I meet the morning beam,
Or lay me down at night to dream,
I hear my bones within me say,
'Another night, another day.

'When shall this slough[1)] of sense be cast,
This dust of thoughts be laid at last,
The man of flesh and soul be slain
And the man of bone remain?

'This tongue that talks, these lungs that shout,
These thews[2)] that hustle[3)] us about,
This brain that fills the skull with schemes,
And its humming hive of dreams,—

'These to-day are proud in power
And lord it[4)] in their little hour:
The immortal bones obey control
Of dying flesh and dying soul.

''Tis long till eve and morn are gone:
Slow the endless night comes on,
And late to fulness grows the birth[5)]
That shall last as long as earth[6)].

'Wanderers eastward, wanderers west,
Know you why you cannot rest?
'Tis that every mother's son
Travails[7)] with a skeleton

---

1) *slough*: a skin or membrane covering the body; the outer skin cast off by a snake
2) *thew*: muscle, sinew
3) *hustle*: push roughly, jostle
4) *lord it*: 군림하다 (rule over like a lord, domineer)
5) *birth*: that which is born into the world; offspring
6) *earth*: the human body, the world
7) *travail*: 고생하다 (make painful or laborious effort)

43. 불멸(不滅)의 부분

아침 햇빛을 맞을 때나
저녁에 자리에 누워 꿈을 꿀 때면,
나는 내 안에서 내 뼈가 하는 말을 듣는다,
"또 하룻밤이, 또 하루가 간다."

"언제 이 감각의 허물을 벗고,
이 생각의 먼지를 끝내 잠재우고,
살과 영혼의 인간이 죽고,
뼈의 인간만이 남을 것인가?

"지껄이는 이 혀, 고함치는 이 허파,
우리를 밀고 돌아다니는 이 근육,
해골을 잔꾀로 채우는 이 뇌,
붕붕거리는 꿈의 벌통,—

"이것들은 오늘 힘을 자랑하고
짧은 시간 동안 군림한다;
불멸의 뼈는 죽어가는 살과
죽어가는 영혼의 지배를 받는다.

"오랜 시간이 지나야 저녁과 아침이 가고;
끝없는 밤은 더디게 온다.
태어난 것은 육신만큼 오래 존속하고,
늦게야 자라서 성숙에 이른다.

"동으로, 서로 헤매는 사람들아,
너희는 왜 쉴 수 없는지 아는가?
그것은 모든 어머니의 아들이
뼈를 낳는 산고를 겪기 때문이다.

'Lie down in the bed of dust;
Bear the fruit that bear you must;
Bring the eternal seed to light,
And morn is all the same as night.

'Rest you so from trouble sore,
Fear the heat o' the sun no more,
Nor the snowing winter wild,
Now you labour not with child[1].

'Empty vessel[2], garment cast,
We that wore you long shall last.
—Another night, another day.'
So my bones within me say.

Therefore they shall do my will
To-day while I am master still,
And flesh and soul, now both are strong,
Shall hale[3] the sullen[4] slaves along,
Before this fire of sense decay[5],
This smoke of thought blow clean[6] away,
And leave with ancient night alone
The stedfast[7] and enduring bone.

---

1) *labor with child*: 출산하다 (give birth)
2) *vessel*: 그릇 (hollow receptacle), 육신 (the body, esp. as the receptacle of the soul)
3) *hale*: drag or draw forcibly
4) *sullen*: 고집 센 (refractory, stubborn)
5) *decay*: decline in power, energy, etc.
6) *clean*;: completely
7) *stedfast*: steadfast: constant, firm, unwavering

"흙침대에 누워라:
네가 맺어야 할 결실을 맺어라:
영원한 씨를 드러내라,
그러면 아침은 밤이나 마찬가지리라.

"아픈 고뇌에서 벗어나 쉬어라
태양의 열을 두려워 말고,
눈 내리는 혹독한 겨울도 두려워 말라,
이제 너희는 출산의 고통을 겪지 않는다.

"빈 그릇아, 벗어 놓은 옷아,
너를 입은 우리는 오래 살리라.
—하룻밤 더, 하루 더."
내 몸 안의 뼈가 이렇게 말한다.

그러므로 내가 아직 주인인 오늘,
뼈는 내 소원을 이루어 주리라,
그리고 살과 영혼은, 지금 둘 다 강하여,
고집 센 노예를 끌고 다니리라,

이 감각의 불이 약해지고,
이 생각의 연기가 깨끗이 날아가고,
변하지 않는 불멸의 뼈를
태고의 밤에게 맡기고 떠나기 전에는.

해설

인간이 죽고 나서 남는 것은 무엇일까? 이 시는 뼈의 독백과 그 독백에 대한 화자의 반응으로 이루어져 있다. 뼈는 애처로운 어조로 다음과 같이 역설한다. 인간은 죽어가는 "살과 영혼의 인간"과 영원불멸의 "뼈의 인간"으로 이루어져 있으며, 살아 있는 동안은 전자가 후자를 지배하지만, 영원히 존속하는 "불멸의 부분"은 후자이다. 혀와 허파와 근육과 "꿈의 벌통"인 뇌가 뼈를 지배하는 것은 잠시뿐이다. 뼈는 "감각의 허물"즉 살의 옷을 벗고 "생각의 먼지"를 잠재우고 흙침대에 누워 "뼈의 인간"이 될 날을 손꼽아 기다린다. 동서로 헤매는 인간들이 안식하지 못하는 것은 "뼈를 낳는 산고" 때문이다. 이 산고는 인간이 "흙침대"에 누워 "영원의 씨"인 뼈를 드러내는 고통(제7연), 즉 죽음의 고통을 의미한다. 마지막 두 연에서 화자는 뼈의 주장을 그대로 받아들이지만, 그래도 "오늘"(살아있는 동안)만큼은 "살과 영혼"이 "고집 센 노예"(즉 뼈)를 끌고 다닐 것이라고 단호한 어조로 뼈의 주장에 맞선다.

XLIV

Shot? so quick, so clean an ending?
  Oh that was right, lad, that was brave:
Yours was not an ill for mending,
  'Twas best to take it to the grave.

Oh you had forethought, you could reason,
  And saw your road and where it led,
And early wise and brave in season
  Put the pistol to your head.

Oh soon, and better so than later
  After long disgrace and scorn,
You shot dead the household traitor,
  The soul that should not have been born.

Right you guessed the rising morrow
  And scorned to tread the mire you must:
Dust's your wages, son of sorrow,
  But men may come to worse than dust.

Souls undone[1], undoing others,—
  Long time since the tale began.
You would not live to wrong[2] your brothers:
  Oh lad, you died as fits a man.

---

1) *undone*: ruined, destroyed
2) *wrong*: hurt, damage, cause undeserved physical harm or injury to

44

쏘았어? 그렇게 빨리, 그렇게 깨끗이 끝냈는가?
  오 그게 옳았어, 젊은이, 자네는 용감했어:
자네의 병은 고칠 수 있는 병이 아니었어,
  무덤으로 가져가는 것이 최선이었어.

오 자넨 선견지명이 있었어, 자넨 이치를 알았고,
  자네의 길을, 그 길이 어디로 가는지를 알았어,
그리고 일찍 현명했고 때맞춰 용감하여,
  머리에 권총을 쏘았어.

오 일찍, 그리고 오랜 치욕과 멸시를
  받은 후 늦게 가는 것보다 낫지,
자네는 가문의 배신자를, 태어나지 말았어야
  했던 영혼을 쏘아 죽였어.

자네는 해 뜨는 아침에 옳게 생각했고,
  피할 수 없는 진창을 밟는 것을 수치로 여겼지:
흙이 자네의 보상이야, 슬픔의 아들아,
  그러나 인간은 흙보다 더 못하게 될 수도 있느니.

다른 영혼을 파멸시키는, 타락한 영혼들,—
  역사가 시작 된 이래 오래 동안.
자네는 살아남아 형제들을 해치지는 않으리라;
  오 젊은이, 자넨 남자답게 죽었어.

Now to your grave shall friend and stranger
  With ruth[1] and some with envy come:
Undishonoured[2], clear of[3] danger,
  Clean of guilt, pass hence and home.

Turn safe to rest, no dreams, no waking;
  And here, man, here's the wreath I've made
'Tis not a gift that's worth the taking,
  But wear it and it will not fade.

---

1) *ruth*: sorrow, grief
2) *undishonoured*: 수치(불명예)를 당하지 않은
3) *clear of*: 방해받지 않는 (not obstructed by)

이제 친구와 방문객이, 더러는 슬퍼하고
　더러는 부러워하며 자네 무덤을 찾을 게야:
불명예라 생각 말고, 위험을 벗어나서,
　죄를 씻고, 이곳을 떠나 고향으로 돌아가게.

안전하게 돌아가 쉬게나, 꿈꾸지 말고, 깨지도 말고:
　그리고 여기, 젊은이, 여기 내가 만든 화관이 있네;
이건 받을만한 가치가 있는 선물은 아니지만,
　머리에 쓰게, 그러면 시들지 않을 게야.

해설

죽음을 주제로 한 작품이다. 하우스만은 자살한 어느 사관후보생의 편지에서 이 시의 소재를 얻었다고 한다(Laurence Housman. 103-4). 그 생도는 자신이 인생을 완전히 망쳤으나 다행히 아직 도덕적으로 남을 해치거나 죄를 짓지는 않았기 때문에 오래 살아 슬픔과 치욕을 겪느니 차라리 자살을 택한다고 자살 동기를 편지에서 밝히고 있다. 이 시의 화자는 자살한 청년에게 가문의 배신자로 살아서 형제를 헤치고 다른 사람을 파멸시키며 치욕과 멸시를 견디기보다는 깨끗이 목숨을 끊는 것이 옳은 선택이었다고 말하고 있다.

이 시에서 죽음은 인생의 고통을 피하기 위한 방편이 아니라 인간의 순수와 명예를 지키는 수단이다. 청년은 자신의 도덕적 타락을 막기 위해 죽음을 선택했다. 시인은 이 청년의 죽음을 찬양하면서 그에게 "시들지 않을" 화관을 바친다. 시인이 선사하는 "화관"은 시간의 파괴를 이긴 청년에게 주는 승리의 월계관이며, 그것이 시들지 않는 이유는 살아 있는 꽃으로 만든 화관이 아니라 영원한 예술작품인 시(詩)기 때문이다.

XLV

If it chance[1] your eye offend[2] you,
  Pluck it out[3], lad, and be sound[4]:
'Twill hurt, but here are salves to friend[5] you,
  And many a balsam[6] grows on ground.

And if your hand or foot offend you,
  Cut it off,[7] lad, and be whole[8];
But play the man[9], stand up and end you[10],
  When your sickness is your soul.

---

1) *chance*: happen without design or discoverable cause
2) *offend*: (성서적 용법) 죄를 범하게 하다, 실족케 하다 (sin against; wrong a person)
3) 성경의 인유이다: "And if thy right eye offend thee, pluck it out, and cast them from thee: for it is profitable for thee that one of thy members should perish, and not that thy whole body should be cast into hell." (Matthew 5:29)
4) *sound*: physically healthy, free from disease; (arch.) be cured
5) *friend*: help, act as a friend to
6) *balsam*: 향유(香油), 향유 나무 (a tree yielding balsam); balsam=an aromatic ointment or other resinous medicinal preparation
7) 성경의 인유이다: "And if thy right hand offend thee, cut it off, and cast it from thee: for it is profitable for thee that one of thy members should perish, and not that thy whole body should be cast into hell." (Matthew 5:30)
8) *whole*: in good health
9) *play the man*: be manly, not show fear
10) *end you*: kill yourself, commit suicide

45

만약 자네의 눈이 자네를 실족케 하거든,
　그 눈을 뽑아버리게, 젊은이, 그리고 치료를 하게:
아프겠지만, 여기 자네를 도와줄 고약이 있네,
　그리고 땅에는 수많은 향유(香油) 나무가 자라고 있다네.

그리고 자네의 손이나 발이 자네를 실족케 하거든,
　잘라 버리게, 젊은이, 그리고 건강해지게:
그러나 자네의 병이 영혼에 있다면,
　사내답게 일어나서 자네 목숨을 끊게.

✣**해설**✣

죽음의 주제를 다룬 작품이다. 육신의 병은 환부를 도려내고 치료를 하면 고칠 수 있지만, 영혼의 병은 죽음 이외에는 고칠 방법이 없다. 즉 화자는 죽음만이 영혼의 순수성을 지킬 수 있다고 생각한다.

이 시에서 하우스만은 마태복음(제5장~제7장)에 나오는 산상수훈(山上垂訓) 중 간음에 관한 교훈을 담은 두 절의 앞부분을 거의 그대로 인용하고 있다. "만일 네 오른 눈이 너를 실족케 하거든 빼어 내버리라"(5장 29절): "또한 만일 네 오른 손이 너를 실족케 하거든 찍어 내버려라."(30절). 이 말 자체는 육체적 간음 행위를 하거든 신체의 일부분을 제거하라는 의미를 갖지만, 그리스도는 이보다 앞(5장 28절)에서 "음욕을 품는 자마다 마음에 이미 간음 하였느니라"고 말한 바 있다. 하우스만은 영혼이 죄를 범한 다면 육체적 행위를 하기 이전에 죽음을 선택하는 것이 옳다고 성서의 가르침을 합리화하고 있다. 하우스만의 시에서 죽음은 이처럼 죄를 지을 가능성을 미리 차단하여 영혼의 순수성을 지키는 수단이라는 의미를 갖는다.

XLVI

Bring, in this timeless grave to throw,
No cypress[1], sombre on the snow;
Snap not from the bitter yew[2]
His leaves that live December through;
Break no rosemary[3], bright with rime
And sparkling to the cruel clime;
Nor plod[4] the winter land to look
For willows in the icy brook
To cast them leafless round him: bring
No spray[5] that ever buds in spring.

But if the Christmas field has kept
Awns[6] the last gleaner overstept[7],
Or shrivelled flax[8], whose flower is blue
A single season, never two;
Or if one haulm[9] whose year is o'er
Shivers on the upland frore[10],
—Oh, bring from hill and stream and plain
Whatever will not flower again,
To give him comfort: he and those
Shall bide[11] eternal bedfellows
Where low[12] upon the couch he lies
Whence he never shall arise.

---

1) *cypress*: foliage of cypress regarded or used as a symbol of mourning
2) *yew*: slow-growing dark-leaved evergreen coniferous tree, often planted in churchyards
3) *rosemary*: evergreen fragrant shrub, taken as emblem of remembrance
4) *plod*: tread laboriously, trudge
5) *spray*: branch of tree with branchlets or flowers
6) *awn*: 까끄라기 (stiff bristle at top of grain-sheath of barley, oats,, etc.), 보리이삭
7) *overstep*: step over, pass beyond
8) *shrivelled flax*: 시든 아마(亞麻); *shrivelled*=withered, dried-up
9) *ha(u)lm*: (수확이 끝난 콩이나 감자의) 줄기 (stem or stalks of peas, beans, etc. without the pods)
10) *frore*: frozen, frosty
11) *bide*: remain
12) *low*: dead and buried

46

이 영원한 무덤에 바치기 위해, 눈 위에
검게 핀, 편백나무 가지를 가져오지 마라;
겨우내 살아 있는 쓰디쓴
주목(朱木) 잎을 따지 마라.
서리에 덮여, 혹한의 날씨에
반짝이는 로즈메리를 꺾지 마라;
잎 없는 가지를 무덤에 던지려고
얼어붙은 개울에서 버드나무를
찾기 위해 겨울 땅을 밟지 마라.
봄에 움트는 나뭇가지를 가져오지 마라.

그러나 한 겨울 들판에 마지막 이삭 줍는 이가
밟고 지나간 보리이삭이 남아 있거나,
두 철이 아니라, 단 한 철만 꽃이 푸르른
아마(亞麻)가 시든 채 남아 있거나,
혹은 수확이 끝난 콩 줄기 하나가
서리 내린 고지에서 떨고 있거든,
—오, 산과 개울과 들판에서
다시는 꽃 피우지 못할 것들을 가져와서,
망자를 위로하라; 다시는 일어나지 못할
잠자리에 묻혀 누워 있는 곳에서,
그는 그것들을 영원한 잠자리 친구로 삼으리라.

해설

화자는 인간 숙명의 결과인 죽음에 대해 무감각해지고 싶어 한다. 그는 전통적으로 죽음의 상징으로 사용되어온 cypress, yew, rosemary, willow 등을 모두 거부하고, "다시는 꽃을 피우지 못할 것들" 즉 추수가 끝난 들판에 남은 보리이삭, 시든 아마줄기, 깍지가 떨어진 콩 줄기 등을 망자의 넋을 위로할 새로운 상징물로 삼겠다고 한다. 그 이유는 단 한 철 살고 가면 다시는 피어나지 않는 사물만이 숙명적인 인간의 마음에 위안이 될 수 있기 때문일 것이다.

XLVII
The Carpenter's Son

'Here the hangman stops his cart:
Now the best of friends must part.
Fare you well, for ill fare I:
Live, lads, and I will die.

'Oh, at home had I but stayed
'Prenticed to my father's trade,
Had I stuck to plane and adze[1],
I had not been lost[2], my lads.

'Then I might have built perhaps
Gallows-trees[3] for other chaps,
Never dangled on my own,
Had I but left ill[4] alone.

'Now, you see, they hang me high,
And the people passing by
Stop to shake their fists and curse;
So 'tis come from ill to worse[5].

'Here hang[6] I, and right and left
Two poor fellows hang for theft:
All the same's the luck we prove,
Though the midmost hangs for love.

---

1) *plane and adze*: 대패와 자귀;
2) *be lost*: be ruined morally or spiritually
3) *gallows tree*: 교수대
4) *ill*: evil
5) *come from ill to worse*: become even more unpleasant or difficult
6) *hang*: be hanged, hang from the gallows

47. 목수의 아들

"여기서 교수형 집행인이 수레를 멈춘다:
이제 절친한 친구들과 헤어져야 한다.
너희는 잘 살아라, 나는 고난을 겪을 테니:
살아라, 젊은이들이여, 나는 죽으리니.

"오, 내가 집에 머물면서
내 아버지의 일을 배웠더라면,
내가 대패와 자귀에 매달렸더라면,
나는 길을 잃지는 않았으련만, 젊은이들이여.

"그랬다면 나는 아마도 다른 녀석들을 위해
교수대를 지었을 것이고,
내가 악을 멀리하기만 했더라면,
스스로 교수대에 매달리지는 않았으리라.

"자, 보라, 그들이 나를 높이 매 단다,
그리고 지나가는 행인들이 걸음을 멈추고
주먹질을 하며 욕설을 퍼붓는다.;
그리하여 사태는 더욱 악화된다.

"여기 내가 매달리고, 좌우에
가엾은 두 친구가 절도죄로 매달린다:
가운데 달린 나는 사랑 때문에 매달리지만,
우리의 운명은 결국 마찬가지다.

'Comrades all, that stand and gaze,
Walk henceforth in other ways;
See my neck and save your own:
Comrades all, leave ill alone.

'Make some day a decent end[1],
Shrewder[2] fellows than your friend.
Fare you well, for ill fare I:
Live, lads, and I will die.'

1) *end*: 죽음 (a person's death); *a decent end*: 품위 있는 죽음
2) *shrewd*: clever and judicious

"여기 서서 지켜보는 모든 벗들이여,
이제부터 나와는 다른 길을 걸어가라;
내 목을 보고 너희의 목을 구하라:
벗들이여, 악을 멀리하라.

"언젠가는 품위 있게 죽어라,
너희의 친구보다 영리한 벗들이여.
잘 살아라, 나는 고난을 겪으리니:
살아라, 젊은이들이여, 나는 죽으리라."

해설

이 시의 화자는 고향을 떠나 사랑 때문에 죄를 짓고 교수형을 당하는 목수의 아들이다. 그는 고향에 남아 부친의 가업을 이어 목수가 되었더라면 지금처럼 죄를 지어 교수대 신세가 되지 않았을 것이라 후회하면서, 고향의 젊은이들에게 자신을 본보기로 삼아 악을 멀리하고 바르게 살라고 충고한다.

하우스만은 이 작품에서 성경의 십자가 장면(마테복음 27장)을 인유(또는 패러디)하고 있다. 그리스도는 인간의 죄를 구원하기 위해 인간을 대신해서 십자가에 못 박혀 죽은 속죄양(贖罪羊)이다. 예수의 좌우에 강도 둘이 못 박혀 있고(마테복음 27: 38) 행인들을 비롯하여 그 자리에서 지켜보는 모든 사람이 예수를 모욕하는 장면(27: 39-44)은 이 작품에도 그대로 재현되어 있다. 그러나 하우스만의 인유는 최초의 십자가 장면으로 되돌아가 그의 인간관에 비추어 십자가 장면을 재해석할 것을 요구한다(Leggett 24). 하우스만의 그리스도(즉 "목수의 아들")는 인류애가 아니라 자신의 사랑 때문에 죄를 짓고 교수대에 매달려 자신의 죄를 뉘우치고 있다. 그리고 그는 인간 본성을 변화시키기 위해 악과 싸우려는 시도가 소용이 없다는 것을 알고 있고, 그래서 자신이 죄인 신세가 안 되었다면 다른 친구들을 위해 교수대를 짓고 있을 것이라 말한다. 하우스만의 그리스도는 인간의 숙명을 받아들인다. 그가 다른 사람들에게 약속해 줄 수 있는 것은 영적인 구원의 약속이 아니라 자신의 삶을 본보기로 삼아 악을 멀리한다면 "품위 있는 죽음"을 맞이할 수 있을 것이라는 말뿐이다.

XLVIII

Be still, my soul, be still; the arms you bear are brittle[1],
  Earth and high heaven are fixt[2] of old and founded strong.
Think rather,—call to thought, if now you grieve a little,
  The days when we had rest, O soul, for they were long.

Men loved unkindness then, but lightless in the quarry[3]
  I slept and saw not; tears fell down, I did not mourn;
Sweat ran and blood sprang out and I was never sorry:
  Then it was well[4] with me, in days ere I was born.

Now, and I muse for why and never find the reason,
  I pace the earth, and drink the air, and feel the sun.
Be still, be still, my soul; it is but for a season:
  Let us endure an hour and see injustice[5] done.

Ay, look: high heaven and earth ail[6] from the prime[7] foundation[8];
  All thoughts to rive[9] the heart are here, and all are vain:
Horror and scorn and hate and fear and indignation—
  Oh why did I awake? when shall I sleep again?

---

1) brittle: hard but easily broken; 덧없는 (transitory)
2) fix: establish, locate, set up
3) quarry: ① 채석장, 돌산 ② (癈) 시체더미 (a pile of dead bodies)
4) well: in a satisfactory state; Cf. All is well with us. (우린 만사가 잘 되어가고 있다.)
5) injustice: unfairness, unjust act
6) ail: be ill; be troubled or adversely affected
7) prime: first in order of time or occurrence
8) foundation: the action of building on a firm substructure
9) rive: rend, cleave

48

조용히 하라, 내 영혼아, 조용히; 네가 들고 있는 무기는 부서지기 쉬우니,
 대지와 높은 하늘은 옛날에 세워졌고 기초가 튼튼하다.
차라리 생각해라,—만약 지금 네가 좀 슬프다면, 우리가 안식을
 가졌던 그 날들을 기억하라, 오 영혼아, 그 날들은 길었느니.

그때도 사람들이 몰인정한 것을 좋아했으나, 나는 시체더미에서 불도 없이
 잠들었고 아무것도 보이지 않았다; 눈물이 흘러내렸으나, 나는 울지 않았다;
땀이 흐르고 피가 솟구쳤으나 나는 결코 슬프지 않았다:
 그때 나는 편안했다, 내가 태어나기 전 그 시절엔.

지금 나는 지상을 걸어 다니고, 공기를 마시고, 햇빛을 느낀다.
 그 이유를 곰곰이 생각해보지만 도무지 알 수가 없다,
조용히 하라, 조용히, 내 영혼아; 오직 한 철뿐이다:
 우리 잠시 동안 참고 견디며 불공평한 처사를 지켜보자꾸나.

그래, 보라: 높은 하늘과 땅은 처음 만들어질 때부터 앓고 있다;
 가슴을 찢는 모든 생각들이 이곳에 있고, 모든 것이 허망하다:
공포와 경멸과 증오와 두려움과 분노—
 오 왜 내가 깨어났던가? 난 언제 다시 잠들게 될까?

해설

염세주의와 인고(忍苦)의 정신을 주제로 한 작품이다. 화자는 세상이 처음부터 병들어 있다고 생각한다. 현세(現世)는 "공포와 경멸과 증오와 두려움과 분노"그리고 "불친절"과 "부정(不正)"으로 가득 차 있다. 현세에는 이처럼 우리의 마음을 아프게 하는 것들뿐이고, 모든 것이 허망하다. 이와 같은 세상을 영혼이 파괴하려고 무기를 들지만,, 화자는 "높은 하늘과 땅"이 너무나 기초가 단단하여 어떤 무기로도 파괴할 수가 없으니 영혼 더러 조용히 하라고 말한다. 그리고 차라리 태어나기 이전의 편안했던 전생(前生)을 생각하며 잠시 동안만 참고 견디면 다시 잠들어 전생으로 돌아갈 수 있을 것이라고 스스로를 위로한다.

XLIX

Think no more, lad; laugh, be jolly:
  Why should men make haste to die?
Empty heads and tongues a-talking
Make the rough road easy walking,
And the feather pate[1] of folly
  Bears[2] the falling sky.

Oh, 'tis jesting[3], dancing, drinking
  Spins the heavy world around.
If young hearts were not so clever[4],
Oh, they would be young for ever:
Think no more; 'tis only thinking
  Lays lads underground.

---

1) *feather pate*: feather-brain, feather-head: 어리석은 사람 (a foolish dim-witted person); *pate*=the top of the head; Cf. *feather-brained*=very silly and thoughtless
2) *bear*: hold, lift up, keep from falling
3) *jest*: joke, speak or act in trifling manner
4) *clever*: talented, quick-witted

49

더 이상 생각을 하지 마라, 젊은이: 웃고 즐겨라:
  왜 인간은 서둘러 죽으려 하는가?
머리를 비우고 혀로 말을 재잘대면
험한 길도 쉬이 걸을 수 있고,
어리석은 새 대가리는
  무너지는 하늘을 받친다.

오, 익살 부리고, 춤추고, 마시다 보면
무거운 세상은 빙글빙글 잘 돌아간다.
만약 젊은 사람들이 그다지 영리하지 않다면,
오, 그들은 영원히 늙지 않으리라:
더 이상 생각을 하지 마라; 젊은이들이
  생각이 많으면 일찍 땅속에 눕게 되느니.

해설

생각이 많으면 빨리 늙어 죽는다. 그러니 복잡한 생각으로 골치를 썩이지 말고 가벼운 마음으로 웃고 즐기라고 말한다. 그러나 과연 생각이 없는 "새 대가리"를 인간답다고 할 수 있을까? 하우스만은 이 작품에서 생각이 없는 젊은이들의 경박한 태도를 풍자하고 있다.

L

Clunton and Clunbury,
Clungunford and Clun,[1]
Are the quietest places
Under the sun.

In valleys of springs of rivers,
By Ony and Teme and Clun[2],
The country for easy livers,
The quietest under the sun,

We still had sorrows to lighten[3],
One could not be always glad,
And lads knew trouble at Knighton[4]
When I was a Knighton lad.

By bridges that Thames runs under,
In London, the town built ill,
'Tis sure small matter for wonder
If sorrow is with one still.

And if as a lad grows older
The troubles he bears are more,
He carries his griefs on a shoulder
That handselled[5] them long before.

---

1) *Clunton, Clunbury, Clungunford, Clun*: Shropshire의 지명
2) *Ony* (Onny), *Teme*, *Clun*: 모두 Shropshire에 있는 강 이름
3) *lighten*: bring relief to, mitigate
4) *Knighton*: Shropshire 주의 Powys에 있는 작은 마을; England와 Wales의 경계에, 템 강 (River Teme) 가에 위치하고 있다.
5) *handsel*: 첫손을 대다 (be the first to try); (n) (신혼, 개업 등의) 선물, 새해 선물

50

클런튼과 클런베리
　클렁건포드와 클런은
모두 이 세상에서
　가장 조용한 곳이다.

강물의 원류가 흐르는 골짜기,
　오니와 템과 클런 강가,
편하게 사는 사람들의 고장,
　세상에서 가장 조용한 곳에서도,

우리에겐 여전히 달래야 할 슬픔이 있다,
　누구든 항상 기쁠 수만은 없느니,
내가 나이튼의 젊은이였을 적에,
　그곳에서도 젊은이들은 고뇌를 알았다.

잘 못 만들어진 도시인 런던의
　템즈강 위에 놓인 다리에서
여전히 슬픔이 존재한다면,
　그것은 확실히 놀랄 일이 아니다.

그리고 젊은이가 나이를 먹어가면서
　견뎌야 할 고뇌가 늘어가지만,
그는 오래 전에 처음 젊어졌던 어깨에
　그의 슬픔을 지고 간다.

Where shall one halt to deliver[1)]
  This luggage I'd lief set down?
Not Thames, not Teme is the river,
  Nor London nor Knighton the town:

'Tis a long way further than Knighton,
  A quieter place than Clun,
Where doomsday may thunder and lighten[2)]
  And little 'twill matter to one.

---

1) *deliver*: unload, hand on to another
2) *lighten*: (번갯불이) 번쩍이다 (shine like lightning); 가볍게 하다 (relieve of a load); 최후의 심판일에 번개가 번쩍인다는 의미와 무거운 짐을 덜어준다는 두 가지 의미로 해석될 수 있다.

내가 내려놓고 싶은 이 짐을
  어디서 걸음을 멈추고 부릴 것인가?
템즈강도 템강도 그 강은 아니요,
  런던도 나이튼도 그 도시는 아니다.

그곳은 나이튼보다도 더 먼 곳,
  클런보다도 더 조용한 곳,
최후의 심판일에 천둥번개가 치는 곳,
  이 세상 사람과는 무관한 곳이리라.

✣해설✣

인고의 정신을 다룬 작품이다. 화자는 젊은 시절 생에 대한 열정을 불태우면서도 문득 인간 숙명에 대한 고통을 느꼈고, 그 고통을 회피하는 수단으로서 죽음에 집착해왔다. 상징적인 죽음을 통해서 인간의 순수성과 청춘의 아름다움을 영원히 보존할 수 있다는 생각은 청춘의 기상(奇想)에 불과했다. 그는 이제 인생의 본질에 대한 보다 성숙한 인식에 도달한다. 현세에서 우리는 모두 이 세상의 마지막 날 짐을 부릴 때까지 무거운 짐을 지고 가야 하는 슬픈 운명을 타고 났다. 화자가 고향 마을 "나이튼의 젊은이"였을 때나 지금 그가 유랑하는 "잘 못 만들어진 도시" 런던에도 슬픔과 고뇌는 존재한다. 돌이켜 보면, Clunton, Clunbury, Clungunford, Clun처럼 겉으로 보기에는 조용한 마을에서도 슬픔과 고뇌는 있었다. 그리고 그는 나이를 먹어갈수록 슬픔과 고뇌의 짐은 점점 더 무거워진다는 사실을 깨닫는다. Thames,와 Teme 강이나, London과 Knighton같은 어느 곳에도 인생의 짐을 부릴 곳은 없다. 우리는 죽는 날까지 무거운 짐을 지고 참고 견디며 살아가야 한다.

LI

Loitering[1] with a vacant eye
Along the Grecian gallery[2],
And brooding on my heavy ill,
I met a statue standing still.
Still in marble stone stood he,
And stedfastly he looked at me.
"Well met," I thought the look would say,
"We both were fashioned far away;
We neither knew, when we were young,
These Londoners we live among."

Still he stood and eyed me hard,
An earnest and a grave regard[3]:
"What, lad, drooping with your lot?
I too would be where I am not.
I too survey that endless line
Of men whose thoughts are not as mine.
Years, ere you stood up from rest[4],
On my neck the collar[5] prest;
Years, when you lay down your ill[6],
I shall stand and bear it still.
Courage, lad, 'tis not for long:
Stand, quit you like stone, be strong."
So I thought his look would say;
And light on me my trouble[7] lay,
And I stept out in flesh and bone
Manful like the man of stone.

---

1) *loiter*: travel indolently and with frequent pauses
2) *Grecian gallery*: 그리스 화랑, 그리스 미술품 전시실; *gallery*=a room or building devoted to the exhibition of paintings
3) *regard*: gaze, steady or significant look
4) *stood up from rest*: 안식의 자리에서 일어났다; 이 세상에 태어났다는 의미임.
5) *collar*: a band put around the neck; (廢) (죄수, 노예, 하인의 목에 거는) 쇠줄(a metal band)
6) *lay down your ill*: 당신의 고난을 내려놓다; 죽다(die); *ill*=misfortune, trouble
7) *trouble*: 고민, 고뇌, 걱정, 고난 (disturbance of the mind or feelings, worry, vexation, grief, perplexity, distress, difficulty, inconvenience, bother)

51

그리스 화랑을 따라 멍청한
시선으로 한가로이 거닐면서,
심각한 내 불행을 생각하고 있을 때,
나는 조용히 서 있는 석상(石像) 하나를 만났다.
그는 여전히 대리석 안에 서서
나를 뚫어지게 바라보고 있었다.
그의 표정은 이렇게 말하고 있는 듯 했다:
"잘 만났군. 우린 둘 다 멀리서 태어났고,
지금 우리가 함께 살고 있는 이 런던사람들은
우리가 어렸을 때 몰랐던 사람들이야."

그는 여전히 서서 나를 뚫어지게 보았다,
진지하고 심각한 시선으로:
"설마, 젊은이, 자네 운명 때문에 풀이 죽어 있는가?
나도 여기 말고 다른 곳에 가고 싶다네.
나 역시 끝없이 늘어선, 우리와는
생각이 다른 저 사람들을 보고 있다네.
자네가 안식의 자리에서 일어서기 전에,
오래 동안 목줄이 내 목을 조여 왔고,
자네가 자네의 고난을 내려놓을 때에도,
나는 오래 동안 여기 서서 그걸 견디고 있을 게야.
용기를 내게, 젊은이, 오래지 않을 게야:
일어서게, 돌처럼 떠나게, 힘을 내게."
나는 그의 표정이 이렇게 말하고 있을 거라 생각했다;
그래서 내 시름이 가벼워졌고,
그래서 나는 저 돌사람처럼 남자답게
살과 뼈의 인간으로서 그곳을 떠났다.

해설

인고(忍苦)의 정신을 주제로 한 작품이다. 런던 미술관에서 그리스 석상(石像)을 보고 인생의 의미를 생각한다. 그 석상은 오랜 인고의 세월을 견디는 동안 인간의 고통을 초월한 존재로 보인다. 화자는 그 석상도 인생의 질곡("the collar")을 견디어 왔을 것이라 생각한다. 그리스 조상은 불행한 "운명 때문에 풀이 죽어 있는" 화자를 책망한다. 그 역시 다른 세계를 동경하지만, 그 "돌사람"은 그곳을 떠날 수가 없다. 대리석 석상은 "살과 뼈"를 가진 인간보다도 더 오래 고난을 견디어야 하지만 묵묵히 참고 견딘다. 그에 비해 인간의 고난은 그리 오래 가지는 않을 것이다. 화자는 이런 생각을 위안으로 삼고 용기를 얻어 그곳을 떠난다.

LII

Far in a western brookland[1)]
That bred me long ago
The poplars stand and tremble
By pools I used to know.

There, in the windless night-time,
The wanderer, marvelling why,
Halts on the bridge to hearken
How soft the poplars sigh.

He hears: no more remembered
In fields where I was known,
Here I lie down in London
And turn to rest alone.

There, by the starlit fences,
The wanderer halts and hears
My soul that lingers sighing
About the glimmering weirs[2)].

---

1) *brookland*: 개울가
2) *weir*: dam across river

52

오래 전에 나를 낳아준
　멀리 서쪽 개울가에는
내가 예전에 알고 있던 연못가에
　포플러 나무들이 서서 떨고 있다.

그곳에선, 바람 불지 않는 밤이면,
　나그네가, 왠지 이상한 생각이 들어,
다리 위에서 걸음을 멈추고
　부드러운 포플러의 한숨소리에 귀 기울인다.

그는 듣고 있다: 예전에 나를 알고 있던
　들판에서 나는 더 이상 기억되지 않지만,
여기 런던에서 자리에 누워
　나는 홀로 쉬고 있다.

그곳에선, 별빛 비친 울타리 옆에
　나그네가 걸음을 멈추고 서서 듣고 있다,
어슴푸레 빛나는 개울둑에서 한숨 쉬며
　서성이고 있는 내 영혼의 소리를.

해설

고향에 대한 향수를 그린 작품이다. 화자는 또 다시 고향("There")과 런던("here")을 비교한다. 고향에서는 바람이 잠든 밤에 포플러의 한숨소리에 귀를 기울이며 자연과 가까이 있었으나, 메마른 도시 생활을 위해 고향을 버린 지금 그는 잊혀진 사람이 되어버렸다. 이제 그는 런던의 하숙방에서 소외와 고독을 느낀다. 몸은 비록 런던에 있지만, 마음은 아직도 고향 들판에서 서성이고 있다. 고향 마을 개천가에서 나그네의 귀에 들리는 포플러의 한숨소리는 고향을 떠나지 못하고 서성거리고 있는 화자의 영혼의 소리이다.

LIII
The True Lover

The lad came to the door at night,
  When lovers crown[1] their vows,
And whistled soft and out of sight
  In shadow of the boughs.

'I shall not vex you with my face
  Henceforth, my love, for aye;
So take me in your arms a space[2]
  Before the cast[3] is grey.

'When I from hence away am past
  I shall not find a bride,
And you shall be the first and last
  I ever lay beside.'

She heard and went and knew not why;
  Her heart to his she laid;
Light was the air beneath the sky
  But dark under the shade.

'Oh do you breathe, lad, that your breast
  Seems not to rise and fall,
And here upon my bosom prest
  There beats no heart at all?'

---

1) *crown*: 결실을 맺다 (bring to or bless with a successful outcome)
2) *a space*: a (short) period of time
3) *cast*: (색깔의) 희미한 기미 (a dash of some colour); Before the cast is grey: 색조가 회색이 되기 전에, 즉 동이 트기 전에

53. 진실한 연인

연인들의 맹세가 결실을 맺는 밤에
  젊은이는 문으로 가서
나뭇가지 그늘에 숨어서
  부드럽게 휘파람을 불었다.

"지금부터 나는 영원히 내 얼굴로
  당신을 괴롭히지 않겠소, 사랑하는 이여;
그러니 먼동이 트기 전에
  잠시만 나를 그대 품에 안아주오.

"내가 이곳을 떠나게 되면
  나는 신부를 얻지 못할 것이요,
그러니 당신이 내 옆에 눕는
  처음이자 마지막 신부가 될 것이오."

그 말을 듣고 여인은 까닭을 모른 채 다가와,
  그와 가슴을 마주하고 누웠다;
하늘아래 대기는 밝았으나,
  그늘 아래는 어두웠다.

"오 도련님, 당신은 숨을 쉬고 있나요?
  당신 가슴이 움직이지 않네요,
그리고 여기 내 가슴에 닿았지만
  심장이 전혀 뛰질 않는군요."

'Oh loud, my girl, it once would knock[1]),
  You should have felt it then;
But since for you I stopped the clock[2])
  It[3]) never goes again.'

'Oh lad, what is it, lad, that drips
  Wet from your neck on mine?
What is it falling on my lips,
  My lad, that tastes of brine?'

'Oh like enough 'tis blood, my dear,
  For when the knife has slit[4])
The throat across from ear to ear
  'Twill bleed because of it.'

Under the stars the air was light
  But dark below the boughs,
The still air of the speechless night,
  When lovers crown their vows.

---

1) *knock*: move energetically
2) *stop the clock*: 시계를 멈추게 하다; 죽다 (die)
3) *it*: i. e., the clock; 그러나 대명사 "it"는 "심장"과 "시계"의 두 가지 의미로 해석될 수 있다.
4) *slit*: (세로로) 가늘게 쪼개다 (cut or tear lengthwise)

"오, 낭자(娘子), 한때는 내 심장도 힘차게 뛰었다오,
그때 느꼈더라면 좋았을 것을;
그러나 당신 땜에 내가 시계를 멈추게 했소,
그래서 다시는 움직이지 않는다오."

"오, 도련님, 이게 뭔가요, 도련님,
당신 목에서 내 목으로 떨어지는 이것은?
도련님, 내 입술에 떨어지는,
이 짠맛 나는 것은 무엇인가요?"

"오 그만, 그건 피요, 낭자,
칼이 내 목을 귀에서 귀까지,
가로로 베었지요,
그 땜에 피를 흘리는 것이지요."

별빛아래 대기는 밝았으나,
나뭇가지 아래는 어두웠다,
연인들의 맹세가 결실을 맺는
말없는 밤의 조용한 대기는.

해설

참 사랑을 주제로 한 작품이다. 하우스만의 연시에 등장하는 인물들은 남녀를 불문하고 쉽게 변심한다. 그의 연인들은 사랑하는 사람이 죽으면 금방 다른 상대를 찾는다. 그의 연시에서 영원한 사랑은 불가능하다. 이러한 그의 시 세계에서 "진정한 연인"이란 어떤 의미를 가질까? 이 작품에서 화자는 애인을 찾아와 떠나기 전에 마지막 밤을 함께 보내게 해 달라고 애원한다. 화자가 여인에게 "영원히 내 얼굴로 당신을 괴롭히지 않겠소" 하고 맹세하는 것을 보면, 그는 여자의 변심을 두려워하고 있음을 알 수 있다. 여인이 남자를 품에 안았을 때, 심장은 더 이상 뛰지 않는다. 그 대신 목과 입술에 짭짤한 액체가 뚝뚝 떨어진다. 여인이 "이게 뭔가요?"하고 다급하게 묻자, 남자는 칼로 목을 베어서 떨어지는 피라고 대답한다. 화자는 사랑의 무상함을 알기 때문에 죽음으로써 자신의 사랑을 완성하고자 한다. 그가 자살하는 이유는 애인의 변심이 두려웠을 뿐만 아니라 자신도 사랑의 맹세를 지키지 못하리라는 것을 알고 있었기 때문일 것이다. 따라서 그가 사랑의 맹세를 지키는 길은 오직 죽음밖에 없다는 논리적 결론에 도달하게 된다. 이 시에서 "진실한 연인"은 사랑의 절정의 순간에 자살을 선택함으로써 사랑의 결실을 맺는 사람을 의미한다.

LIV

With rue[1] my heart is laden
  For golden[2] friends I had,
For many a rose-lipt maiden
  And many a lightfoot lad.

By brooks too broad for leaping
  The lightfoot boys are laid[3];
The rose-lipt girls are sleeping
  In fields where roses fade.

---

1) *rue*: repentance, regret, sorrow, dejection; pity, compassion

2) *golden*: 금빛의 (of the colour of gold); 귀중한 (resembling gold in value); 황금기의 (characterized by great prosperity and happiness). Cf. *golden age*: 황금시대 (an idyllic past time of prosperity, happiness, and innocence)

3) *lay*: deposit in the grave, bury

54

내 가슴은 내 소중한 친구들,
　수많은 장미 빛 입술의 처녀들과
수많은 발걸음 가벼운 청년들에 대한
　슬픔으로 가득 차 있다네,

너무 넓어 건널 수 없는 개울가에
　발걸음 가벼운 청년들이 누워 있고;
장미가 시드는 들판에는
　장미 빛 입술의 처녀들이 잠들어 있네.

해설

죽은 친구들에 대한 슬픔을 다룬 작품이다. 하우스만의 고향에는 수많은 소중한 친구들이 묻혀 있다. 개울가에는 "발걸음 가벼운 청년들"이 묻혀 있고, 들판에는 "장미 빛 입술의 처녀들"이 잠들어 있다. 이와 같은 표면적 의미의 이면에는 생과 사에 대한 시인의 태도가 함축되어 있다.

시인은 함축적 시어를 사용하여 복합적인 정서를 효과적으로 표현한다. 이 시에서 함축적 의미가 가장 풍부한 단어는 "golden"이다. 이것은 "황금색의," "황금처럼 소중한," "황금기(전성기)의," 전설적인 "황금시대의" 등과 같은 다양한 의미를 갖는다. 화자의 친구들은 "발걸음 가벼운 청년들"과 "장미빛 입술의 처녀들"이다. 이들은 모두 활력과 아름다움에 있어서 인생의 황금기에 속한 사람들이다. 이들은 청춘의 절정에 죽었기 때문에, 제1연에는 상실의 슬픔과 공허감이 강하게 나타나 있다. 첫 줄의 "laden"은 그 슬픔의 무게를 암시한다. 그러나 제2연에서 화자는 죽음에 대한 역설적 태도를 보인다. 이 연에는 생과 사가 뚜렷한 대조를 이루고 있다. 죽음은 일반적으로 육신의 쇠퇴를 의미하지만 시인은 이러한 의미를 배제시킨다. 즉음은 시간과 변화와 쇠퇴를 정지시킨다. 살아 있는 청년은 가볍게 개울을 건널 수 있지만, "발걸음 가벼운 청년"은 동작이 정지되었기 때문에 개울을 건널 수 없다. 그리고 살아 있는 장미는 시들어 빛이 퇴색되지만 처녀는 "장미빛 입술"을 보존하고 있다. 하우스만은 존 키츠처럼 이 작품에서 인생의 절정에 한 순간을 동결(凍結)시킴으로써 인생의 활력과 아름다움과 순수성을 영원히 보존한다. 그에게 죽음은 상실과 슬픔의 원인이기도 하지만 시간의 파괴를 정지시키고 상실의 슬픔과 공허감을 극복하는 수단이기도 하다. 하우스만은 여러 작품에서 죽음에 대한 양면적 태도를 표현하고 있다.

LV

Westward on the high-hilled plains
  Where for me the world began,
Still, I think, in newer veins
  Frets[1] the changeless blood of man.

Now that other lads than I
  Strip[2] to bathe on Severn shore,
They, no help, for all they try,
  Tread the mill[3] I trod before.

There, when hueless[4] is the west
  And the darkness hushes wide,
Where the lad lies down to rest
  Stands the troubled dream beside.

There, on thoughts that once were mine,
  Day looks down the eastern steep[5],
And the youth at morning shine[6]
  Makes the vow he will not keep.

---

1) *fret*: flow or rise in little waves, move in agitation
2) *strip*: unclothe, make naked
3) *tread the mill*: 발판을 밟아 바퀴를 돌리다 (produce motion by continuously stepping on the steps arranged around the inner surface of a revolving upright wheel); 즉 단조로운 일상사를 되풀이하고 있다; *treadmill*=a monotonous routine or round of work
4) *hueless*: (OE) colourless, pallid
5) *steep*: steep slope, precipice
6) *shine*: sunshine

55

서쪽에는 내게 세상이 맨 처음 시작된
  높은 산이 있는 평원에서
더욱 새로운 혈관 속으로
  변함없는 인간의 피가 흐르고 있겠지.

지금 나 말고 다른 젊은이들은
  옷을 벗고 세번 강가에서 미역을 감는다,
그들은 내가 전에 돌렸던 그 바퀴를 돌려보지만,
  아무리 돌려 봐도 진전(進展)이 없다.

그곳에선, 서쪽 하늘이 창백해지고
  어둠이 내려 사방이 고요할 때,
그 젊은이가 누워 쉬고 있는 곳에
  어지러운 꿈이 옆에 서 있다.

그곳에선, 한때 내 것이었던 생각들 위에
  태양이 동쪽 기슭을 비추고,
아침 햇빛에 청년은
  지키지 못할 약속을 한다.

해설

화자는 자신이 고향을 떠난 이후 고향에서의 삶을 상상한다. 그는 자신이 떠난 후에도 삶의 모습은 본질적으로 변하지 않았을 것이라 생각한다. 고향에서는 또 다른 젊은이들의 몸에 변함없는 인간의 피가 흐르고 있을 것이고, 젊은이들이 "어지러운 꿈"을 꾸고 "지키지 못할 약속"을 하는 등 청춘의 불확실성은 여전히 지속되고 있을 것이다. 그리고 그들은 다람쥐 쳇바퀴 돌듯 하는 단조로운 일상사를 여전히 되풀이하고 있을 것이다. 이처럼 한 개인의 삶은 달라졌어도, 인간이라는 종(種)의 전체적인 삶의 모습은 변함없이 지속된다. 시간과 변화에 예속된 인생에서 불변의 요소를 찾는 것은 타향을 유랑하는 화자가 지고 가는 고뇌의 짐을 다소나마 덜고자 함일 것이다. 화자는 슈롭셔와 런던의 삶을 비교하면서 단조로운 일상이나 청춘의 불확실성과 같은 고향의 부정적인 측면을 부각시킴으로써 현실의 고뇌를 참고 살아가는 데에 위안으로 삼을 수 있을 것이다.

LVI

The Day of Battle

‘Far I hear the bugle blow
To call me where I would not go,
And the guns begin the song,
“Soldier, fly[1] or stay[2] for long.”

‘Comrade, if to turn and fly
Made a soldier never die,
Fly I would, for who would not?
’Tis sure no pleasure to be shot.

‘But since the man that runs away
Lives to die another day,
And cowards’ funerals, when they come,
Are not wept so well at home,

‘Therefore, though the best is bad,
Stand and do the best, my lad;
Stand and fight and see your slain[3],
And take the bullet in your brain.’

---

1) *fly*: run away, flee
2) *stay*: hold out; show powers of endurance, esp. in a race or contest
3) *slay*: kill, esp. in a brutal or violent manner, murder, slaughter

56. 전투의 날

'멀리서 나팔 소리가 울려
내가 가고 싶지 않은 곳으로 나를 부르고,
대포들이 노래를 시작한다,
"병사여, 도망쳐라 아니면 오래 버티어라."

'동지여, 돌아서서 달아나
병사가 살 수만 있다면,
나는 도망치겠다, 누가 그러지 않겠는가?
총에 맞아 죽은 것은 분명 즐거운 일이 아닐 테니.

'그러나 도망치는 사람은 살아남아도
결국 다음 날 죽을 것이며,
겁쟁이들은 고향에 돌아와도,
그들의 장례식에 울어주는 이 없으리라,

'그러니, 비록 최선이 나쁘다 해도,
서서 최선을 다하라, 젊은이;
서서 싸우고 자네가 죽인 자를 보아라,
그리고 자네 머리에 총알을 받아라.'

해설

전쟁을 소재로 한 작품이다. 군인은 언제나 전투에서 도망치느냐 맞서서 싸우다 죽느냐 진퇴양난의 기로에 서게 된다. 하우스만은 이 시의 제1연에서 양자택일의 문제를 제시하고 그 다음 세 연에서 If-But-Therefore의 논리적 구조를 채택하여 인간 운명의 불가피성을 논증(論證)한다. 만약 도망쳐서 살 수만 있다면 누군들 도망치지 않겠는가? 그러나 비겁하게 도망쳐서 살아남는다 해도 그것은 죽음을 지연시키는 것에 불과하며 결국 언젠가는 죽을 것이고, 비겁자는 죽어서 고향에 돌아와도 슬피 울어줄 이 없을 것이다. 그러므르 비겁하게 도망치지 말고 용감하게 맞서서 싸우다 죽는 것이 최선이다. 이 논리는 전투뿐만 아니라 인생에도 그대로 적용된다. 인간은 어느 누구도 타고난 숙명을 피할 수는 없다.

LVII

You smile upon your friend to-day,
  To-day his ills[1] are over;
You hearken to the lover's say,
  And happy is the lover.

'Tis late to hearken, late to smile,
  But better late than never:
I shall have lived a little while
  Before I die for ever.

---

1) *ill*: misfortune, trouble, disaster

57

당신은 오늘 친구에게 미소를 짓는다,
  오늘 그의 불행이 끝났다;
당신은 연인의 말에 귀를 기울인다,
  그 연인은 행복하다.

귀 기울이기에도, 미소 짓기에도 늦었지만,
  하지 않는 것보다는 낫다:
내가 사는 것은 잠간 동안이고,
  죽음은 영원하다.

해설

현세의 삶은 찰나이고, 죽음은 영원하다. 삶이 아무리 덧없고 불행하다고 해도, 살아 있는 동안 다른 사람의 행복에 관심을 보일 정도의 여유를 가지라고 충고한다.

LVIII

When I came last[1] to Ludlow
  Amidst the moonlight pale,
Two friends kept step[2] beside me,
  Two honest lads and hale[3].

Now Dick lies long[4] in the churchyard,
  And Ned lies long in jail,
And I come home to Ludlow
  Amidst the moonlight pale.

---

1) *last*: on the last occasion before the present
2) *keep step*: 보조를 맞추다 (remain in step with others in a march)
3) *hale*: 건강한, 건장한 (very healthy and active)
4) *long*: for a long time

58

지난번에 내가 창백한 달빛 속에
내 고향 루들로에 갔을 때,
두 친구가 나와 함께 걸었다,
정직하고 건강한 두 젊은이가.

지금 디크는 오래 동안 묘지에 누워 있고,
네드는 오래 동안 감옥에 누워 있다,
그리고 나는 창백한 달빛 속에
내 고향 루들로로 돌아간다.

해설

화자는 이제 귀향을 생각한다. 하우스만에게 고향은 꿈과 행복과 만족의 땅이요 이상향이다. 그의 고향은 실제의 고향이기보다는 마음의 고향이다. 고향을 떠난 젊은이들은 더러는 일찍 죽고 더러는 나쁜 길로 빠져 죄를 짓고 감옥에 갇힌다. 지난번에 함께 귀향했던 두 친구는 모두 정직하고 건강했으나, 그 중 한 친구는 건강을 잃고 죽어서 고향 땅에 묻혀 있고, 또 한 친구는 죄를 지어 감옥에 갇혀 있다. 친구를 잃고 홀로 쓸쓸히 돌아가는 귀향길에는 달빛마저 창백하다.

LIX

The Isle of Portland[1]

The Star-filled seas are smooth to-night
  From France to England strown[2];
Black towers above the Portland light[3]
  The felon-quarried[4] stone.

On yonder island, not to rise,
  Never to stir forth free,
Far from his folk a dead lad lies
  That once was friends with me.

Lie you easy, dream you light[5],
  And sleep you fast for aye;
And luckier[6] may you find the night
  Than ever you found the day.

---

1) *The Isle of Portland*: 포틀랜드 섬; 실제로는 섬이 아니라 모래사장으로 연결되어 있는 반도이다(a peninsula in Dorset)

2) *strow*: strew

3) *the Portland light*: 포틀랜드 등대 (포틀랜드 남단에 있는 Portland Bill에 세워진 등대); *light*=a lighthouse

4) *felon-quarried*: 잔인하게 채석된; *felon*=(古) cruel, fierce, terrible; *quarry*=form a quarry or quarries in, cut into (rock, ground, etc.)

5) *light*: lightly, in a light manner

6) *lucky*:

59. 포틀랜드 섬

오늘밤 프랑스와 영국 사이에 펼쳐진
　별 총총한 바다는 잔잔하다;
포틀랜드 등대 위로 잔인하게 채석된
　바위 하나가 검게 솟아 있다.

저 너머 섬에는, 한때 내 친구였던
　한 젊은이가 죽어, 일어나지도,
자유롭게 돌아다니지도 못하고,
　가족과 멀리 떨어져 누워 있다.

편히 쉬어라, 가볍게 꿈꾸어라,
　그리고 영원히 깊이 잠들어라;
그러면 그대는 알게 되리라,
　밤이 낮보다 더 다행스럽다는 것을.

해설

고향을 떠나 죽어 포틀랜드 섬에 묻혀 있는 한 친구의 명복을 비는 내용의 시이다. 포틀랜드 등대 위로 우뚝 솟아 있는 "잔인하게 채석된 바위"는 어쩌면 죽은 친구를 상징하는 심상일지도 모른다. 화자는 "밤이 낮보다 더 다행스럽다"는 사실을 알게 될 것이라는 말로 죽은 친구의 넋을 위로한다.

LX

Now hollow fires burn out to black,
And lights[1] are guttering[2] low[3]:
Square your shoulders, lift your pack,
And leave your friends and go.

Oh never fear, man, nought's to dread,
Look not left nor right:
In all the endless road you tread
There's nothing but the night.

---

1) *light*: a source of illumination, as the sun or esp. a lighted candle, an electric lamp, a beacon, etc.
2) *gutter*: flow in streams; (of a candle) melt away rapidly by becoming channelled on one side
3) *low*: to a low point or position

60

이제 공허한 불은 검게 타버리고,
　촛불은 녹아내리고 있다:
어깨를 펴라, 봇짐을 들어라,
　그리고 친구들을 두고 떠나라.

오 두려워 마라, 여보게, 겁낼 것 없다,
　좌우를 두리번거리자 마라:
자네가 걸어갈 끝없는 길엔
　오로지 밤이 있을 뿐이다.

해설

죽음의 주제를 다룬 작품이다. 생명이 소진되어 저승길을 떠나는 친구를 위로한다. "공허한 불"은 영혼의 불이요, 촛불은 육신의 생명을 상징한다. 영혼의 불은 이미 다 타버렸고 육신의 "초"도 얼마 안 남았다. 죽음은 끝없는 밤의 여행에 비유되어 있다. 화자는 떠나는 친구에게 두려워 말고 좌우를 두리번거리지도 말고 의연하게 길을 떠나라고 말한다.

LXI
Hughley Steeple

The vane on Hughley[1] steeple
  Veers[2] bright, a far-known sign,
And there lie[3] Hughley people,
  And there lie friends of mine.
Tall in their midst the tower
  Divides the shade and sun,
And the clock strikes the hour
  And tells the time to none.

To south the headstones[4] cluster,
  The sunny mounds lie thick;
The dead are more in muster[5]
  At Hughley than the quick[6].
North, for a soon-told number[7],
  Chill graves the sexton[8] delves[9],
And steeple-shadowed slumber
  The slayers of themselves.

To north, to south, lie parted,
  With Hughley tower above,
The kind, the single-hearted[10],
  The lads I used to love.
And, south or north, 'tis only
  A choice of[11] friends one knows,
And I shall ne'er be lonely
  Asleep with these or those.

---

1) *Hughley*: Shrewsbury에 있는 Wenlock Edge에 인접한 작은 마을
2) *veer*: change direction
3) *lie*: be dead, be buried
4) *headstone*: a gravestone, a cornerstone of a building
5) *muster*: 집합, 집합 인원 (assembly, collection)
6) *the quick*: the living, those who are alive
7) *a soon-told number*: 곧 불려올 사람, 즉 곧 들어올 시체; *number*=a person
8) *sexton*: 교회지기 (an officer charged with care of church and churchyard, and often with duties of bell-ringer and grave digger)
9) *delve*: dig, turn up with a spade
10) *single-hearted*: straightforward, honest, sincere
11) *a choice of*: the best, the elite

61. 휼레이 종탑

잘 알려진 이정표인, 휼레이 첨탑 위에
  바람개비는 반짝이며 돌고 있다,
그리고 그곳엔 휼레이 사람들이 누워 있고,
  그리고 내 친구들도 그곳에 누워 있다.
그 가운데 빛과 그늘을 가르며
  종탑이 우뚝 솟아 있고,
시계가 울어 시각을 알리지만,
  듣는 이는 아무도 없다.

남쪽으로 묘석(墓石)들이 모여 있고,
  양지바른 무덤들이 모여 있다;
휼레이에는 죽은 사람이
  산 사람보다 더 많이 모여 있다.
북쪽에서는, 곧 불려올 사람을 위해
  교회지기가 싸늘한 무덤을
파고 있고, 종탑 그늘에는
  자살한 사람들이 잠들어 있다.

휼레이 종탑을 머리에 이고,
  친절한 사람들, 정직한 사람들,
내가 예전에 사랑했던 젊은이들이
  남쪽과 북쪽으로 떨어져 누웠다.
그리고 남쪽과 북쪽에는 우리가
  알고 있는 최상의 친구들뿐이다.
이 친구들, 저 친구들과 함께 잠들면
  나는 결코 외롭지 않으리라.

해설

귀향과 죽음을 주제로 한 작품이다. 화자는 이제 자신의 숙명을 받아들이고 오래 떠나 있었던 고향에 돌아가 그리운 친구들과 함께 고향 땅에 묻히고자 한다. 그의 고향 휼레이에는 "죽은 사람이 / 산 사람보다 더 많이 모여 있다". 그곳에는 "친절한 사람," "정직한 사람," 사랑했던 친구들, 등 "최상의 친구들"이 묻혀 있다. 그래서 화자는 그 사람들과 함께 잠이 들면 외롭지 않을 것이라 생각한다.

LXII

'Terence, this is stupid stuff[1]):
You eat your victuals[2]) fast enough;
There can't be much amiss, 'tis clear,
To see the rate you drink your beer.
But oh, good Lord, the verse you make,
It gives a chap the belly-ache[3]).
The cow[4]), the old cow, she is dead;
It sleeps well, the horned head:
We poor lads, 'tis our turn now
To hear such tunes as killed the cow.
Pretty friendship 'tis to rhyme
Your friends to death before their time
Moping melancholy mad:
Come, pipe a tune to dance to, lad.'

Why, if 'tis dancing you would be,
There's brisker[5]) pipes than poetry.
Say, for what were hop-yards[6]) meant,
Or why was Burton built on Trent?[7])
Oh many a peer of England brews
Livelier liquor than the Muse[8]),
And malt does more than Milton can
To justify[9]) God's ways to man.
Ale, man, ale's the stuff to drink
For fellows whom it hurts to think:

---

1) *stuff*: valueless matter, nonsense
2) *victual*: food
3) *bellyache*: 투덜거리는 불평 (querulous complaint)
4) *cow*: 천박한 여자 (coarse or unpleasant woman)
5) *brisk*: active, lively
6) *hop-yard*: 홉 밭; hop-plant를 재배하는 밭; (hop 열매는 맥주의 쓴 맛을 내는 원료)
7) *Burton-on-Trent*: 잉글랜드 중부의 Staffordshire주 동부의 도시; Trent는 Dorset의 Sherborne에 있는 작은 마을이다. 시인은 "Burton-on-Trent"라는 지명이 생긴 유래에 대해 반문하고 있다.
8) the Muse: 시신(詩神), 시 (a poem)
9) *justify*: show the justice or reasonableness of

62

'테렌스야, 이건 바보 같은 말이지만:
자넨 식사를 너무 빨리 해;
자네가 맥주를 빨리 마시는 것을
보는 것도 분명 나쁠 거야 없겠지.
그러나, 오, 맙소사, 자네가 쓰는 시는
누구든 투덜거리며 불평하게 한다네.
그 암소, 그 늙은 암소는 죽었고;
그 뿔 달린 머리는 잘 자고 있다네:
이제 우리 한심한 젊은이들이
그 암소를 죽게 만든 노래를 들을 차례야.
시를 지어 자네 친구들이 속상해하고
우울해 하며 미쳐서 요절하게
만드는 것은 아름다운 우정이지:
자, 젊은이 춤추도록 한 곡 뽑아보게.'

　뭐, 정말 춤이 주고 싶다면,
시보다 더 발랄한 피리가 있지.
말해보게, 홉 밭은 무엇에 쓰라는 게지?
버튼은 왜 트렌트에 지어져 있는가?
오 영국 귀족들은 시(詩)보다
더 강렬한 술을 빚는다네.
그리고 술은 인간에 대한 신의 길을
밀턴보다 더 잘 입증해줄 것이네.
술은, 여보게, 술은 생각이 병이 된
사람들 더러 마시라는 것이네:

And faith, 'tis pleasant till 'tis past:
The mischief is that 'twill not last.
Look into the pewter pot
To see the world as the world's not.
Oh I have been to Ludlow fair
And left my necktie God knows where,
And carried half way home, or near,
Pints and quarts of Ludlow beer:
Then the world seemed none so bad,
And I myself a sterling[1] lad;
And down in lovely muck[2] I've lain,
Happy till I woke again.
Then I saw the morning sky:
Heigho, the tale was all a lie;
The world, it was the old world yet,
I was I, my things were wet,
And nothing now remained to do
But begin the game anew.

Therefore, since the world has still
Much good, but much less good than ill,
And while the sun and moon endure
Luck's a chance, but trouble's sure,
I'd face it as a wise man would,
And train for ill and not for good.
'Tis true, the stuff I bring for sale
Is not so brisk a brew as ale:
Out of a stem that scored[3] the hand
I wrung it in a weary land.
But take it: if the smack[4] is sour,
The better for the embittered hour;
It should do good to heart and head
When your soul is in my soul's stead;
And I will friend you, if I may,
In the dark and cloudy day.

---

1) *sterling*: of solid worth, excellent, reliable
2) *muck*: 오물, 쓰레기 (farmyard manure, dirt, filth)
3) *score*: cut the surface of sth. with notches, incisions, or scratches
4) *smack*: flavour, taste

백랍 항아리를 들여다보게
세상이 다르게 보일 것이네.
그리고 믿음이란, 사라질 때까지는 즐거운 것이라네:
해악은 믿음이 오래 가지 않는다는 것이네.
오 나는 루들로 장터에 다녀왔는데
넥타이를 어딘가에 놓아둔 채
루들로 맥주병을 들고
집으로 반쯤, 아니 집에 거의 다 왔다네:
그때 세상은 그리 나쁘게 보이지 않았다네,
그리고 나 자신이 믿음직한 청년으로 보였다네;
그리고 나는 아름다운 오물 속에 드러누워서
다시 깰 때까지 행복했다네.
그때 아침 하늘이 보였다네:
어이, 이건 말짱 거짓말이라네;
세상은 아직도 옛날 세상 그대로이고,
나는 나였어, 온 몸이 젖어 있었고,
더 이상 할 일이 없어서
놀이를 다시 시작 했다네.

그러므로, 세상은 여전히 좋은 곳이지만,
좋은 것보다는 나쁜 것이 더 많으니,
해와 달이 남아 있는 동안,
행운은 드물고, 고난은 확실하니,
나는 현명한 사람처럼 세상을 맞고
좋은 일이 아니라 나쁜 일에 대비하리라.
사실이야, 내가 팔려고 가져온 물건은
맥주만큼 맛좋은 술은 아니라네:
이 지겨운 땅에서 내 손을 다치게 한
줄기에서 비틀어 따온 것이라네.
그렇지만 받게나, 만약 맛이 쓰다면
속상할 때 마시면 좋을 게야;
자네 영혼이 내 영혼의 입장이 될 때
가슴과 머리에 효험이 있을 게야;
나는 할 수만 있다면 어둡고 흐린 날에
자네와 친구가 되어주고 싶다네.

There was a king reigned in the East:
There, when kings will sit to feast,
They get their fill before they think
With poisoned meat and poisoned drink.
He gathered all the springs to birth
From the many-venomed earth;
First a little, thence to more,
He sampled all her killing store;
And easy, smiling, seasoned[1] sound,
Sate the king when healths[2] went round.
They put arsenic in his meat
And stared aghast to watch him eat;
They poured strychnine[3] in his cup
And shook to see him drink it up:
They shook, they stared as white's their shirt:
Them it was their poison hurt.
—I tell the tale that I heard told.
Mithridates[4], he died old.

---

1) *season*: fortify (a person) by habit against difficult conditions

2) *health*: 건배, 축배 (toast drunk in a person's honour)

3) *strychnine*: 마전 (마전과의 상록 교목); vegetable alkaloid got from plants of genus Strychnos, very bitter to the taste and highly poisonous

4) *Mithridates*: 미트리다테스 (소아시아 Pontus의 왕; 120-63 B.C.); *mithridate*=만능 해독제 (a universal antidote)

동양에 한 임금이 있었다네:
그곳에선, 왕들이 앉아서 잔치를 벌일 때,
생각하기 전에 독이 든 고기와
독이 든 술로 배를 채운다네.
그 임금은 온갖 독이 든 땅에서
모든 샘물이 솟아나게 했고,
처음에는 조금씩, 나중엔 더 많이,
모든 독이 든 것들을 하나씩 모았다네;
그리고 축배를 들 때 임금은
편하게, 미소 지으며, 태연하게 앉아 있었지.
신하들이 그가 먹을 고기에 비소를 넣고
놀란 눈으로 그가 먹는 것을 지켜보았지;
신하들이 그의 잔에 마전을 따랐고,
임금이 잔을 비우는 것을 보고 떨었지:
그들은 하얗게 질린 채 바라보며 떨었어:
그들의 독에 해를 입은 것은 그들이었어.
—나는 들은 대로 이야기할 뿐이야.
미트리다테스, 그는 장수한 임금이었지.

해설

시의 효용을 주제로 한 작품이다. 우리는 흔히 하우스만의 시가 염세주의에 젖어 있다고 말한다. 시인은 테렌스의 시가 "늙은 암소"를 죽게 만들고 친구들이 우수에 젖어 요절하게 만든다는 세평을 풍자한다. 테렌스는 이 시집의 화자(persona)이며 하우스만의 필명이다. 하우스만은 시와 술이 세상의 고난을 완화시켜주는 해독제라고 말한다. 그는 이 세상이 "좋은 것보다 나쁜 것이 더 많은" 곳이며 이 세상에서 "행운은 드물고, 고난은 확실하다"고 생각한다. 온갖 독이 든 음식과 술을 마시고도 장수했다는 Mithridates처럼, 이 고난에 가득 찬 세상을 살아가려면 시와 술이라는 해독제가 필요하다고 말한다. (보통명사 mithridates는 "만능 해독제"를 의미한다.)

LXIII

I hoed and trenched[1] and weeded,
  And took the flowers to fair:
I brought them home unheeded[2];
  The hue was not the wear[3].

So up and down[4] I sow them
  For lads like me to find,
When I shall lie below them,
  A dead man out of mind.

Some seed the birds devour,
  And some the season mars[5],
But here and there will flower
  The solitary stars,

And fields will yearly bear them
  As light-leaved spring comes on,
And luckless lads will wear them
  When I am dead and gone.

---

1) *trench*: turn over earth of (field) by digging succession of contiguous ditches
2) *unheeded*: unnoticed, disregarded
3) *wear*: things worn, esp. fashionable or suitable clothing
4) *up and down*: here and there, in various places throughout a district
5) *mar*: damage so as to render useless, impair the quality of

63

나는 땅을 파고 도랑을 내고 잡초를 뽑았고,
  꽃을 시장에 팔려고 내놓았으나:
거들떠보는 이 없어 도로 집에 가지고 왔다.
  색상이 유행에 맞지 않았다.

그래서 나는 여기 저기 씨를 뿌린다,
  내가 죽어 잊혀진 사람이 되어
그 밑에 누울 때
  나 같은 젊은이들이 찾으라고.

어떤 씨는 새들이 쪼아 먹고,
  어떤 씨는 계절이 망쳐버리지만,
여기 저기 피어나리라
  외로운 별들이,

그리고 해마다, 여린 잎이 돋아나는
  새봄이 오면, 들은 꽃을 피울 것이고,
내가 죽어 저세상으로 가고 나면,
  불운한 젊은이들이 내 꽃을 달고 다니리라.

해설

시는 고달픈 인생에 위안을 주는 꽃이다. 화자는 비록 자신의 꽃을 사가는 사람이 없지만 자신과 같은 젊은이들을 위해 꽃씨를 뿌린다. 그는 자신이 뿌린 꽃씨가 모두 잘 자라 꽃을 피우리라고 기대하지는 않는다. 더러는 새들이 쪼아 먹고, 더러는 썩어서 싹이 나지 않을 지도 모른다. 그러나 그 중 일부는 싹이 터서 여기 저기 "외로운 별"처럼 귀하고 아름다운 꽃을 피울 것이다. 이처럼 하우스만은 자신의 시가 당대의 유행에 맞지 않을지 모르지만, 오래 오래 살아남아 자신과 같이 불운한 젊은이들에게 위안을 주는 꽃이 되기를 희망한다.

최종 시집

Last Poems

1922

I publish these poems, few though they are, because it is not likely that I shall ever be impelled to write much more. I can no longer expect to be revisited by the continuous excitement under which in the early months of 1895 I wrote the greater part of my first book, nor indeed could I well sustain it if it came; and it is best that what I have written should be printed while I am here to see it through the press and control its spelling and punctuation. About a quarter of this matter belongs to the April of the present year, but most of it to dates between 1895 and 1910.

September 1922

나는 앞으로 더 많은 시를 쓰고 싶은 충동을 느낄 것 같지 않기 때문에, 비록 많지는 않지만 이 시들을 출판한다. 1895년 봄에 첫 시집에 수록된 대부분의 작품을 쓸 때 느꼈던 그 지속적 자극이 다시 올 것 같지 않다. 또한 그런 자극이 오더라도 지속적으로 유지할 수 없을 것 같다. 그래서 내가 이 세상에 남아서 인쇄 과정을 지켜보고 철자와 구두점을 바로잡을 수 있는 동안에 내가 쓴 작품들을 출판하는 것이 최선이리라. 이 시들 중 4분의 1 정도는 금년 4월에 쓴 것이고, 그 나머지 대부분은 1895년에서 1910년까지의 기간에 쓴 작품들이다.

1922년 9월

We'll to the weeds no more,
The laurels[1] *are all cut,*
The bowers[2] *are bare of*[3] *bay*
That once the Muses wore;
The year draws in the day
And soon will evening shut:
The laurels all are cut,
We'll to the woods no more.
Oh we'll no more, no more
To the leafy woods away,
To the high wild woods of laurel
And the bowers of bay no more.

---

1) *laurels*: foliage of bay-tree as emblem of victory or distinction in poetry
2) *bower*: a place closed in with foliage, an arbour
3) *bare of*: lacking in, destitute of

우리는 더 이상 잡초밭에 가지 않으리라,
월계수는 모두 베어지고,
나무그늘에는 한때 시신(詩神)들이
지니고 다니던 계수나무가 없다;
한 해는 하루를 빨아들이고
곧 저녁을 닫을 것이다;
계수나무는 모두 베어지고,
우리는 더 이상 숲으로 가지 않으리라.
오, 우리는 더 이상, 더 이상,
잎이 우거진 숲으로 가지 않으리라,
높은 야생의 계수나무 숲으로
그리고 계수나무 그늘로 가지 않으리라.

해설

월계수 잎이나 가지는 명예의 상징이다. 한때는 승리자나 빼어난 시인에게 월계관을 씌워주었다. 지금도 영국에서는 왕실에서 당대에 가장 훌륭한 시인에게 계관시인(Poet Laureate)의 칭호를 내린다. 따라서 월계수 숲으로 가지 않겠다는 말은 시인으로서 명예를 추구하지 않겠다는 뜻이다. 이 서시(序詩)에서 하우스만은 더 이상 명예를 추구하지 않겠다고 말하고 있다.

I
The West

Beyond the moor and the mountain crest
—Comrade, look not on the west—
The sun is down and drinks away
From air and land the lees[1] of day.

The long cloud and the single pine
Sentinel[2] the ending line[3],
And out beyond it, clear and wan,
Reach the gulfs of evening on.

The son of woman turns his brow
West from forty counties now,
And, as the edge of heaven he eyes,
Thinks eternal thoughts, and sighs.

Oh wide's the world, to rest or roam,
With change abroad and cheer at home,
Fights and furloughs[4], talk and tale,
Company and beef and ale.

But if I front[5] the evening sky
Silent on the west look I,
And my comrade, stride for stride,
Paces silent at my side,

Comrade, look not on the west:
'Twill have the heart out of your breast;
'Twill take your thoughts and sink them far,
Leagues[6] beyond the sunset bar.

---

1) *the lees*: dregs, refuse
2) *sentinel*: stand guard over, watch as a sentinel
3) *ending line*: 마지막 전선; *ending*=final; *line*=the front line
4) *furlough*: 휴가 (leave of absence, esp. as granted to a soldier)
5) *front*: stand face to face with, confront, face, meet
6) *league*: a variable measure of distance, usu. estimated at five kilometers

1. 서쪽

황무지와 산 정상 너머로
—벗이여, 서쪽을 보지 마라—
해는 지고, 공기와 땅에서
낮의 찌꺼기를 남김없이 빨아들인다.

기다란 구름과 한 그루 소나무가
마지막 전선(戰線)을 지키고,
그 너머로, 맑고 희미하게
저녁의 만(灣)들이 뻗어 있다.

여자의 아들이 40개의 주에서
이제 서쪽으로 고개를 돌리고,
하늘 가장자리를 바라보면서,
영원을 생각하며 한숨짓는다.

오, 바깥의 변화와 집안의 유쾌함,
전투와 휴가, 대화와 이야기,
친구와 쇠고기와 맥주와 더불어.
쉬거나 방황하기에 세상은 넓다.

그러나 저녁 하늘을 마주할 때면,
나는 말없이 서쪽을 바라본다,
그리고 벗은, 한 걸음 한 걸음,
내 옆에서 말없이 걷는다.

벗이여, 서쪽을 보지 마라:
서쪽은 그대의 가슴에서 마음을 빼앗고,
그대의 생각을 멀리 멀리 가져가
해지는 수평선 너머로 가라앉혀 버릴 테니.

Oh lad, I fear that yon's the sea
Where they fished for you and me,
And there, from whence we both were ta'en,
You and I shall drown again.

Send not on[1)] your soul before[2)]
To dive from that beguiling[3)] shore,
And let not yet the swimmer[4)] leave
His clothes[5)] upon the sands of eve.

Too fast to yonder strand[6)] forlorn
We journey, to the sunken bourn[7)],
To flush[8)] the fading tinges eyed
By other lads at eventide.

Wide is the world, to rest or roam,
And early 'tis for turning home[9)]:
Plant your heel on earth and stand,
And let's forget our native land[10)].

When you and I are split on air
Long we shall be strangers there;
Friends of flesh and bone[11)] are best;
Comrade, look not on the west.

---

1) *send on*: 먼저 보내다 (dispatch in advance of one's own arrival)

2) *before*: ahead, earlier than the time in question

3) *beguiling*: that beguiles; esp. charming, fascinating

4) *swimmer*: i. e. "your soul"

5) *His clothes*: the swimmer's clothes, that is, your body; 죽는 것을 헤엄치는 사람이 해변에 옷을 벗어두고 바다에 뛰어들어 익사하는 것에 비유한 표현이다.

6) *strand*: the land bordering a sea, lake or river; a shore, a beach, a coast

7) *bourn*: (詩, 稀) realm, domain

8) *flush*: cause to glow with colour, light, etc.

9) *turning home*: 집으로 발길을 돌리는 것, 즉 영혼의 고향으로 돌아가는 것을 의미한다.

10) *our native land*: 우리의 고향 땅, 즉 영혼의 고향 또는 영원의 세계를 의미한다. Cf. Wordsworth's "Ode: Intimations of Immortality"

11) *flesh and bone*: Housman은 "육신을 가진 살아 있는 인간"의 의미로 일반적으로 쓰이는 "flesh and blood" 대신 이 표현을 자주 사용한다.

오, 벗이여, 그대와 나를 위해 고기를 잡아 주던
바다가 저 너머에 있어 두렵네,
우리 두 사람이 떠나온 그곳에서
그대와 나는 다시 익사하리라.

그대의 영혼을 먼저 보내어
매혹적인 해변에서 뛰어들게 하지 마라,
그리고 아직은 헤엄치는 자가
저녁 모래밭에 옷을 남기게 하지 마라.

우리는 너무 빨리 저 너머 외로운 해변으로,
해지는 나라로 여행을 하기에,
황혼녘에 다른 젊은이들 눈에 보이는
사라지는 색조를 타오르게 할 수가 없구나.

휴식하거나 방황하기에 세상은 너무 넓고,
집으로 발길을 돌리기엔 이른 시간이다:
발뒤꿈치로 땅을 딛고 서서,
우리의 고향 땅을 잊어버리자.

그대와 내가 허공에서 헤어지고 나면,
그곳에서 우리는 오래도록 이방인이 되리라;
살과 뼈가를 가진 친구가 제일 좋다:
벗이여, 서쪽을 보지 마라.

해설

하우스만은 워즈워스처럼 인간의 영혼을 동에서 떠서 서로 지는 태양에 비유하고 있다. 서쪽은 해가 지는 쪽이며 영혼의 고향이다. 일몰(日沒)은 죽음을 의미한다. 죽음은 영혼이 서쪽 해변에 육신의 옷을 벗어놓고 바다에 "익사"하는 것에 비유되어 있다. 죽기 전에 영혼이 마지막 열정을 불태우는 것이 낙조(落照)다. 그러나 워즈워스와 달리 하우스만은 영혼의 불멸을 암시하지 않는다. 죽음은 마치 지는 해가 "낮의 찌꺼기를 남김없이 빨아 들이"듯이 우리의 생각과 감정을 빼앗아간다. 서쪽은 영혼을 유혹하여 익사시키는 "매혹적인 해변"이다. 죽음은 친구에 대한 기억조차 앗아간다. 죽음 이후에 남는 것은 해변에 벗어놓은 "옷"밖에 없다. 따라서 화자는 벗에게 "서쪽을 보지 마라"고 세 번씩이나 반복해서 강조한다. "세상은 넓고" 할 일은 많기에, 아직은 죽음을 생각하기에 너무 이르다는 것이다. 그리고 서쪽을 보지 말고 "발뒤꿈치로 땅을 딛고 서서, 우리의 고향 땅을 잊어버리자"고 생에의 적극적인 참여를 권유한다.

II

As I gird on[1] for fighting
  My sword upon my thigh,
I think on old ill fortunes
  Of better men than I.

Think I, the round world over,
  What golden[2] lads are low[3]
With hurts not mine to mourn for
  And shames I shall not know.

What evil luck soever
  For me remains in store,
'Tis sure much finer fellows
  Have fared much worse before.

So here are things to think on
  That ought to make me brave,
As I strap on[4] for fighting
  My sword that will not save[5].

---

1) *gird on*: prepare for (action); 허리띠에 칼을 차다 (equip with a sword suspended from a belt)
2) *golden*: precious, important, excellent
3) *low*: dead (and buried)
4) *strap on*: 끈으로 묶다, 허리에 차다 (fasten or bind with a strap)
5) *save*: 구원하다(deliver, rescue), 살려주다 (allow to live, spare)

2

내가 허리에 칼을 차고
　싸우려고 준비할 때,
나는 나보다 훌륭한 사람들이
　예전에 겪었을 불운을 생각한다.

나는, 온 세상에서, 어떤 소중한 젊은이들이
　내가 슬퍼할 수 없는 상처와
내가 알지 못할 수치를 안고
　죽어서 땅속에 묻혀 있을까 생각한다.

무슨 악운(惡運)이
　나를 기다리고 있을까?
나보다 훨씬 더 훌륭한 친구들이
　예전에 더 심한 고난을 겪었음이 분명하다.

그래서 이런 일들을 생각하면
　당연히 용기가 치솟는다,
내가 아무도 구원하지 못할 내 칼을
　허리에 차고 싸울 준비를 할 때.

해설

누구나 전쟁에 나갈 때는 죽음에 대한 공포를 느낀다. 수많은 젊은이들이 전쟁에 나갔다가 "상처"와 "수치"를 안고 죽어 땅속에 묻혀 있다. 화자는 칼을 허리에 차고 전쟁터에 나갈 준비를 할 때, 자신보다 더 훌륭한 젊은이들이 고난과 불운을 겪었을 것이라 생각하고 용기를 내며 죽음에 대한 공포를 극복한다.

III

Her strong enchantments failing,
  Her towers of fear in wreck,
Her limbecks[1] dried of poisons
  And the knife at her neck,

The Queen of air and darkness[2]
  Begins to shrill and cry,
'O young man, O my slayer,
  To-morrow you shall die.'

O Queen of air and darkness,
  I think 'tis truth you say,
And I shall die to-morrow;
  But you will die to-day.

---

1) *limbeck*: alembic; (옛날의) 증류기 (still); 17세기에 "limbeck"이라는 철자를 사용.

2) *The Queen of air and darkness*: 공기와 어둠의 여신; 영국 시인 Coventry Patmore(1823-96)의 시구 "어둠과 공기의 신들(the powers of darkness and the air)"에서 따온 것이라 한다. 이 구절은 원래 에베소서 제2장 제2절 "the prince of the power of the air, the spirit that now worketh in the children of disobedience"를 인유한 것이며. 그 의미는 "악령(Evil)"이다. *Queen*=여신 (any of the goddesses of ancient religions or mythologies)

3

그녀의 강한 마력(魔力)이 약해지고,
　공포(恐怖)의 탑이 무너지고,
증류기엔 독이 마르고,
　칼은 목에 꽂인 채,

공기와 어둠의 마녀가
　비명을 지르며 울기 시작한다,
"오 젊은이, 오 나를 죽인 자여,
　내일 너도 죽으리라."

오 공기와 어둠의 마녀여,
　나는 네 말이 진실이라 생각한다,
나는 내일 죽을 테지만,
　너는 오늘 죽으리라.

해설

죽음에 대한 공포의 극복을 주제로 한 작품이다. "공기와 어둠의 여신"은 패트모어(Coventry Patmore)의 작품에서 인유(引喩)한 표현인데, 하우스만은 이 작품에서 인간의 마음속에 '죽음에 대한 공포감을 일으키는 마녀 또는 악령(惡靈)'이라는 의미로 이 구절을 사용하고 있다. 이 마녀는 공포의 탑 속에서 증류기로 독을 만들고 인간에게 마법을 걸어 공포감을 일으킨다. 화자는 탑을 무너뜨리고 증류기의 독을 말림으로써 마법을 무력화시키고 칼로 목을 찔러 마녀를 죽인다.

하우스만은 1895년에 "죽음에 대한 공포를 느끼고 그 공포감을 극복한 사람"을 묘사할 의도로 이 시를 지었는데, 그 후 재학 중에 입대하여 1915년에 전사한 그의 조카(누이동생의 아들 Clement Symons)를 추모하여 그 해 12월에 조카가 다니던 학교(King Edward's School) 문예지에 실었다. 그의 조카는 입대할 무렵 한 여학생을 열렬히 사랑하고 있었기 때문에 죽음을 무척 두려워하고 있었고. 이 시를 읽은 후 그 공포감을 극복할 수 있었다고 한다(Graves 139- 40).

IV

Illic Jacet[1)]

Oh hard is the bed they have made him,
  And common the blanket and cheap;
But there he will lie as they laid him:
  Where else could you trust[2)] him to sleep?

To sleep when the bugle is crying
  And cravens[3)] have heard and are brave,
When mothers and sweethearts are sighing
  And lads are in love with the grave.

Oh dark is the chamber and lonely,
  And lights and companions depart;
But lief[4)] will he lose[5)] them and only
  Behold[6)] the desire of his heart.

And low is the roof, but it covers
  A sleeper content[7)] to repose;
And far from his friends and his lovers
  He lies with the sweetheart he chose.

---

1) *Illic Jacet*: 라틴어로 "There lies (Clement Symons)"의 뜻이다.
2) *trust*: (古) commit or entrust to the safe-keeping of a person
3) *craven*: 겁쟁이 (a confessed or acknowledged coward)
4) *lief*: gladly, willingly
5) *lose*: fail to retain in the memory; forget
6) *behold*: (廢) regard, consider
7) *content*: (古) pleased, gratified

4. 여기 잠들다

오, 그들이 그에게 만들어준 침대는 딱딱하고,
　이불은 흔한 싸구려 이불이다;
그러나 그는 그들이 뉘어준 대로 거기 누워있을 것이다:
　다른 어느 곳에 그를 맡겨 재울 수 있겠는가?

취침나팔이 울리고, 겁쟁이들이
　그 소리를 듣고 용기를 낼 때,
어머니들과 애인들이 한숨을 짓고,
　젊은이들이 무덤과 사랑에 빠질 때.

오, 방은 어둡고 외롭고,
　불빛과 친구들은 떠난다;
그러나 그는 기꺼이 그들을 잊고
　오로지 가슴의 욕망만 생각한다.

그리고 지붕은 비록 낮지만, 잠자는 이가
　즐겁게 자도록 덮어준다;
그리고 친구들과 애인들로부터 멀리 떨어져
　그는 자신이 선택한 애인과 누워 있다.

✤해설✤

어느 병사의 죽음을 다룬 작품이다. 이 시에는 무덤 속의 상황이 묘사되어 있다. 무덤은 지붕이 낮고, 침대는 딱딱하고, 이불은 흔한 싸구려 이불이다. 무덤은 이처럼 누추한 곳이지만, 죽은 병사에겐 달리 갈 곳이 없다. 이 병사가 선택한 "애인"은 무덤이다. 그는 "무덤"과 사랑에 빠져 스스로 죽음을 선택한 인물로 그려져 있다.

이 작품 역시 전사한 조카를 추모하는 의미를 담고 있다. 이 시는 본래 1900년 2월 24일 『아카데미紙』에 발표한 것인데, 조카 Clement가 전사했다는 소식을 듣고 1915년 10월 5일 여동생 Katherine Symons에게 이 시를 보내면서 다음과 같은 말로 그녀를 위로했다고 한다. "나는 여러 해 전에 내가 지은 시를 너에게 보내는 것 밖에 달리 어찌 할 바를 모르겠다; 우주의 슬픔을 노래하는 것이 시의 본질적인 임무이고, 시가 산문보다 더 오래 가며 치유의 효과가 있으니까." 1915년 12월에 "Illic Jacet. / In Memoriam. / C. A. S."라는 제목으로 Edwardian誌에 실렸다.

V

Grenadier[1]

The Queen she sent to look for me,
  The sergeant[2] he did say,
'Young man, a soldier will you be
  For thirteen pence a day?'

For thirteen pence a day did I
  Take off the things I wore,
And I have marched to where I lie,
  And I shall march no more.

My mouth is dry, my shirt is wet,
  My blood runs all away,
So now I shall not die in debt
  For thirteen pence a day.

To-morrow after[3] new young men
  The sergeant he must see,
For things will all be over then
  Between the Queen and me.

And I shall have to bate[4] my price,
  For in the grave, they say,
Is neither knowledge nor device[5]
  Nor thirteen pence a day.

---

1) *grenadier*: 척탄병 (a soldier who threw grenades); 근위보병 제1연대의 병사 (a member of the Grenadier Guards); Cf. *the Grenadier Guards*=the first regiment of household infantry
2) *sergeant*: 하사관(상사, 중사, 하사); (왕실의) 경위, 수위 (sergeant-at-arms); 궁정의 특정 직무에 대한 칭호 (an officer of a specified department of the royal household); (봉건 시대 기사 바로 아래의) 영신(領臣) (a tenant by military service below the rank of a knight)
3) *see after*: take care of
4) *bate*: =abate (reduce in size, amount, value); (廢) lower, let down
5) *device*: 의지(intent), 욕망(desire); 계략, 책략 (a scheme, stratagem, trick)

5. 근위보병 (近衛步兵)

여왕이 나를 찾으러 사람을 보냈고,
  상사가 이렇게 말했다,
"젊은이, 자네 하루에 13페니 줄 테니
  병사가 되어주겠는가?"

나는 하루에 13페니를 받기로 하고,
  내가 입었던 옷을 벗었다.
그리고 지금 내가 누워 있는 곳으로 행군했다.
  그리고 나는 더 이상 행군할 수 없다.

내 입은 마르고, 내 셔츠는 젖어있다.
  내 피는 모두 흘러나가고 있다.
나는 하루에 13페니씩
  빚을 지고 죽지는 않으리라.

내일이 지나면 상사는
  새로운 젊은이들을 찾으리라,
그때 쯤 나와 여왕 사이에는
  계산이 모두 끝나 있을 테니까.

그리고 나는 내 몸값을 깎아야 하리,
  무덤에는 지식도 계책도
하루에 13페니의 일당도
  없다고들 말하니까.

해설

전쟁과 죽음을 주제로 한 작품이다. 이 시는 13페니의 일당을 받기로 하고 영국 근위보병 제1연대의 병사로 입대하여 전쟁터에서 피를 흘리며 죽어가고 있는 어느 청년의 이야기를 다루고 있다. 전쟁터에서 보병 병사는 총알받이에 불과하며, 그 몸값은 일당 13페니에 불과하다. 그리고 죽고 나면 "지식도 계책도" 아무 소용이 없고 "13페니의 일당도" 받지 못하는 하찮은 존재가 되고 만다.

이 작품에는 "Time of Boer War"라는 주가 붙어 있다. 보어전쟁(1899-1902)은 영국과 남아프리카의 보어 공화국들(트랜스발 공화국 및 오랜지 자유국) 간의 전쟁이다.

VI
Lancer

I 'listed[1] at home for a lancer,
Oh who would not sleep with the brave?
I 'listed at home for a lancer
To ride on a horse to my grave.

And over the seas we were bidden
A country to take[2] and to keep;
And far with the brave I have ridden,
And now with the brave I shall sleep.

For round me the men will be lying
That learned[3] me the way to behave.
And showed me my business[4] of dying:
Oh who would not sleep with the brave?

They ask and there is not an answer;
Says I, I will 'list for a lancer,
Oh who would not sleep with the brave?

And I with the brave shall be sleeping
At ease on my mattress of loam[5],
When back from their taking and keeping
The squadron[6] is riding home.

---

1) *'list*: enlist; 입대하다 (engage for military service)
2) *take*: 점령하다 (occupy)
3) *learn*: (古) teach
4) *business*: a matter in which one may take part
5) *loam*: (古) earth, soil; (폐) clay, mud, clayey earth
6) *squadron*: 기병 대대 (principal division of cavalry regiment or armoured formation, consisting of two troops

6. 창기병(槍騎兵)

나는 고향에서 창기병으로 입대했다,
<오, 누가 용감한 자와 잠을 자지 않겠는가?>
나는 고향에서 창기병으로 입대했다
말을 타고 무덤으로 가려고.

우리는 바다 건너 한 나라를
점령하여 지키라는 명을 받았다.
나는 용감한 사람들과 멀리 말을 달렸고,
이제 용감한 사람들과 잠들리라.

내게 행동 요령을 가르쳐주고,
내가 어떻게 죽는 지를 보여준
사내들이 내 주위에 누워 있을 테니까.
<오, 누가 용감한 자와 잠을 자지 않겠는가?>

그들이 묻지만 대답은 없다;
나는 말한다, 창기병으로 입대하겠노라고,
<오, 누가 용감한 자와 잠을 자지 않겠는가?>

그리고 그들이 점령하여 지키고 있던 곳으로부터
기병대(騎兵隊)가 집으로 돌아올 때면,
나는 내 흙침대에서 편안하게
용감한 사람들과 자고 있으리라.

The wind with the plumes will be playing,
  The girls will stand watching them wave,
And eyeing my comrades and saying
  Oh who would not sleep with the brave?

They ask and there is not an answer;
Says you, I will 'list for a lancer,
  Oh who would not sleep with the brave?

깃털 장식은 바람에 나부낄 것이고,
　처녀들은 서서 그것을 지켜보고 있으리라,
그리고 내 동지들을 보고 말하리라
　<오, 누가 용감한 자와 잠을 자지 않겠는가?>

그들이 묻지만 대답은 없다;
너는 말한다, 난 창기병으로 입대하겠노라고,
　<오, 누가 용감한 자와 잠을 자지 않겠는가?>

해설

앞의 작품과 마찬가지로 전쟁과 죽음을 주제로 한 작품이다. 이 청년도 보아전쟁(Boer War)에 창기병으로 입대하여 전사했다. 용감한 자가 미인을 얻는다고 했던가? 이 청년은 미인을 얻기 위해 고향에서 창기병으로 입대하여 말을 타고 무덤으로 달려갔다. 그는 기병대가 귀환할 무렵 용감한 사람들과 나란히 "흙침대"에 누워 편히 잠들어 있다.

VII

In valleys green and still
  Where lovers wander maying
They hear from over hill
  A music playing.

Behind the drum and fife,
  Past hawthornwood and hollow[1],
Through earth and out of life[2]
  The soldiers follow[3].

The soldier's is the trade[4]:
  In any wind or weather
He steals the heart of maid
  And man together.

The lover and his lass
  Beneath the hawthorn lying
Have heard the soldiers pass,
  And both are sighing.

And down the distance they
  With dying note and swelling
Walk the resounding way
  To the still dwelling[5].

---

1) *hollow*: a depression on the earth's surface; a valley, a basin
2) *Through earth and out of life*: 생명을 벗어나 흙 속으로, 즉 죽음을 향하여
3) *hollow*: hollow place, valley
4) *trade*: (폐) a course, a path; coming and going; a way or manner of life, a course of action
5) *the still dwelling*: 조용한 거처, 즉 무덤

7

연인들이 오월제를 즐기며 배회하는
　푸르고 조용한 골짜기에는
저 산 너머로 부터
　음악을 연주하는 소리가 들려온다.

북과 피리를 앞세우고,
산사나무 숲과 골짜기를 지나
생명을 벗어나 흙 속으로
　병사들이 행진한다.

그 길은 병사의 길이다:
　어느 바람 어느 날씨에도
병사는 처녀와 총각의 마음을
　한꺼번에 훔친다.

사랑하는 처녀와 총각은
　산사나무 아래에 누워서
병사들이 지나가는 소리를 듣고서
　둘 다 한숨을 짓고 있다.

그리고 그들은 먼 거리를
　낮아지고 높아지는 선율로
메아리치는 그 길을 걸어
　조용한 거처로 향하여 간다.

해설

사랑과 전쟁 그리고 죽음을 주제로 한 작품이다. 연인들이 사랑을 나누고 있는 골짜기에 병사들이 행진하는 음악 소리가 들려온다. "병사의 길"은 "생명을 벗어나 흙 속으로" 가는 길, 즉 죽음으로 가는 길이다. 병사들의 행진 소리는 처녀와 총각의 마음을 "한꺼번에 훔친다." 사랑하는 남녀는 병사들의 행진곡을 듣고 한숨을 짓는다. 총각은 조국을 지키기 위해 사랑하는 여인을 두고 입대해야 하기 때문에 한숨을 짓고, 처녀는 사랑하는 남자를 보내야 하기 때문에 한숨을 지을 것이다. 군인들이건 사랑하는 남녀건 간에 결국은 모두가 "조용한 거처" 즉 무덤을 향해 가도록 운명 지어져 있다. 사랑과 죽음과 전쟁은 하우스만의 시에 반복해서 나타나는 주제이다.

VIII

Soldier from the wars returning,
  Spoiler of the taken town,
Here is ease[1] that asks not earning[2];
  Turn you in and sit you down.

Peace is come and wars are over,
  Welcome you and welcome all,
While the charger[3] crops[4] the clover
  And his bridle[5] hangs in stall[6].

Now no more of winters biting[7],
  Filth[8] in trench from fall to spring,
Summers full of sweat and fighting
  For the Kesar[9] or the King.

Rest you, charger, rust you, bridle;
  Kings and kesars, keep[10] your pay;
Soldier, sit you down and idle[11]
  At the inn of night[12] for aye.

---

1) *ease*: 안락 (comfort), 평안 (freedom from pain or trouble)
2) *earning*: 공적, 전공(戰功) (merit, desert)
3) *charger*: 군마(軍馬) (a cavalry horse)
4) *crop*: cut off (tops of plants)
5) *bridle*: 굴레 (headgear to control horse, including headstall, bit, and rein)
6) *stall*: 마구간, 외양간 (a stable, a cowshed; a standing-place for domesticated animals)
7) *biting*: causing sharp physical pain
8) *filth*: loathsome dirt
9) *Kesar*: Caesar, tzar, czar, kaiser; an absolute monarch, autocrat
10) *keep*: put aside for future use, store, reserve
11) *idle*: pass (time) away with idleness
12) *the inn of night*: 밤의 숙소, 즉 무덤

8

전쟁에서 돌아오는 병사여,
　정복당한 마을의 약탈자여, 여기
전공(戰功)을 요구하지 않는 평안이 있다;
　그대 들어와 앉아라.

전쟁은 끝나고 평화가 찾아왔다,
　그대 어서 오라, 모두들 오라,
군마는 클로버를 뜯고 있고,
　말의 굴레는 마구간에 걸려있다.

이제 황제나 왕에게는
　더 이상 살을 에는 겨울도,
가을에서 봄까지 참호 속의 오물도,
　땀과 전투로 가득 찬 여름도 없으리라.

너 군마여 쉬어라, 굴레여 녹슬어라;
　왕과 황제들이여, 급료를 비축하라;
병사여, 영원히 밤의 숙소에 앉아서
　한가롭게 시간을 보내라.

해설

전쟁과 평화 그리고 죽음을 주제로 한 작품이다. 전쟁이 끝나고 평화가 찾아와 병사는 전쟁터에서 고향으로 돌아오고 말은 평화롭게 풀을 뜯고 있고 말굴레는 마구간에서 녹슬어가고 있다. 그러나 이러한 평화의 이면에는 전쟁에서 조국을 위해 몸 바친 병사들의 희생이 자리하고 있다. 그들은 이제 "전공을 요구하지 않는" "밤의 숙소" 즉 무덤에 누워 평화가 온 줄도 모른 채 편히 쉬고 있다.

IX

The chestnut[1] casts his flambeaux, and the flowers
Stream from the hawthorn on the wind away,
The doors clap to, the pane is blind with showers.
Pass me the can, lad; there's an end of May.

There's one spoilt[2] spring to scant[3] our mortal lot,
One season ruined of your little store.
May will be fine next year as like as not:
But ay, but then we shall be twenty-four.

We for a certainty are not the first
Have sat in taverns while the tempest hurled
Their hopeful plans to emptiness, and cursed
Whatever brute and blackguard[4] made the world.

It is in truth iniquity[5] on high
To cheat our sentenced souls of aught they crave,
And mar the merriment as you and I
Fare on our long fool's-errand[6] to the grave.[7]

Iniquity it is; but pass the can.
My lad, no pair of kings our mothers bore;
Our only portion is the estate of man:
We want the moon, but we shall get no more.

---

1) *chestnut*: 마로니에 (horse chestnut); 침엽수 속(屬)의 나무; 손바닥 모양의 큰 잎과 흰 꽃이 핀다.
2) *spoil*: 빼앗다, 약탈하다 (rob or plunder forcibly of goods, valuables, etc.)
3) *scant*: 줄이다 (reduce in size)
4) *blackguard*: 악당 (villain, scoundrel)
5) *inequity*: 불공평 (lack of justice, unfairness0
6) *errand*: a journey made for a special purpose
7) 무덤으로 가는 어릿광대의 기나 긴 여행; Cf. Shakespeare, Macbeth, V. v. 22-23: "All our yesterdays have lighted fools / The way to dusty death."

9

마로니에가 횃불을 내던지고, 꽃들이
　아가위나무에서 바람에 흩러내리고,
문이 덜컹거리고, 유리창이 소나기로 가리어진다.
　내게 잔을 돌려라, 젊은이; 오월도 끝장이다.

하나의 봄을 빼앗기고, 우리의 인생은 줄어든다,
　우리의 짧은 수명 중 한 계절이 무너졌다.
내년 오월은 어쩌면 화창하겠지:
　오, 그러나 그땐 우린 스물네 살.

우리는 틀림없이 폭풍이 몰아쳐 희망 찬 계획이
　수포로 돌아가는 동안, 주막집에 앉아,
어느 짐승이나 악당이 이 세상을 만들었나
　저주하는 최초의 사람은 아닐 테지.

실로 우리의 선고 받은 영혼을 속여 갈망하는 것을
　빼앗고, 너와 내가 무덤으로 가는 어릿광대의
기나 긴 여행을 할 때 즐거움을 망쳐버리는 것은
　높은 곳에 계신 그분의 불공평한 처사이리.

그래 불공평해 ; 허지만 잔을 돌려라.
　젊은이여, 우리들 어머니는 우릴 왕으로 낳지 않았어;
우리는 오직 인간으로 태어났을 뿐이야:
　우리는 달을 원하지만, 결코 얻지는 못하리라.

If here to-day the cloud of thunder lours[1]
　To-morrow it will hie on far behests[2];
The flesh will grieve[3] on other bones than ours
　Soon, and the soul will mourn in other breasts.

The troubles of our proud and angry dust
　Are from eternity, and shall not fail.
Bear them we can, and if we can we must.
　Shoulder the sky, my lad, and drink your ale.

---

1) *lour*: lower; look dark and threadening
2) *behest*: 명령 (command)
3) *grieve*: sorrow deeply

오늘 여기 천둥 구름이 낮게 드리운다면,
  내일 그 구름은 다른 명령을 받고 멀리 떠나리라;
살은 곧 다른 사람의 뼈에서 슬피 울고 있을 것이며,
  영혼은 다른 사람의 가슴 속에서 울고 있으리라.

오만하고 성내는 우리 육신의 고난은
  영원에서 오는 것이고, 또한 반드시 오리니.
견딜 수 있으리라, 그리고 할 수만 있다면 견뎌야 해.
  젊은이여, 어깨로 하늘을 받치고 술을 마셔라.

✣해설✣

하우스만의 시들 중에서 염세주의와 견인주의 사상이 가장 두드러진 작품이다. 화자는 친구와 함께 창밖엔 폭풍우에 꽃이 지는 것을 보고 술을 마시면서, 세상을 한탄하고 있다. 그는 조물주를 짐승 또는 악당이라 저주한다. 조물주는 인간의 수명을 정해 놓고, 인간이 갈망하는 것을 빼앗고 인간을 슬프게 만드는 심술궂고 불공평한 판관이다. 그는 인생을 "무덤으로 가는 어릿광대의 여행"에 비유한다. 그는 영혼의 불멸을 믿지만, 다시 태어나도 인생은 어차피 살이 뼈에 붙어서 울고 영혼은 육신에 갇혀서 우는 "육신의 고난"을 피할 수 없기 때문에 참고 살아갈 수밖에 없다는 허무주의적 견인주의(堅忍主義: stoicism)에 빠져 있다. 이처럼 하우스만은 자연에서 신성을 발견하고 영혼의 불멸을 암시하는 낭만주의 전통을 이어받았지만, 그의 자연은 이미 자비로운 자연이 아니며 영혼불멸에 대한 믿음 또한 비극적 운명론과 맞닿아 있기 때문에 낭만주의 시인들과는 차별화된다.

X

Could man be drunk for ever
  With liquor, love, or fights,
Lief should I rouse at morning
  And lief lie down of nights.

But men at whiles[1] are sober[2]
  And think by fits and starts[3],
And if they think, they fasten[4]
  Their hands upon their hearts.

---

1) *at whiles*: at times, sometimes
2) *sober*: not drunk
3) *by fits and starts*: 발작적으로 (with irregular bursts of activity, spasmodically)
4) *fasten*: (癈) (공격, 타격, 등을) 주다, 가하다 (deliver effectively)

10

인간이 술이나 사랑이나 전쟁에
  영원히 취해 있을 수 있다면,
나는 기꺼이 아침에 일어나고
  밤이면 기꺼이 자리에 누우리라.

그러나 인간은 때때로 정신이 맑아져
  가끔씩 발작적으로 생각을 한다,
그리고 생각할 때면, 그들은
  손으로 가슴을 쥐어짠다.

해설

염세주의를 주제로 한 작품이다. 인간의 번뇌는 생각에서 온다. 하우스만은 "젊은이들이 생각이 많으면 일찍 땅속에 눕게 된다('tis only thinking / Lays lads underground)"고 하면서 생각하지 말라고 충고한다(『슈롭셔의 청년』, 49). 우리가 "술이나 사랑이나 전쟁에" 취해서 살아갈 수만 있다면 마음의 번뇌가 없이 편히 살 수 있을 것이다. 그러나 항상 취해서 살아갈 수는 없기 때문에 가끔씩 제정신이 들면 생각을 하게 되고, 생각을 하면 가슴을 쥐어뜯을 수밖에 없는 것이 인간이다. 이러한 생각의 이면에는 이 세상에는 "좋은 일보다 나쁜 일이 더 많으며" 인생에 있어서 "행운은 드물고, 고난은 확실하다"(『슈롭셔의 젊은이』, 62)는 염세주의적 인생관이 깔려 있다.

XI

Yonder see the morning blink[1]:
  The sun is up, and up must I,
To wash and dress and eat and drink
And look at things and talk and think
  And work, and God knows why.

Oh often have I washed and dressed
  And what's to show[2] for all my pain?
Let me lie abed and rest:
Ten thousand times I've done my best
  And all's to do again.

---

1) *blink*: (폐) open the eyes from sleep
2) *show*: appear in public, make a display in public

11

저 너머 아침이 눈 뜨는 것을 보라:
　해가 떴고, 나도 일어나서,
세수하고, 옷 입고, 먹고 마시고,
세상을 보고, 말하고, 생각하고,
　일해야 한다, 왠지는 모르지만.

오, 나는 자주 세수하고 옷을 입었던가,
　그것도 고통스럽지만 남에게 보이기 위해서?
자리에 누워 쉬자꾸나:
일만 번씩이나 나는 최선을 다해왔고
　고작해야 똑 같은 일을 되풀이하는 것뿐이다.

해설

날마다 똑 같이 반복되는 단조로운 일상사를 다룬 작품이다. 우리는 날마다 해가 뜨면 자리에서 "일어나서, 세수하고, 옷 입고, 먹고 마시고, 세상을 보고, 말하고, 생각하고, 일하는" 등 단조로운 일상사를 죽을 때까지 반복한다. 이러한 일을 그만두고 "자리에 누워 쉰다"는 말은 곧 죽는 것을 의미한다. (1895년 작)

XII

The laws of God, the laws of man,
He may keep that will and can;
Now I: let God and man decree
Laws for themselves and not for me;
And if my ways are not as theirs
Let them mind their own affairs.
Their deeds I judge and much condemn,
Yet when did I make laws for them?
Please yourselves, say I, and they
Need only look the other way.
But no, they will not; they must still
Wrest their neighbour to their will,
And make me dance as they desire
With jail and gallows and hell-fire.
And how am I to face the odds[1)]
Of man's bedevilment[2)] and God's?
I, a stranger and afraid
In a world I never made.
They will be master, right or wrong;
Though both are foolish, both are strong,
And since, my soul, we cannot fly
To Saturn or Mercury,
Keep we must, if keep we can,
These foreign laws of God and man.

---

1) *odds*: 불평등 (inequalities), 불리한 조건 (unequal conditions)
2) *bedevilment*: 괴롭힘, 학대; *bedevil*=plague, afflict, treat with diabolical violence or abuse

12

하나님의 법과 인간의 법을, 지킬 의지가 있고
지킬 수 있는 자는 지킬 테지;
나는 아니야: 하나님과 인간이 나를 위해서가 아니라
그들 자신을 위해 법을 만들라지;
그리고 내 방식이 그들과 다르다면,
그들은 자기 일이나 걱정하게 하라.
내가 그들의 행실을 볼 때 마음에 들지 않지만,
언제 내가 그들을 위해 법을 만들었던가?
'너희는 즐겨라'고 나는 말한다,
그리고 그들은 다른 곳만 보면 된다.
그러나 아니다, 그들은 그렇게 하지 않는다; 여전히
그들은 이웃을 자기 뜻대로 강제하려 하고,
나더러 그들이 원하는 대로 감옥과 교수대와
지옥-불과 더불어 춤추라 한다.
어떻게 내가 인간과 신의 학대의
불평등에 맞설 수 있겠는가?
나는 내가 만들지 않은 세상에서
이방인이요 겁이 난다.
옳건 그르건 간에, 그들은 나의 주인이다;
비록 둘 다 어리석고, 둘 다 강하지만.
내 영혼은 수성(水星)이나 토성(土星)으로
날아갈 수 없기 때문에,
우리는, 할 수만 있다면, 하나님과 인간이 만든
이 생소한 법을 지켜야만 한다.

해설

이 세상에는 두 가지 법, 즉 "신의 법"과 "인간의 법"이 있다. 이 법은 "나" 스스로 만든 법이 아니며, 신과 인간이 그들 자신을 위해 만든 법이다. 이 법은 이 세상에서 "감옥과 교수대와 / 지옥-불"을 만들어 개인의 자유의지를 구속한다. 화자는 이 어리석고 생소한 법을 거부하고 싶어 하지만, 그의 영혼이 "수성이나 토성으로" 날아갈 수 없기 때문에 마음에 들지 않는 이 법을 지킬 수밖에 없다고 체념한다.

XIII
The Deserter[1)]

“What sound awakened me, I wonder,
  For now 'tis dumb.”
"Wheels on the road most like, or thunder:
  Lie down; 'twas not the drum.:

“Toil[2)] at sea and two in haven
  And trouble far:
Fly, crow, away, and follow, raven,
  And all that croaks for war.”

“Hark, I heard the bugle crying,
  And where am I?
My friends are up and dressed and dying,
  And I will dress and die.”

“Oh love is rare and trouble plenty
  And carrion[3)] cheap,
And daylight dear at four-and-twenty:
  Lie down again and sleep.”

“Reach[4)] me my belt and leave[5)] your prattle:
  Your hour is gone;
But my day is the day of battle,
  And that comes dawning on.”

“They mow the field of man in season:
  Farewell, my fair,
And, call it truth or call it treason,
  Farewell the vows that were.”

---

1) *deserter*: a person who deserts someone or something; a soldier who runs away from service in the armed forces
2) *toil*: 소란 (turmoil, tumult)
3) *carrion*; dead and decaying flesh
4) *reach*: hand, pass with outstretched hand
5) *leave*: stop, cease

13. 탈영병(脫營兵)

"무슨 소리가 나를 깨웠을까, 궁금하다,
지금은 조용하니까."
"도로에 바퀴 굴러가는 소리일 거예요, 아니면 천둥이거나:
누워요; 북소리는 아니었어요."

"바다는 소란하고, 우리 둘은 항구에 있고
고난은 멀리 있어요;
까마귀야 날아가라, 갈가마귀야 따라가라,
까악까악 전쟁을 부르는 것들도 모두 가라.

"들어봐, 나팔 소리가 내 귀에 들렸어,
나는 지금 어디에 있는가?
내 친구들은 일어나 옷을 입고 죽어가고,
나도 옷을 입고 죽으련다."

"오, 사랑은 귀하고 고난은 많아요,
썩은 고기는 값이 싸지요,
스물네 살의 나이에 햇빛은 소중해요;
다시 누워 잠을 자요."

"내 허리띠를 다오, 그리고 수다는 그만 둬;
너와의 시간은 끝났어:
그러나 나의 하루는 전투의 날이다.
그리고 지금 먼동이 튼다.

"사람들이 때맞춰 인간의 들을 베고 있다;
잘 가라, 내 여인아,
그리고 진실이든 배신이든
지나간 맹세도 안녕히."

“Ay, false heart, forsake me lightly:
  'Tis like the brave.
They find no bed to joy[1)] in rightly
  Before they find the grave.”

“Their love is for their own undoing[2)].
  And east and west
They scour[3)] about the world a-wooing[4)]
  The bullet in their breast.”

“Sail away the ocean over,
  Oh sail away,
And lie there with your leaden[5)] lover
  For ever and a day.”

---

1) *joy*: (癈) enjoy oneself, experience joy;
2) *undoing*: ruin, destructon, downfall
3) *scour*: go along hastily, esp. in search or pursuit
4) *woo*: try to gain, win, or achieve
5) *leaden*: of base quality, of little value

“그래요, 거짓된 사람, 나를 가볍게 버려요;
그것이 용감한 사람다운 일이니.
그들은 무덤에 들어가기 전에는
드러누워 즐길 잠자리를 옳게 찾지 못하지요.”

“그들의 사랑은 스스로의 멸망을 위한 것이지요,
그리고 동쪽과 서쪽에서
그들은 스스로의 가슴에 총탄을 구애하며
세상을 헤매고 다니지요.”

“바다 건너 배를 타고 떠나라,
오, 배를 타고 떠나라,
그리고 그곳에서 영원히 하루 동안
질 나쁜 애인과 함께 누워 뒹굴어라.”

해설

사랑과 전쟁의 주제를 다룬 작품이다. 이 시는 하우스만이 Hereford에서 뱃노래(chanty 또는 shanty)를 듣고 지은 시라고 한다. 뱃노래는 원래 선원들이 밧줄을 당기면서 부르는 노래로서 독창(solo)과 합창(chorus)으로 이루어져 있으나, 이 시에는 남자와 여자의 대화 형식으로 되어 있다. 노래의 내용은 어느 병사가 하룻밤 사랑을 나누고 여자를 버리는 이야기이다. 이 시의 제목인 “The Deserter”는 “탈영병” 과 “버린 사람”이라는 두 가지 의미를 갖는데, 여기서는 제목이 마땅치 않아서 “탈영병”으로 번역하였으나 “여자를 버린 남자”를 의미한다. 한 병사가 소란한 바닷가 항구에서 애인과 하룻밤의 사랑을 나누고 동이 틀 무렵 밖에서 큰 소리가 들려 잠에서 깬다. 병사는 “전투의 날”을 알리는 나팔소리를 듣고 다른 전우들과 함께 “옷을 입고 죽으러” 가야 하니까 “허리띠”를 달라고 말한다. 여자는 함께 있자고 설득하다가 체념하고 토라져서 자기를 “가볍게 버리라”고 말하면서, 임무에 충실한 용감한 병사는 “가슴에 총탄을 구애하며” 스스로의 파멸을 추구할 뿐 진정한 사랑을 모른다고 불평한다. 여자는 애인이 탈영병이 되어 더 오래 사랑을 나누기를 희망한다. 그러나 병사는 여자에게 “지나간 맹세”를 잊고 배를 타고 바다를 건너 다른 곳으로 가서 “질 나쁜 애인과 함께 누워 뒹굴라”고 저주하면서 여자를 버리고 용감한 군인으로서의 임무를 선택한다.

XIV
The Culprit[1)]

The night my father got[2)] me
  His mind was not on me;
He did not plague his fancy[3)]
  To muse[4)] if I should be
  The son you see[5)].

The day my mother bore me
  She was a fool and glad,
For all the pain I cost her,
  That she had borne the lad[6)]
  That borne she had.

My mother and my father
  Out of the light they lie;
The warrant[7)] would not find them,
  And here 'tis only I
  Shall hang so high.

Oh let not man remember
  The soul that God forgot,
But fetch the county kerchief
  And noose me in the knot,
  And I will rot.

---

1) *culprit*: the person accused of or guilty of offence
2) *get*: beget, procreate
3) *plague his fancy*: 애써 생각하다; plague=annoy, bother, trouble;
4) *muse*: ponder, meditate in silence
5) *the son you see*: 지금 여러분이 알고 있는 그런 아들, 즉 죄인
6) *lad*: a young son
7) *warrant*: an authoritative witness

14. 죄인(罪人)

내 아버지가 나를 얻으신 날 밤에
  아버지는 나를 생각하지 않으셨다.
아버지는 내가 여러분이 알고 있는
  그런 아들이 될까 하고 생각하느라
  애써 상상하시지 않았다.

내 어머니가 나를 낳으신 날
  어머니는 바보였고,
내가 어머니에게 준 고통에도 불구하고,
  자기가 낳은 그 아들을
  낳았다고 기뻐하셨다.

내 어머니와 내 아버지는
  빛이 없는 곳에 누워계신다;
증인은 그들을 찾지 못할 것이다,
  그리고 여기 나만이
  높이 매달리게 되리라.

오, 하나님이 잊어버린 영혼을
  인간이 기억하지 않게 하라,
그러나 고향의 목도리를 가져오라,
  그리고 매듭 지어 나를 올가미에 묶어라,
  그러면 나는 썩으리라.

For so the game[1] is ended
  That should not have begun.
My father and my mother
  They had a likely[2] son,
  And I have none.

1) *game*: an amusement, a pastime; a complete episode or period of play, terminating in a definite result

2) *likely*: 장래가 유망한 (giving promise of success or excellence)

그리하여 시작하지 말았어야 했던
　놀이는 끝이 났다.
내 아버지와 내 어머니는
　유망한 아들을 가졌으나,
　나는 갖지 못했다.

해설

부모의 기대를 저버리고 죄인이 된 어느 청년의 이야기를 다룬 작품이다. 하우스만은 죄와 벌의 주제를 여러 작품에서 다루었다. 청년의 아버지는 아들이 죄인이 되리라고는 상상도 하지 못했고, 어머니는 그런 아들을 낳았다고 기뻐하셨다. 이제 청년의 부모는 "빛이 없는 곳" 즉 무덤에 누워 있고 청년은 교수형을 당할 처지에 놓여 있다. 청년은 자신을 "하나님이 잊어버린 영혼"인 자가 자신을 기억하지 말아달라고 말하며, 자신의 인생을 "시작하지 말았어야 했던 놀이"라고 자조한다.

XV

Eight O'clock

He stood, and heard the steeple
  Sprinkle the quarters on the morning town.
One, two, three, four, to market-place and people
  It tossed them down.

Strapped, noosed[1], nighing his hour[2],
  He stood and counted them and cursed his luck;
And then the clock collected in the tower
  Its strength, and struck[3].

---

1) *noose*: 올가미에 씌우다 (enclose with a noose)
2) *his hour*: the moment of his death
3) *strike*: ① (종을) 치다 (make a stroke with a hammer or other instrument) ② (물고기를) 낚아채다 (secure a hook in the mouth of a fish by jerking the tackle)

15. 여덟 시

그는 서서 종탑이 아침 마을에
　십오 분 간격으로 시각을 알리는 종소리를 들었다.
하나, 둘, 셋, 넷, 장터와 마을사람들에게
　종소리를 뿌렸다.

밧줄에 묶이고, 올가미를 쓰고, 임종 시각이 다가오자,
　그는 일어서서 시간을 세고 자신의 운명을 저주했다;
그때 시계가 종탑에서 힘을 모아
　종을 쳤다.

✤해설✤

이 시에는 교수형 장면이 극적으로 제시되어 있다. 아침 여덟 시를 알리는 종이 울리면 죄인이 밧줄에 묶여 올가미를 쓰고 교수형을 당한다. 이 시에는 죄인이 어떤 사람이며 무슨 죄를 지었는지에 관해서는 전혀 언급이 없다. 다만 그의 생의 마지막 순간만 제시되어 있다. 그 마지막 순간과 더불어, 처형 시간을 알리는 종소리를 기다릴 때 그의 영혼을 구제할 수 없다는 느낌이 강하게 엄습한다. 시의 모든 세부는 이러한 경험을 극적으로 전달하는 데에 기여한다. 생의 마지막 순간에 시간은 매우 강력한 힘을 발휘한다. 시계는 십오 분마다 마을에 음악적인 선율을 뿌려대다가, 마침내 여덟 시가 되자 "힘을 모아" 망치질을 하듯이 종을 "쳤다." 만약 동사 "strike"의 또 다른 의미를 알고 읽는다면, 이 마지막 부분에서 더욱 끔찍한 교수형 장면을 떠올리게 될 것이다. 낚시 용어로 쓰일 때 이 동사는 "(물고기를) 낚아채다"라는 의미를 갖는다. 따라서 우리는 죄수가 "받줄에 묶여, 올가미를 쓰고" 마치 낚아 올린 물고기처럼 공중에 대롱대롱 매달린 모습을 연상하게 될 것이다.

XVI

Spring Morning

Star and coronal[1] and bell
  April underfoot renews,
And the hope of man as well
  Flowers among the morning dews.

Now the old come out to look[2],
  Winter past and winter's pains,
How the sky in pool and brook
  Glitters on the grassy plains.

Easily[3] the gentle air
  Wafts[4] the turning season on;
Things to comfort them are there,
  Though 'tis true the best are gone.

Now the scorned unlucky lad
  Rousing[5] from his pillow gnawn[6]
Mans[7] his heart and deep and glad
  Drinks the valiant[8] air of dawn.

---

1) *coronal*: a wreath for the head, a garland
2) *look*: make sure, see (that or how something is done)
3) *easily*: smoothly, calmly, quietly
4) *waft*: drive or carry along by producing a current of air
5) *rouse*: get up from sleep, wake up
6) *gnawn*: worn by continued biting
7) *man*: (v) fortify spirits or courage of
8) *valiant*: having a strong smell or taste

16. 봄날 아침

사월(四月)이 발밑에서
  별과 화관(花冠)과 종을 소생시키고,
인간의 희망 또한
  아침 이슬 사이에서 꽃핀다.

겨울과 겨울의 고통이 지나가고,
  이제 연못과 개울에 비친 하늘이
초원에서 반짝이는 것을
  노인들이 보러 나온다,

조용하게 부드러운 바람이 일어
  변화하는 계절을 실어가고,
비록 최상의 것들은 사라졌으나,
  노인들을 위로해줄 것들이 남아 있다.

이제 무시당한 불운한 젊은이가
  낡은 베개에서 일어나서
용기를 내고, 기뻐하며
  달콤한 새벽 공기를 깊이 들이마신다.

Half the night he longed to die,
  Now are sown on hill and plain
Pleasures worth his while to try[1)]
  Ere he longs to die again.

Blue the sky from east to west
  Arches, and the world is wide,
Though the girl he loves the best
  Rouses[2)] from another's side.

---

1) *try*: make an effort to achieve
2) *rouse*: get up from sleep and repose; wake up

밤늦도록 젊은이는 죽음을 갈망했으나,
  지금은 또다시 죽음을 갈망하기 전에
그가 얻으려 애써볼만한 즐거운 일들이
  산과 들판에 널려 있다.

하늘은 푸르게 동쪽에서 서쪽까지
  아치를 이루고, 세상은 넓다,
비록 그가 가장 사랑하는 처녀가
  다른 사람 옆에서 잠깨어 일어나지만.

해설

봄이 오면 만물이 소생하고 인간의 희망도 되살아난다. "겨울과 겨울의 고통"이 지나가고 훈풍이 불어온다. 산과 들판에는 아침 이슬이 햇빛을 받아 반짝이고 온갖 생명들이 움튼다. 심지어 청춘을 잃어버린 노인들이나 실연하여 자살하려 했던 젊은이들에게도 봄은 새로운 희망과 용기를 준다.

XVII

Astronomy[1)]

The Wain[2)] upon the northern steep
  Descends and lifts away.
Oh I will sit me down and weep
  For bones in Africa.

For pay and medals, name and rank,
  Things that he has not found,
He hove the Cross to heaven and sank
  The pole-star underground.

And now he does not even see
  Signs of the nadir[3)] roll
At night over the ground where he
  Is buried with the pole.

---

1) *astronomy*: (癈) 점성술 (astrology), 별의 모양이나 운동을 보고 인간의 운명을 점치는 기술
2) *the Wain*: 북두칠성 (the Plough), 짐마차 (wagon)
3) *nadir*: 천저(天底) (the point of the heavens diametrically opposite to the zenith)

17. 점성술(占星術)

북두칠성이 북쪽 기슭에
  내려왔다가 사라진다.
오, 나는 앉아서 아프리카에 묻힌
  유골을 위해 울어야겠다.

그는 자신이 찾지 못한 것들인,
  월급과 훈장, 명예와 지위를 위해
십자가를 지고 하늘로 올라가
  북극성을 땅 밑으로 가라앉혔다.

그리고 이제 그는 천저(天底)의 표지가
  밤에 그가 막대기를 꽂고 묻혀 있는
땅 위로 굴러가는 것조차
  보지 못한다.

XVIII

The rain, it streams on stone and hillock[1],
  The boot clings to the clay.
Since all is done that's due and right
Let's home; and now, my lad, good-night,
  For I must turn away.

Good-night, my lad, for nought's eternal;
  No league[2] of ours, for sure.
Tomorrow I shall miss you less,
And ache of heart and heaviness[3]
  Are things that time should cure.

Over the hill the highway marches
  And what's beyond is wide:
Oh soon enough will pine[4] to nought
Remembrance and the faithful[5] thought
  That sits the grave beside.

The skies, they are not always raining
  Nor grey the twelvemonth through;
And I shall meet good days and mirth,
And range the lovely lands of earth
  With friends no worse than you.

But oh, my man, the house is fallen
  That none can build again;
My man, how full of joy and woe
Your mother bore you years ago
  To-night to lie in the rain.

---

1) *hillock*: 작은 언덕 (a small mound or heap)
2) *league*: 계약, 맹약(盟約), 동맹 (covenant, compact, alliance)
3) *heaviness*: dejectedness, sadness, oppressed condition of the mind
4) *pine*: decrease, wear out, become exhausted from physical or emotional suffering
5) *faithful*: true to fact,

18

빗물은 바위와 언덕을 넘어 흘러가고,
　신발에는 흙이 달라붙는다.
해야 할 일을 다 했으니 집으로
돌아가자; 그리고 이제, 젊은이, 잘 자라,
　나는 떠나야 하니까.

잘 자라, 젊은이, 영원한 것은 없느니;
　우리의 맹약(盟約)도 확실히 영원하지 않느니.
내일이면 그대가 덜 보고파지리라,
그리고 가슴의 아픔과 슬픔도
　세월이 흐르면 치유될 것이니.

한길은 산 너머로 뻗어 있고
　그 너머 세상은 넓기만 하다:
오, 무덤 옆에 남아 있는
추억과 진실한 생각도
　점차 희미해져 곧 사라지겠지.

하늘은 항상 비를 뿌리지는 않으며,
　열두 달 내내 흐리지만은 않도다.
내게도 좋은 날과 즐거움이 있을 것이고,
나는 그대 못지않은 벗들과 더불어
　아름다운 대지를 배회하리라.

그러나 오, 벗이여, 집은 무너져
　누구도 다시 세울 수 없게 되었구나;
벗이여, 자네 모친께선 오래 전에
기쁨과 슬픔을 느끼며 자네를 낳았으나,
　오늘밤은 빗속에 누워 있구나.

✣해설✣

죽음을 주제로 한 작품이다. 빗속에 죽은 친구의 시신을 묻고 돌아서서 작별을 고한다. 친구의 죽음으로 인한 "가슴의 아픔과 슬픔"은 시간이 흐르면 치유될 것이다. 그리고 친구와의 약속도 무덤가를 맴도는 추억도 세월이 가면 희미해져 잊혀질 것이다. "하늘은 항상 비를 뿌리지는 않으며" 인생은 항상 슬프기만 한 것도 아니다.

화자는 "내게도 좋은 날과 즐거움이 있을 것이고" 더 좋은 친구를 만날 수 있을 것이라 생각하며 슬픔을 달랜다. (제1연과 제5연 1902년; 1922년 4월 완성)

XIX

In midnights of November,
  When Dead Man's Fair is nigh,
And danger in the valley,
  And anger in the sky,

Around the huddling[1] homesteads[2]
  The leafless timber roars,
And the dead call the dying
  And finger[3] at the doors.

Oh, yonder faltering[4] fingers
  Are hands I used to hold;
Their false companion drowses
  And leaves them in the cold.

Oh, to the bed of ocean,
  To Africk and to Ind,
I will arise and follow
  Along the rainy wind.

The night goes out and under
  With all its train forlorn;
Hues in the east assemble
  And cocks crow up the morn.

---

1) *huddle*: nestle closely, gather closely
2) *homestead*: house with outbuildings, farm
3) *finger*: put one's fingers on, touch with the fingers
4) *falter*: move spasmodically as if in hesitation, tremble, quiver

19

사자(死者)의 축제가 다가오고,
  골짜기엔 위험이,
하늘에는 분노가 어리는,
  십일월의 자정이면,

모여 있는 농가 주위에는
  앙상한 나무가 울부짖고,
죽은 사람들이 죽어가는 사람들을 부르며
  손가락으로 문을 긁어댄다.

오, 떨고 있는 저 손가락들은
  내가 예전에 잡았던 손들이다;
그들의 거짓된 친구는 졸면서
  그들을 추위에 떨게 한다.

오, 바다 밑바닥으로,
  아프리카와 인도로,
나는 일어나 비바람을
  따라 가리라.

밤은 쓸쓸한 시종들을 모두 데리고
  밖으로 나가 (땅속으로) 내려간다;
동녘에 색조가 모여들고,
  닭이 울어 아침을 깨운다.

The living are the living
  And dead the dead will stay,
And I will sort with[1] comrades
  That face the beam of day.

---

1) *sort with*: associate or consort with

산 사람들은 산 사람들이고,
　죽은 사람들은 죽은 대로 남으리라,
그리고 나는 낮의 햇빛을 맞이하는
　벗들과 어울리련다.

해설

겨울밤이면 때로 비바람이 휘몰아쳐 문을 뒤흔든다. 시인은 이것을 "사자의 축제"라 표현한다. 화자는 비바람에 앙상한 나무가 울부짖는 소리를 "죽은 사람들이 죽어가는 사람을 부르며 / 손가락으로 문을 긁어대는" 소리로 인식한다. 마치 죽은 친구들이 추위에 떨면서 문을 열어달라고 애원하는 것처럼 들린다. 아침이 오면 밤은 "시종들"을 데리고 땅속으로 내려간다. 화자는 죽은 사람들을 죽은 대로 두고 살아 있는 친구들과 어울리겠다고 말한다. (1895-1905)

XX

The night is freezing fast,
  To-morrow comes December;
    And winterfalls[1] of old
Are with me from the past;
  And chiefly[2] I remember
    How Dick would hate the cold.

Fall, winter, fall; for he,
  Prompt[3] hand and headpiece[4] clever,
    Has woven a winter robe,
And made of earth and sea
  His overcoat for ever,
    And wears the turning globe[5].

---

1) *winterfall*: (稀) the descent or approach of winter; Cf. nightfall; 계절이 오는 것을 의미하는 winterfall, springfall, 등과 땅거미가 내리는 것을 의미하는 twilightfall은 현대어에서는 사용되지 않는다.

2) *chiefly*: above all, especially

3) *prompt*: ready, quick, done without delay

4) *headpiece*: intellect, man of intellect

5) *globe*: the earth; "회전하는 지구를 몸에 걸치고 있다"는 표현은 Wordsworth의 "Lucy Poems" 중에서 "Rolled round in earth's diurnal course / With rocks, and stones, and trees"를 연상시킨다.

20

밤이 빠르게 얼어붙고 있다,
　내일이면 섣달이다;
　　오랜 옛날부터 지나간 겨울들이
내 곁에 머물고 있다;
　그리고 무엇보다도 나는 디크가
　　추위를 싫어했다는 것을 기억한다.

가을, 겨울, 가을; 그는
　민첩한 손과 영리한 머리로
　　겨울옷을 짜놓았고,
대지와 바다로 영원히
　외투를 만들어
　　회전하는 지구를 입고 있다.

✤해설✤

죽음을 주제로 한 작품이다. 이 시의 화자는 유난히도 겨울을 싫어하던 어느 친구를 기억한다. 화자는 지금 그 친구가 현명하게도 지구를 따뜻한 "겨울옷"으로 만들어 입음으로써 추위를 피하고 있다고 말한다. 죽음에 대한 화자의 태도는 본질적으로 순진하다(Leggett: 1978, 54). 대지와 바다로 이루어진 지구를 "겨울 옷"으로 만들어 입고 있다는 표현은 워즈워스의 「루시 시편들」 중에 나오는 "바위와 돌과 나무와 더불어 / 지구의 자전 속에 돌아가고 있다"는 구절을 연상시킨다. 워즈워스의 화자는 사랑이 영원할 것이라는 착각에서 깨어나 문득 죽음의 현실을 인식하고 연인의 죽음에서 오는 상실의 슬픔을 느끼지만, 하우스만의 화자는 마치 순진한 어린아이처럼 친구Dick가 이제는 따뜻하겠다고만 생각할 뿐 상실의 슬픔을 전혀 느끼지 못한다.

그러나 독자는 죽음의 결과가 무엇인지를 알고 있다. 시인은 이와 같은 순진한 화자의 어조를 이용하여 독자로 하여금 더 강한 상실의 슬픔을 느끼게 만든다. 하우스만은 이처럼 화자를 창조함으로써 자칫 진부한 감상(感傷)에 빠질 위험을 피하면서 감정을 효과적으로 전달한다.

XXI

The fairies break[1] their dances
  And leave the printed[2] lawn,
And up from India glances[3]
  The silver sail of dawn.

The candles burn their sockets[4],
  The blinds[5] let through the day,
The young man feels his pockets
  And wonders what's to pay[6].

---

1) *break*: stop, suspend
2) *printed*: foot-printed
3) *glance*: flash with light
4) *socket*: 초꽂이 (the part of a candlestick in which the candle is placed)
5) *blind*: screen for window
6) *pay*: compensate, make up for

21

요정들이 추던 춤을 멈추고
  발자국 찍힌 잔디밭을 떠난다,
그리고 저 멀리 인도(印度)에서
  새벽의 은빛 돛이 빛난다.

촛불은 마지막까지 타들어가고,
  차일 틈으로 햇빛이 스며든다,
젊은이는 주머니를 더듬어
  무엇으로 보답할까 생각한다.

XXII

The sloe was lost in flower,
  The April elm was dim;
That was the lover's hour,
  The hour for lies and him.

If thorns are all the bower,
  If north winds freeze the fir,
Why, 'tis another's hour,
  The hour for truth and her.

22

자두는 꽃 속에 숨었고,
　사월 느릅나무는 칙칙했다;
때는 사랑에 빠진 남성의 시간,
　거짓말과 남성을 위한 시간이었다.

만약 가시나무가 잎 그늘을 이루고,
　북풍이 전나무를 얼어붙게 한다면,
글쎄, 사월은 또 다른 시간,
　진실과 여성을 위한 시간이 아닐까.

XXIII

In the morning, in the morning,
  In the happy field of hay,
Oh they looked at one another
  By the light of day.

In the blue and silver morning
  On the haycock[1)] as they lay,
Oh they looked at one another
  And they looked away.

---

1) *haycock*: conical heap of hay in field; Cf. haystack=regular pile of hay with pointed or ridged top

23

아침에, 아침에
  행복한 건초 밭에서
오, 그들은 햇빛으로
  서로를 바라보았네.

푸른 은빛 아침에
  그들이 건초더미에 누웠을 때,
오, 그들은 서로 바라보았고,
  그리고는 외면하였네.

해설

젊은 남녀 한 쌍이 아침 햇살을 받으며 건조 더미 위에서 사랑을 나눈다. 그들은 서로 바라보다가 곧 외면해버린다. 간결한 이미지만으로 이루어진 이 작품은 사상파(寫像派) 시인들의 작품을 연상시킨다. Housman은 전혀 다른 경향의 시를 썼지만, 그들의 영향을 다소 받은 것으로 보인다.

XXIV
Epithalamium[1]

He is here, Urania's[2] son,
Hymen[3] come from Helicon[4];
God that glads[5] the lover's heart,
He is here to join and part.
So the groomsman quits your side
And the bridegroom seeks the bride:
Friend and comrade yield you o'er
To her that hardly loves you more[6].

Now the sun his skyward beam
Has tilted[7] from the Ocean stream.[8]
Light the Indies[9], laggard[10] sun:
Happy bridegroom, day is done,
And the star from Ota's[11] steep
Calls to bed but not to sleep.

Happy bridegroom, Hesper[12] brings
All desired and timely things.
All whom morning sends to roam,
Hesper loves to lead them home.
Home return who him behold[13],

---

1) *epithalamium*: 축혼가 (nuptial song or poem)
2) *Urania*: 사랑의 여신 Aphrodite; 다음 행의 Hymen은 이 여신의 아들이다.
3) *Hymen*: 혼인의 신 히멘 (횃불을 든 미청년의 모습으로 표현됨)
4) *Helicon*: 헬리콘산 (a mountain in Boeotia, Greece, formerly sacred to the Muses); 시상(詩想)의 원천
5) *glad*: (古, 詩) make glad, cause to rejoice
6) *her that hardly loves you more*: 그대를 더 사랑하지 않는 그녀; 즉 그녀가 그대를 사랑하는 것보다 그대가 그녀를 더 사랑한다는 의미임 (more 다음에 than you love her가 생략되어 있음)
7) *tilt*: lean from the vertical or incline from the horizontal
8) *the sun . . . stream*: 해가 바다에서 떠오르는 장면을 묘사하고 있다.
9) *the Indies*: India and adjacent regions
10) *laggard*: a person who lags behind, loiterer, lingerer
11) *Ota*: Otaheite (Tahiti의 옛 이름; 남태평양의 프랑스령 Society제도의 주도)
12) *Hesper*: Hesperus: 개밥바라기 (evening star), 금성 (Venus)
13) *who him behold*: i. e., those who behold him(Hesper)

24. 축혼가(祝婚歌)

우라니아의 아들인 히멘이 여기와 있다,
혼인의 신 히멘은 헬리콘 산에서 왔다;
사랑하는 남자의 마음을 기쁘게 해주는 신이다,
그는 맺어주고 가려고 여기 와 있다.
그래서 신랑들러리들이 그대 곁을 떠나고;
친구와 벗이 그대가 더 사랑하는
그녀에게 그대를 인도한다.

이제 태양은 하늘로 향한 햇빛을
바다 물결로부터 들어 올려 비스듬히 비춘다.
느림보 태양아, 인도제국을 비추어라.
행복한 신랑아, 하루가 끝났다,
타히티 섬의 기슭에서 별이
잠자리로 부르지만 잠을 자라는 것은 아니다.

행복한 신랑아, 개밥바라기는
원하는 모든 것을 제때 제공해준다.
아침이 방랑하라고 내보낸 모든 것을
개밥바라기는 즐겨 집으로 인도한다.
그를 보는 이들은 집으로 돌아간다,

Child to mother, sheep to fold,
Bird to nest from wandering wide:
Happy bridegroom, seek your bride.

Pour it out, the golden cup
Given and guarded, brimming up,
Safe through jostling markets borne
And the thicket of the thorn;
Folly spurned and danger past,
Pour it to the god[1] at last.

Now, to smother noise and light,
Is stolen abroad the wildering[2] night,
And the blotting shades confuse
Path and meadow full of dews;
And the high heavens, that all control,
Turn in silence round the pole.
Catch the starry beams they shed
Prospering[3] the marriage bed,
And breed the land that reared your prime[4]
Sons to stay[5] the rot[6] of time.
All is quiet, no alarms[7];
Nothing fear of nightly harms.
Safe you sleep on guarded ground,
And in silent circle round
The thoughts of friends keep watch and ward[8],
Harnessed[9] angels, hand on sword.

---

1) *the god*: i. e., Hymen
2) *wildering*: leading astray
3) *prosper*: flourish (=decorate, adorn)
4) *prime*: (稀) 청춘 (the beginning or early period of adulthood)
5) *stay*: stop, check
6) *rot*: decay
7) *alarm*: a state of frightened surprise, apprehension
8) *keep watch and ward*: guard by night day
9) *harnessed*: (古) 무장한 (armed), 갑옷 입은 (in armour)

아이는 엄마에게, 양은 양 우리로,
멀리 방황하던 새는 둥지로;
행복한 신랑아, 신부를 찾아라.

  번잡한 시장과 가시나무 수풀을
안전하게 통과하여, 주어지고
보호된, 술이 넘쳐흐르는
황금 잔아, 술을 따르라:
어리석음은 물리쳤고, 위험은 지나갔다,
마침내 신에게 술을 따르라.

  이제, 어느새 길을 잃게 하는 밤이
온 세상을 뒤덮어, 소음과 빛을 압도하고,
얼룩진 그늘에 길인지 이슬 젖은
풀밭인지 분간할 수가 없다;
그리고 만물을 지배하는 높은 하늘은
말없이 극(極)을 중심으로 돌고 있다.
하늘이 발하는 별빛을 붙잡아,
첫날밤 잠자리를 장식하라,
그리고 너의 청춘을 키워준 땅에
아들들을 길러 시간의 부패를 막아라.
만물은 고요하고, 두려워할 것이 없다:
밤에 해를 입을까 겁내지 마라,
보호된 땅에서 안전하게 잠자라,
그리고 너의 주위에 말없이 둘러서서
친구들의 생각이 밤낮으로 망을 보고,
갑옷 입은 천사들이 칼을 들고 지킨다.

해설

결혼을 축하하는 시이다. 혼인은 단순한 남녀의 결합이라는 의미를 넘어서 우주 만물의 조화 속에 사랑하는 한 남자와 한 여자가 만나 완전한 결합을 이루고 "아들들을 길러 시간의 부패를 막는" 성스러운 의식이다. 혼인의 신 히멘(Hymen)의 주제 하에 결혼식이 끝나고 신랑들러리와 친구들이 신랑을 신부 곁으로 인도한다. 어느덧 하루해가 저물고 저녁별(개밥바라기)이 만물을 보금자리로 돌려보내는 저녁이 온다. 신랑과 신부는 "황금 잔"으로 축배를 들고 친구들과 "갑옷 입은 천사들"이 지키는 가운데 안전한 잠자리에서 첫날밤을 맞이한다.

XXV
The Oracles

'Tis mute, the word they went to hear on high Dodona[1] mountain
  When winds were in the oakenshaws[2] and all the cauldrons[3] tolled,
And mute's the midland navel-stone[4] beside the singing fountain,
  And echoes[5] list to silence now where gods told lies of old.

I took my question to the shrine[6] that has not ceased from speaking,
  The heart within, that tells the truth and tells it twice as plain;
And from the cave of oracles I heard the priestess shrieking
  That she and I should surely die and never live again.

Oh priestess, what you cry is clear, and sound good sense I think it;
  But let the screaming echoes rest, and froth your mouth no more.
'Tis true there's better boose[7] than brine[8], but he that drowns must drink it;
  And oh, my lass, the news is news that men have heard before.

The King with half the East at heel[9] *is marched*[10] *from lands of morning;*
  Their fighters drink the rivers up, their shafts benight the air.
And he that stands will die for nought[11]*, and home there's no returning.*
  The Spartans[12] on the sea-wet rock sat down and combed their hair.

---

1) *Dodona*: 도도나 (그리스 서북부 Epirus의 고대 도시);
2) *oakenshaw*: 참나무 숲 (a small wood consisting of oaks)
3) *cauldron*: 가마솥, 큰 냄비 (a large cooking-pot of a deep basin shape with a hoop handle and removable lid)
4) *navel-stone*: a stone marking a central point at the temple of Apollo in Delphi, formerly thought to mark the center of the earth
5) *echo*: Echo: the name of an oread (미소년 Narcissus를 사랑한 나머지 쇠약해져서 목소리만 남았다는 숲의 요정, 산의 요정)
6) *shrine*: a place of worship or devotion to a deity; (廢) a box, a chest; chest는 "상자"와 "가슴"을 의미하며, 이것은 다음 행에 나오는 "heart"와 연결된다. Housman은 이처럼 지금은 사용되지 않는 고어 또는 폐어(廢語)의 의미를 시에서 활용하고 있다.
7) *boose*: booze: drink, esp. alcoholic drink
8) *brine*: salt water, the water of the sea
9) *at heel*: to heel, under control
10) *march*: cause to march
11) *for nought*: for nothing, to no purpose
12) *the Spartans*: 스파르타 사람들, 용감한 사람들

25. 신탁(神託)

참나무 숲에 바람이 일어 모든 가마솥이 조종을 울릴 때
그들이 높은 도도나 산 위에서 들으러 갔던 말은 들리지 않았고,
노래하는 샘가에 있는 땅 중심의 배꼽 돌도 침묵했다. 그리고 옛날에
신들이 거짓말을 했던 곳에서 지금은 숲의 요정들이 정적에 귀를 기울인다.

나는 끊임없이 말을 하고 있는 신전에, 오직 진리만을 말하고
그것도 두 번씩 분명하게 반복하는 내부의 가슴에 질문을 던진다.
그리고 나는 신탁의 동굴로부터 여사제가 자기와 나는 틀림없이
죽을 것이며 다시 살지는 못할 것이라 외치는 소리를 들었다.

오, 여 사제여, 당신이 외치는 소리는 분명하고, 의미 있게 들리는구나;
그렇지만 비명의 메아리를 쉬게 하고, 더 이상 입에 거품을 물지 마라.
바닷물보다 더 좋은 음료수가 있지만, 물에 빠진 사람은 바닷물을 마셔야 한다;
그리고 오, 젊은이, 다음의 소식은 사람들이 전부터 들어오던 소식이다.

<동양의 절반을 정복한 그 왕은 아침의 땅에서 행군해 왔다;
그 나라의 전사들은 강물을 말리고, 그들의 창은 대기를 어둠으로 덮는다,
그리고 서 있는 자는 까닭 없이 죽어, 고향에 돌아갈 수 없다.>
스파르타 사람들은 바닷물에 젖은 바위에 앉아 머리를 빗었다.

✣해설✣

그리스 서북부 에피루스(Epirus)에 있는 고대 도시인 도도나(Dodona)의 참나무 숲 속에 Zeus의 신탁소(神託所)가 있었다. 역사가 Herodotus에 의하면, Dodona에 있는 제우스 신탁이 가장 오래된 신탁이라 한다. 남녀 사제들이 성림(sacred grove)에서 참나무 잎이 흔들리며 내는 소리를 듣고 예언을 해석해주었다. Zeus는 "Zeus Naios" 또는 "Naos"(=god of the spring of Naiads)라 불렸고 신전에는 참나무 아래에 샘이 있었다고 전한다. 신탁(oracle)이란 말은 "신의 대변자"(the mouthpiece of the gods)를 의미한다. 화자는 옛날에 "신들이 거짓말을 했던" 그 신탁이 지금은 침묵하고 있으며, 진실을 말해주는 것은 오직 인간의 가슴뿐이라고 말한다. 신탁이 말해준 것 중에서 진리는 모든 태어난 것들은 반드시 죽는다는 사실이다. "동양의 절반을 정복"하고 위세를 떨치던 왕들도 결국은 객지에서 죽어 고향에 돌아가지 못했다는 마지막 연의 내용도 이러한 맥락에서 해석될 수 있을 것이다.

XXVI

The half-moon westers[1] low[2], my love,
  And the wind brings up the rain;
And wide apart lie we, my love,
  And seas between the twain.

I know not if it rains, my love,
  In the land where you do lie;
And oh, so sound you sleep, my love,
  You know no more than I.

---

1) *wester*: travel westward, draw near the west
2) *low*: to a low point or position

26

반달이 서쪽으로 지고 있소, 여보,
　그리고 바람이 비를 몰아오고 있소;
그리고 우린 멀리 떨어져 누워 있소, 여보,
　우리 둘 사이엔 바다가 가로 놓여 있소,

당신이 누워 있는 그 나라엔
　비가 오고 있는지 난 모르겠소, 여보,
그리고 오, 편히 잠들어요, 여보,
　당신이나 나나 모르긴 마찬가지요.

해설

죽음을 주제로 한 작품이다. 화자는 비바람이 몰아치는 밤에 죽어 땅속에 묻혀 있는 아내(또는 애인)를 생각한다. 살아 있는 인간이 다가올 세상사를 모르듯이, 죽음은 세상사를 모두 잊고 편히 잠드는 것이다.

XXVII

The sigh that heaves[1] the grasses
  Whence thou wilt never rise[2]
Is of the air that passes
  And knows not if it sighs.

The diamond tears adorning[3]
  Thy low mound[4] on the lea[5],
Those are the tears of morning,
  That weeps, but not for thee.

---

1) *heave*: cause to rise repeatedly
2) *rise*: get out of bed, wake up in the morning
3) *adorn*: add beauty or lustre to
4) *mound*: elevation of earth or stones, esp. of earth heaped on grave
5) *lea*: tract of open ground, esp. grassland

27

당신이 영면(永眠)하고 있는 풀밭에서
  풀을 움직이고 있는 한숨은
그곳을 지나면서도, 한숨짓는 줄도
  모르고 있는 공기의 한숨이다.

초원에 있는 당신의 낮은 흙무덤을
  장식하고 있는 다이아몬드 눈물은,
울고 있지만 당신을 위해 울고 있지는 않은
  아침의 눈물이로다.

해설

아침 바람과 이슬을 한숨과 눈물에 비유한 작품이다. 하우스만은 낭만적 감상(感傷)을 거부한다. 바람과 이슬은 한 인간의 죽음에 무관심하다. 바람과 이슬을 한숨과 눈물에 비유한 것은 감정이입의 한 예가 될 수 있지만, 자연은 자연으로만 남을 뿐이다. 바람을 "공기의 한숨"으로, 그리고 아침이슬을 "아침의 눈물"로 인식하는 것은 인간의 주관적 해석일 뿐이며, 자연은 그러한 의식을 갖고 있지 않다. 하우스만은 굳이 그것들을 인간의 숙명에 대한 슬픔과 연결시키려 하지 않는다.

XXVIII

Now dreary dawns the eastern light,
  And fall of eve is drear,
And cold the poor man lies at night,
  And so goes out the year.

Little is the luck I've had,
  And oh, 'tis comfort small
To think that many another lad
  Has had no luck at all.

28

이제 동녘 빛이 쓸쓸히 밝아 온다,
  그리고 저녁 땅거미도 쓸쓸하다,
그리고 가엾은 사내는 밤에 추운 곳에서 잠을 잔다,
  그리고 그렇게 또 한 해가 간다.

나는 별로 운이 없었다,
  그러나 오, 나 말고도 운 나쁜
젊은이들이 많이 있었다는 생각을
  하노라면 다소 위안이 된다.

해설

인고(忍苦)의 정신을 주제로 한 작품이다. 하우스만은 기쁜 일보다 슬픈 일이 더 많은 것이 인생이라 생각한다. 겉으로는 조용하고 평화로운 것처럼 보이는 곳에도 우리가 모르는 슬픔과 고뇌는 있기 마련이다. 그의 시는 인생의 즐거움이나 밝은 면보다는 죽음, 죄, 고통, 실연, 상실 등과 같이 슬프고 어두운 면을 주로 다룬다. 그래서 평자들은 그를 염세주의자라 부른다. 그가 이러한 경향의 시를 쓴 이유는 우리의 마음속에 절망과 좌절을 심어주려는 데 있는 것이 아니라 오히려 우리들보다 더 불운한 사람들이 많이 있다는 사실에서 위안을 받고 용기를 얻어 꿋꿋이 견디며 인생을 살아갈 수 있게 하기 위함이다. 이 시의 화자도 추운 무덤 속에 누워 있는 "가엾은 사내"를 보고 자신보다 더 "운 나쁜 젊은이들이 많이 있었다는 것"을 생각하고 위안을 받는다. 『유작 시집』(More Poems)의 서시에서, 그는 자신의 시가 보편적인 "인간의 슬픔"을 주고 다루고 있는 것은 바로 미래의 불운한 사람들이 "괴로울 때" 읽고 위안을 받을 수 있게 하려는 데에 그 목적이 있음을 분명히 밝히고 있다.

XXIX

Wake not for the world-heard thunder
  Nor the chime that earthquakes toll.
Star may plot[1] in heaven with planet,
Lightning rive[2] the rock of granite,
Tempest tread the oakwood under:
  Fear not you for flesh nor soul.
Marching, fighting, victory past,
Stretch your limbs in peace at last.

Stir[3] not for the soldiers drilling
  Nor the fever nothing cures:
Throb of drum and timbal's[4] rattle
Call but man alive to battle,
And the fife with death-notes filling
  Screams for blood but not for yours.
Times enough you bled your best;
Sleep on now, and take your rest.

Sleep, my lad; the French are landed,
  London's burning, Windsor's down;
Clasp your cloak of earth about you,
We must man[5] the ditch[6] without you,
March unled and fight short-handed[7],
  Charge[8] to fall and swim to drown.
Duty, friendship, bravery o'er,
Sleep away[9], lad; wake no more.

---

1) *plot*: plan, contrive, devise (a crime or conspiracy)
2) *rive*: split, cleave
3) *stir*: be astir, get up, be out of bed, be up and about
4) *timbal*: a kettledrum
5) *man*: be ready for action in; furnish with men for service or defence
6) *ditch*: 참호 (trench)
7) *short-handed*: 인원 부족의 (undermanned, understaffed)
8) *charge*: make a rushing attack
9) *away*: continuously, persistently

29

깨지 마라, 세상에 들리는 천둥소리에도
　지진에 울리는 차임벨 소리에도.
별은 하늘에서 행성(行星)과 음모를 꾸미고,
번개는 화강암을 쪼개기도 하고,
폭풍은 참나무 숲을 짓밟기도 한다:
　네 육신이나 영혼 때문에 두려워 마라.
행군과 전투와 승리가 지나갔다,
마침내 사지를 뻗고 편안히 누워라.

훈련하는 병사들이나, 치료할 수 없는
　열병 때문에 일어나지 마라.
북 소리와 케틀드럼 소리는
오직 산 사람을 전쟁터로 부를 뿐이며,
죽음의 곡조로 가득 채우는 피리소리는
　피를 부르지만 그대의 피는 아니다.
그대는 최선을 다해 충분히 피를 흘렸다;
이제 잠들어라, 편히 쉬어라.

잠들어라, 젊은이; 프랑스 군대가 상륙했고,
　런던은 불타고, 윈저성은 무너졌다;
흙 외투를 뒤집어써라, 우리는 그대 없이
참호를 지키고, 인솔자 없이 행군하고
부족한 병력으로 싸워야 하고,
　공격하다 쓰러지고, 헤엄치다 익사하리라.
임무, 우정, 무용(武勇)도 끝났다,
영원히 잠들어라, 젊은이여; 다시는 깨지 마라.

해설

죽음의 주제를 다룬 작품이다. 죽으면 "임무, 우정, 무용"도 모두 끝난다. 천둥이나 번개와 같은 악천후, 질병, 전쟁 등을 견디는 것은 살아 있는 사람의 몫이다. 화자는 최선을 다해 피 흘리며 임무를 완수하고 전사하여 무덤에 묻힌 젊은이들에게 지금 당장 프랑스 군대가 상륙하고 런던이 불타고 윈저성이 무너진다 해도 개의치 말고 편히 잠들라고 말한다.

XXX
Sinner's Rue

I walked alone and thinking,
  And faint the nightwind blew
And stirred on mounds at crossways
  The flower of sinner's rue.

Where the roads part they bury
  Him that his own hand slays,
And so the weed of sorrow
  Springs at the four cross ways.

By night I plucked it hueless,
  When morning broke 'twas blue:
Blue at my breast I fastened
  The flower of sinner's rue.

It seemed a herb of healing,
  A balsam[1] and a sign[2],
Flower of a heart whose trouble
  Must have been worse than mine.

Dead clay that did me kindness,
  I can do none to you,
But only wear for breastknot[3]
  The flower of sinner's rue.

---

1) *balsam*: 향유나무 (a tree that produces balm); a healing or soothing agency
2) *sign*: a wonderful act of God; a miracle as evidence of supernatural power
3) *breastknot*: (가슴의) 옷 매듭 (목에 장식으로 다는 고상하고 화려한 색의 나비꼴 매듭; 18세기경에 유행하였는데, 그 당시엔 앞가슴에 달았음)

30. 죄인의 후회

나는 혼자 생각하며 걸었다,
  밤바람이 약하게 불어와,
네거리 흙무덤 위에 피어난
  <죄인의 후회>라는 꽃을 흔들었다.

길이 갈라진 곳에 사람들은
  자신의 손으로 자살한 그 사람을 묻는다,
그래서 열십자 네거리 길에
  <슬픔>이라는 잡초가 돋아난다.

밤에 내가 꽃을 꺾었을 땐 색깔이 없었으나
  날이 새었을 때 그 꽃은 푸른색이었다.
나는 내 가슴에 푸르게
  <죄인의 후회>를 달았다.

그 꽃은 병을 고쳐주는 약초,
  발삼 그리고 기적의 약,
나보다 더 심한 고뇌를 가진
  마음의 꽃처럼 보였다.

내게 친절을 베풀고 죽은 흙이여,
  내가 그대에게 해줄 것이 없구나,
옷 매듭 대신 <죄인의 후회> 를
  가슴에 달고 있는 것밖엔.

해설

죄와 죽음을 주제로 한 작품이다. 죄를 짓고 후회하며 자살한 사람의 무덤에 <슬픔>의 잡초가 돋아나고 그 잡초에 <죄인의 후회>라는 꽃이 핀다. 화자는 자신에게 친절을 베풀고 죽은 사람에게 보답하기 위해 그 꽃을 가슴에 달고 다닌다. 그 꽃은 마음의 병을 고쳐주는 약초요 "기적의 약"이다. 우리는 인간이 만든 법을 어기는 것을 죄라 부른다. 죄인은 어쩌면 "나보다 더 심한 고뇌"가 있었기 때문에 죄를 지었을 것이다. 화자는 그 꽃을 달고서 죄의식을 공유하고 죄의 짐을 나누어지고자 한다.

XXXI
Hell's Gate

Onward led the road again
Through the sad uncoloured plain
Under twilight brooding dim,
And along the utmost rim
Wall and rampart[1] risen to sight
Cast a shadow not of night,
And beyond them seemed to glow
Bonfires lighted long ago.
And my dark conductor broke
Silence at my side and spoke,
Saying, "You conjecture well:
Yonder is the gate of hell."

Ill as yet the eye could see
The eternal masonry,
But beneath it on the dark
To and fro there stirred a spark.
And again the sombre guide
Knew my question, and replied:
"At hell gate the damned in turn
Pace for sentinel and burn."

Dully at the leaden sky
Staring, and with idle eye
Measuring[2] the listless[3] plain,
I began to think again.
Many things I thought of then,
Battle, and the loves of men,
Cities entered, oceans crossed,
Knowledge gained and virtue lost,
Cureless folly done and said,

---

1) *rampart*: 城壁 (a wide bank of earth or a stone wall built to protect a fort or city)
2) *measure*: travel over, traverse
3) *listless*: languid, indifferent

31. 지옥(地獄)의 문

길은 다시 슬픈 무색의 평원을 지나
어둡게 알을 품은 황혼 아래로
계속해서 뻗어 나갔다,
그리고 가장자리를 따라
눈높이까지 솟아 있는 담장과 성벽이
밤의 그림자가 아닌 그림자를 던졌고,
그 너머로 오래 전에 점화된
화톳불이 타오르는 것 같았다.
그리고 시커먼 나의 안내자는
내 옆에서 침묵을 깨고 말했다,
"당신 추측이 맞았소,
저 너머에 지옥문이 있소."

아직도 눈에는 영원의 석조물이
잘 보이지 않았으나,
그 아래 어둠 위에서는
이리저리 불꽃이 움직이고 있었다.
그리고 다시 시커먼 안내자는
내 질문을 알아듣고 대답했다.
"지옥문에서는 지옥에 떨어진 망령들이
번갈아 보초를 서거나 불타고 있소."

지루하게 납 빛 하늘을
응시하며, 한가로운 시선으로
무기력한 평원을 걸어가면서,
나는 다시 생각하기 시작했다.
그때 많은 생각을 했었다,
전투와 사내들의 연인,
가 본 도시, 건너온 바다,
배운 지식과 잃어버린 미덕,
구제불능의 어리석은 언행,

And the lovely way that led
To the slimepit[1] and the mire
And the everlasting fire.
And against a smoulder dun[2]
And a dawn without a sun
Did the nearing bastion[3] loom,
And across the gate of gloom
Still one saw the sentry go,
Trim[4] and burning, to and fro,
One for women to admire
In his finery[5] of fire.
Something, as I watched him pace,
Minded me of time and place,
Soldiers of another corps
And a sentry known before.

Ever darker hell on high
Reared its strength upon the sky,
And our football[6] on the track
Fetched the daunting echo back.
But the soldier pacing still[7]
The insuperable[8] sill,
Nursing his tormented pride,
Turned his head to neither side,
Sunk[9] into himself apart
And the hell-fire of his heart.
But against our entering in
From the drawbridge[10] Death and Sin
Rose to render key and sword

---

1) *slimepit*: 진창 구덩이, 역청 갱; *slime*=oozy mud; *pit*=natural hole in ground
2) *smoulder dun*: 연기 나는 암갈색; *smoulder*=burn slowly with smoke but without flame; *dun*=dull greyish brown colour
3) *bastion*: 요새, 성채 (projecting part of fortification)
4) *trim*: in good order
5) *finery*: 아름다운 옷 (showy dress or decoration)
6) *footfall*: sound of footstep
7) *still*: continually, constantly, invariably
8) *insuperable*: 정복할 수 없는, 무적의 (unable to be vanquished, invincible, unconquerable)
9) *sunk*: absorbed or plunged deeply
10) *drawbridge*: 가동교 (a bridge hinged at one end for drawing up or lowering)

진창 구덩이와 수렁으로
인도하는 매혹적인 길,
그리고 영원한 불길.
연기 나는 암갈색과
태양 없는 새벽을 배경으로
가까운 성채(城砦)가 희미하게 나타났고,
어두운 대문을 가로질러,
단정하게 불타면서, 이리저리
보초가 걸어가는 것이 보였다,
그는 아름다운 불의 옷을 입고 있어서
여인들이 감탄할만한 인물이었다.
그가 걸어가는 것을 볼 때,
어느 시간과 장소,
다른 부대의 병사들,
그리고 전에 알았던 보초가 생각났다.

더 어두운 지옥이 높은 곳에서
하늘에 위력을 떨치고 있었고,
우리가 걸어가는 발자국 소리가
위압적으로 메아리쳐 돌아왔다.
그러나 계속해서 걸어가는 그 병사는,
언제나 무적의 그 병사는,
괴로운 자존심을 품고서,
홀로 자신의 생각과
가슴의 지옥 불 속에 잠긴 채,
고개를 돌리지 않고 똑 바로 걸었다.
그러나 우리가 들어갔을 때,
가동교(可動橋)에서 <죽음>과 <죄>가
일어나 열쇠와 칼을

To their father and their lord.
And the portress foul to see
Lifted up her eyes on me
Smiling, and I made reply:
"Met again, my lass," said I.
Then the sentry turned his head,
Looked, and knew me, and was Ned.

Once he looked, and halted straight,
Set his back against the gate,
Caught his musket[1] to his chin,
While the hive of hell within
Sent abroad a seething hum
As of towns whose king is come
Leading conquest[2] home from far
And the captives of his war,
And the car[3] of triumph waits,
And they open wide the gates.
But across the entry[4] barred
Straddled the revolted guard,
Weaponed and accoutred[5] well
From the arsenals[6] of hell;
And beside him, sick and white,
Sin to left and Death to right
Turned a countenance[7] of fear
On the flaming mutineer[8].
Over us the darkness bowed,
And the anger in the cloud
Clenched the lightning for the stroke;
But the traitor musket spoke[9].

---

1) *musket*: 구식 보병총, 머스켓총 (infantry soldier's light gun) (rifle의 전신)
2) *conquest*: something acquired by force of arms
3) *car*: a chariot of war or triumph
4) *entry*: gate, door
5) *accoutre*: attire with special costume
6) *arsenal*: 병기고 (store of weapons)
7) *countenance*: the expression of a person's face, the face
8) *mutineer*: 폭도, 항명자
9) *speak*: emit a report on being fired

그들의 아버지와 군주에게 넘겨주었다.
그리고 볼썽사나운
여자 문지기가 나를 쳐다보고
미소를 짓기에 나는 대답했다:
나는 “또 만났군요, 아가씨”하고 말했다.
그때 보초가 고개를 돌려 나를 보았다.
그가 나를 알아보았다. 그는 네드였다.

그는 나를 보자, 곧장 걸음을 멈추고,
지옥문 쪽으로 등을 돌리고,
총을 그의 턱에 괴었다,
한편 안쪽에서 지옥의 벌통이,
마치 왕이 전리품과
전쟁 포로들을 이끌고
먼 원정에서 돌아오는 어느 마을처럼,
시끄럽게 웅성거리는 소리를 냈다,
그리고 개선(凱旋)의 전차가 기다리자,
대문이 활짝 열렸다.
그러나 빗장 걸린 대문 건너편에서
비위가 상한 보초가
지옥의 병기고에서 무장을 하고
제복을 갖추고 버티고 서 있었다;
그리고 보초 옆에는, 역겹게도 창백하게,
왼편에 <죄>와 오른편에 <죽음>이
불타는 항명자(抗命者)에게
무서운 표정을 지어보였다.
머리 위로 굽어보는 어둠과
구름 속의 분노가, 벼락을 내리치려고
번갯불을 움켜쥐고 있었으나,
반역자의 총이 불을 뿜었다.

  And the hollowness of hell
Sounded as its master fell,
And the mourning echo rolled
Ruin[1] through his kingdom old.
Tyranny and terror flown
Left a pair of friends alone,
And beneath the nether sky
All that stirred was he and I.

  Silent, nothing found to say,
We began the backward way;
And the ebbing luster died
From the soldier at my side,
As in all his spruce[2] attire
Failed[3] the everlasting fire.
Midmost of the homeward track
Once we listened and looked back;
But the city, dusk and mute,
Slept, and there was no pursuit.

---

1) *ruin*: downfall, destruction, devastation
2) *spruce*: 단정한 (neat, trim)
3) *fail*: become extinct, die away

지옥의 왕이 쓰러질 때,
지옥의 골짜기가 메아리쳤고,
그 슬픈 메아리는 돌고 돌아
태고의 왕국을 무너뜨렸다.
날아다니는 폭력과 공포에서
두 친구만이 살아남았고,
낮은 하늘 밑에 살아서
움직이는 것은 그와 나뿐이었다.

말없이, 할 말이 없어서,
우리는 돌아가기 시작했다;
병사의 단정한 옷차림에서
영원한 불이 꺼져갈 때,
내 옆에 누운 병사에게서
기울어가던 광채가 사라졌다.
돌아오는 길 중간 지점에서
단 한번 돌아서서 귀 기울이며 보았으나,
어둡고 조용한 그 도시는 잠들어 있었고,
우리를 추격하는 자는 없었다.

✣해설✣

화자는 안내자(저승사자)를 따라 지옥문으로 향해 걸어간다. 그는 걸어가면서 전투, 애인, 도시, 바다, 어리석은 언행, 진창구덩이와 수렁, 타락의 길, 지옥의 불 등을 생각한다. 그때 지옥의 성채가 보이고 그 앞에 여자 문지기와 남자 보초가 서 있다. 그 보초는 화자의 친구 네드였다. 지옥문이 열리자 대문 안에서 무장한 보초가 서 있고 그 왼편에 <죄>와 오른편에 <죽음>이 반역자인 그의 친구를 노려보고 있다. 그리고 반역자의 총이 불을 뿜는다. 그의 총에 지옥의 왕이 쓰러지고 태고의 왕국인 지옥이 무너진다. 두 사람은 말없이 돌아서서 걷는다. 뒤를 돌아보았을 때 따라오는 자는 없고, 지옥은 조용히 잠들어 있다. 지옥은 죄 지은 자들이 죽어서 가는 곳이다. 죄와 죽음의 세계를 파괴하는 이 우화는 어떤 상징적 의미를 갖는 것일까?

이 시의 주제는 과거의 순수한 세계에 의해 타락한 세계를 구원하고자 하는 갈망이다. 이 주제는 사실주의적으로 취급할 수 없는 주제이다. 그러나 이 작품의 초현실주의적 분위기는 시인으로 하여금『최종 시집』의 다른 작품에서는 항상 파괴되어버리는 꿈—초기 슈롭셔 작품의 목가적 세계로의 회귀—을 실현할 수 있게 해준다. 목가적 세계를 상징하는 Ned는 화자를 <죽음>과 <죄>, 즉 순수로부터의 타락에 의해 추락한 지옥에서 해방시켜준다. 시의 마지막 부분에서 두 친구는 "집으로 가는 길"을 걷고 있다. 화자는 "잃어버린 젊은이"를 되찾았으나, 그것은 단지 꿈일 뿐이다. (Leggett[1978] 81)

XXXII

When I would muse in boyhood
  The wild green woods among,
And nurse resolves[1] and fancies
  Because the world was young,
It was not foes to conquer,
  Nor sweethearts to be kind,
But it was friends to die for
  That I would seek and find.

I sought them far and found them,
  The sure[2], the straight, the brave,
The hearts I lost my own to,
  The souls I could not save.
They braced their belts about them,
  They crossed in ships the sea,
They sought and found six feet of ground,
  And there they died for me.

---

1) *resolve*: resolution
2) *sure*: 믿을 수 있는 (reliable)

32

내가 소년시절에 야생의 푸른
  숲속에서 명상에 잠겨
세상이 아직 젊었기 때문에
  결심과 환상을 품었을 때,
내가 구하여 얻고자 했던 것은
  무찔러야 할 적도 아니었고,
다정하게 대해야 할 연인도 아니었고,
  다만 내가 목숨을 바쳐도 좋을 친구들이었다.

나는 온 세상을 뒤져 친구들을 찾았다,
  믿음직하고, 정직하고, 용감한 친구들을.
그들은 내 마음을 빼앗아갔고,
  나는 그 영혼들을 구하지 못했다.
그들은 허리띠를 졸라맸고,
  그들은 배를 타고 바다를 건넜고,
그들은 여섯 자의 땅을 구하여 얻었고,
  거기서 나를 위해 죽었다.

XXXIII

When the eye of day is shut,
  And the stars deny[1] their beams,
And about the forest hut
  Blows[2] the roaring wood of dreams,

From deep clay, from desert[3] rock,
  From the sunk[4] sands of the main[5],
Come not at my door to knock,
  Hearts that loved me not again.

Sleep, be still, turn to your rest
  In the lands where you are laid;
In far lodgings east and west
  Lie down on the beds you made.

In gross marl[6], in blowing dust,
  In the drowned[7] ooze[8] of the sea,
Where you would not, lie you must,
  Lie you must, and not with me.

---

1) *deny*: refuse to give or grant
2) *blow*: breathe hard, pant
3) *desert*: uninhabited, desolate, lonely
4) *sunk*: sunken; placed on a lower level than the surrounding area, recessed
5) *the main*: the high seas, the open ocean
6) *marl*: earth, soil
7) *drowned*: 물에 젖은, 물에 잠긴 (drenched)
8) *ooze*: (바다 밑의) 진흙 (wet mud or slime, esp. that in the bed of a river or estuary)

33

낮의 눈이 감기고,
  별들이 빛을 거부하고,
숲 속 오두막 주위에서
  떠들썩한 꿈의 숲이 숨소리를 낼 때,

젖은 흙이나, 쓸쓸한 바위나,
  낮은 바닷가 모래사장으로부터
다시는 나를 사랑하지 않았던 사람들이여,
  찾아와 내 문을 두드리지 말아라.

잠들어라, 조용히 해라, 너희가 누워 있는
  나라로 가서 쉬어라;
먼 동쪽과 서쪽의 거처에서
  너희가 만든 잠자리에 누워라.

거친 흙 속이나, 날리는 먼지 속에,
  물속에 잠긴 바다 밑 진흙 속에,
너희가 눕고 싶지 않은 곳에, 누워야 한다,
  너희는 누워야 한다, 그러나 나와는 누우면 안 된다.

해설

죽은 이들의 망령들에게 더 이상 찾아와 문을 두드리지 말고 영면의 나라에서 편히 잠들라고 달랜다.

XXXIV
The First of May

The orchards half the way
  From home to Ludlow fair
Flowered on the first of May
  In Mays when I was there;
And seen from stile[1] or turning[2]
  The plume[3] of smoke would show
Where fires were burning
  That went out long ago.

The plum broke forth[4] in green,
  The pear stood high and snowed,
My friends and I between
  Would take the Ludlow road;
Dressed to the nines[5] and drinking
  And light in heart and limb,
And each chap thinking
  The fair was held for him.

Between the trees in flower
  New friends at fairtime[6] tread
The way where Ludlow tower
  Stands planted[7] on the dead.
Our thoughts, a long while after,
  They think, our words they say;
Theirs now's the laughter,
  The fair, the first of May.

---

1) *stile*: 밟고 넘는 계단 (an arrangement of steps made to allow people but not animals to pass over a fence or hedge)
2) *turning*: 길모퉁이 (a place where a road turns or turns off)
3) *plume*: a trail of smoke, vapor, etc. issuing from a localized source and spreading out as the trail travels
4) *break forth*: burst out, suddenly emerge
5) *dressed to the nines*: 정성들여 옷을 차려 입고, 성장을 하고 (dressed very elaborately)
6) *fairtime*: 장날
7) *plant*: place in position

34. 오월 초하루

집에서 루들로 장터로 가는 길의
  중간 지점에 있는 과수원이
내가 그곳에 살았을 때 오월이면
  초하루에 꽃을 피웠지.
그리고 울타리 계단이나 길모퉁이에서 보면
  지금은 이미 오래 전에 꺼져버린
불이 타고 있던 그곳에
  깃털 같은 연기가 솟아올랐지.

자두는 파릇파릇 새싹이 돋고,
  배나무는 높이 자라 흰 꽃을 피우고,
친구들과 나는 그 사이로
  루들로 길을 걷곤 했었지;
성장(盛裝)을 하고 술을 마시며
  가벼운 마음과 몸으로,
우리는 저마다 루들로 장이
  자신을 위해 열린다고 생각했었지.

꽃 핀 나무들 사이로
  장날이면 새로운 친구들이
죽은 사람들 위에 루들로 종탑이
  세워져 있는 그 길을 걷는다.
오랜 시간이 흐른 후, 오월 초하루 장날이면,
  그들은 우리와 같은 생각을 하며,
우리가 한 말을 그들이 하고,
  우리의 웃음을 그들이 웃는다.

Ay, yonder lads are yet
  The fools that we were then;
For oh, the sons we get
  Are still the sons of men.
The sumless[1] tale of sorrow
  Is all unrolled[2] in vain:
May comes to-morrow
  And Ludlow fair again.

---

1) *sumless*: without number, uncountable, incalculable
2) *unroll*: 펼치다, 전개하다 (open up from a rolled-up state; display)

그렇다, 저 젊은이들은 지금도
  그때의 우리들처럼 바보들이다;
오, 우리가 낳은 아들들은
  여전히 인간의 아들들이니까.
수많은 슬픈 이야기들이
  부질없이 되풀이되고 있다:
내일이면 오월이 오고
  또 다시 루들로 장이 열린다.

해설

고향에 대한 향수(鄕愁)를 그린 작품이다. 시의 전반부에서 오래 전에 고향을 떠난 화자는 순진했던 젊은 날의 경험을 회고한다. 해마다 고향 루들로에는 오월 초하루면 장이 열렸다. 과수원의 자두나무에 새싹이 돋고 배나무에 흰 꽃이 피면 젊은이들은 성장을 하고 루들로 길을 걸어 장으로 가곤 했다. 모두들 "루들로 장이 자신을 위해 열린다고 생각하며" 흥겨워했다. 그러나 이 시의 후반부에서 화자는 젊은 날의 생각이 착각이었음을 깨닫는다. 고향의 봄이나 루들로 장은 그만을 위해 존재한 것이 아니었다. 오랜 세월이 흐른 지금은 과거에 화자가 걸었던 그 길을 "새로운 친구들"이 걷고 있다. 그들도 지난 날 화자와 같은 생각을 하고, 같은 말을 하고, 같은 웃음을 웃고 있다. 화자는 그들도 지난날의 자신처럼 꽃피는 봄과 루들로 장이 자신들을 위해 존재하는 것으로 착각하는 "바보들"이며, 인생은 이처럼 부질없이 되풀이 되는 "슬픈 이야기"임을 깨닫는다. 이 시가 루들로 장에 관한 언급으로 끝맺는 것은 화자가 순진했던 지난날의 어리석음에 대한 회오와 더불어 지난날의 아름다운 추억에 대한 그리움이라는 상반된 감정을 동시에 느끼고 있음을 암시한다.

XXXV

When first my way to fair I took
  Few pence in purse had I,
And long I used to stand and look
  At things I could not buy.

Now times are altered: if I care
  To buy a thing, I can;
The pence are here and here's the fair,
  But where's the lost young man?

—To think that two and two are four
  And neither five nor three
The heart of man has long been sore[1]
  And long 'tis like to be[2].

---

1) *sore*: causing mental pain, sorrowful, bitter
2) *'tis like to be*: it(=the heart of man) is likely to be (sore); be reasonably expected to (do)

35

내가 난생 처음 장에 갔을 때
　주머니엔 동전 몇 개밖에 없었지,
그래서 나는 오래 동안 서서
　내가 살 수 없는 물건들을 바라보았지.

지금은 시대가 달라졌다: 사고 싶으면,
　무엇이든 살 수가 있다;
여기 돈이 있고 시장도 있는데,
　잃어버린 젊은이는 어디로 갔는가?

—2 더하기 2는 5나 3이 아니라
　4라는 것을 생각하느라
인간의 마음은 오래 아파했고,
　앞으로도 오래 아파할 것이다.

해설

이 시에서 시장은 "허영의 시장"처럼 인간 세상을 상징한다. 세상은 화려한 겉치레로 순진한 젊은이를 현혹시키지만 성인이 되어 알고 나면 공허한 시장과 같다. 인생에 욕망과 의미를 만들어내는 것은 환상이다. 그 환상을 깨고 나면 욕망도 의미도 사라지고 만다. 화자는 처음으로 주머니에 동전 몇 푼을 가지고 시골 장터에 갔을 때 갖고 싶은 물건들은 많은데 사지 못해 안타까워했던 기억을 떠올린다. 그때 시장은 어린아이에게 큰 의미를 가졌으나, 젊은 날의 욕망을 충족시킬 수 있게 된 지금 시장은 그 의미를 상실해버렸다. "여기 돈이 있고 시장도 있는데, / 잃어버린 젊은이는 어디로 갔는가?" 화자는 경험을 통해 인생의 의미를 깨달은 데서 오는 허무함과 잃어버린 자신의 과거에 대한 그리움을 동시에 느낀다. 마지막 연에서 화자는 자신의 경험을 보편화한다. 어린 아이가 처음 시장에 가서 신기한 물건들을 보고 덧셈과 뺄셈을 하며 주머니 사정을 가늠해보고 안타까워하는 경험은 앞으로도 오래 오래 계속될 것이다.

XXXVI

Revolution[1)]

West and away the wheels of darkness roll,
  Day's beamy banner[2)] up the east is borne,
Spectres[3)] and fears, the nightmare[4)] and her foal[5)],
  Drown[6)] in the golden deluge[7)] of the morn.

But over sea and continent from sight
  Safe to the Indies has the earth conveyed
The vast and moon-eclipsing cone of night,
  Her towering[8)] foolscap[9)] of eternal shade[10)].

See, in mid heaven the sun is mounted; hark,
  The belfries tingle[11)] to the noonday chime.
'Tis silent, and the subterranean[12)] dark
  Has crossed the nadir[13)], and begins to climb.

---

1) *revolution*: 공전(公轉: 행성이 일정한 주기로 태양의 둘레를 도는 일): the action of a celestial object of moving in a circular orbit around another

2) *beamy banner*: 빛나는 깃발, 즉 태양; beamy=emitting beams, radiant; banner=cloth flag on pole

3) *spectre*: an apparition, a ghost

4) *nightmare*: 악몽 (oppressively horrible dream), 몽마(夢魔) (female monster supposedly sitting upon and seeming to suffocate sleeper)

5) *foal*: 당나귀 새끼, 망아지 (young horse, ass, etc.; colt or filly)

6) *drown*: submerge, go below surface

7) *deluge*: great flood

8) *towering*: very high or tall, lofty

9) *foolscap*: 어릿광대 모자 (a fool's or jester's cap, usu. hung with bells); size of paper, about 330 x 430 mm;

10) *shade*: darkness, (pl.) the darkness of night

11) *tingle*: (稀) make a continued ringing sound, ring lightly

12) *subterranean*: existing under the earth's surface; underground

13) *nadir*: 밑바닥(lowest point), 천저(天底) (point of heavens directly under the observer)

36. 공전(公轉)

서쪽으로 멀리 암흑의 바퀴가 굴러가고,
　낮의 빛나는 깃발이 동녘에서 떠오르고,
유령과 공포, 몽마(夢魔)와 몽마 새끼가
　아침의 황금색 빛의 홍수에 익사한다.

대지는 바다와 대륙 너머로,
　달을 삼키는 거대한 원추형의 밤을,
영원한 어둠으로 엮어 짠 높은 어릿광대 모자를
　안전하게 인도제국으로 실어다 감추었다.

보라, 하늘 가운데에 태양이 솟아 있다; 들어라,
　정오의 차임벨 소리에 종탑이 울린다.
조용하다, 그리고 지하의 어둠이
　천저(天底)를 지나서 올라오기 시작한다.

해설

지구의 공전(公轉)을 묘사한 작품이다. 이 시의 제목인 "revolution"은 기존의 정치제도나 사회질서를 전복시키고 새로운 질서를 세우는 "혁명"과 행성이 일정한 주기로 태양의 주위를 회전하는 "공전"의 두 가지 의미를 갖는다. 이 작품에서는 후자의 의미가 강하다. 지구가 태양의 주위를 회전함에 따라 주기적으로 반복되는 일출과 일몰의 장면이 묘사되어 있다. 그러나 아침 햇빛이 암흑을 몰아내는 것은 자연의 "혁명적 변화"라 할 수 있기 때문에 전자의 의미를 함축하고 있다.

XXXVII

Epitaph on an Army of Mercenaries

These, in the day when heaven was falling,
The hour when earth's foundations fled[1],
Followed[2] their mercenary calling[3]
And took their wages and are dead.[4]

Their shoulders held the sky suspended[5];
They stood, and earth's foundations stay;
What God abandoned, these defended[6],
And saved[7] the sum of things[8] for pay[9].

---

1) *flee*: vanish, pass away;

2) *follow*: 종사하다 (pursue or practice a way of life, engage in)

3) *mercenary calling*: 돈으로 고용되는 직업, 즉 용병(傭兵); *mercenary*=serving for wages as a soldier for a foreign power; *calling*=profession, trade

4) *took their wages and then are dead*: 성서의 인유이다. "the wages of sin are death." (로마서 6:23)

5) *suspended*: temporarily stopped, hanging, held in suspension; "그들의 어깨는 하늘을 받쳤다"라는 구절은 그리스 신화에서 헤라클레스의 12가지 난사(難事) 중 11번째 난사에 관한 인유이다. Hercules는 자신의 죄를 씻기 위해 미케네의 왕(그의 사촌)을 찾아가 12가지 난사(Labors of Hercules)를 부여 받는데 그중 열한 번째 난사에 관한 언급이다. (Hamilton, Mythology, pp. 164-5)

6) *defend*: 방어하다, 보호하다 (protect from assault or injury), 안전하게 지키다 (keep safe)

7) *save*: rescue, preserve, protect, deliver, from danger. harm or misfortune

8) *the sum of things*: [L. summa rerum] 삼라만상, 우주 (the totality of being, the universe); 이 구절은 "하늘이 무너지고" "지구의 토대가 사라진다"는 표현과 더불어 밀턴의 『실락원』제6권에 나오는 천국의 전쟁에 대한 인유이다. (668ff)

9) *pay*: payment, wages

37. 용병(傭兵) 비문(碑文)

이 사람들은, 하늘이 무너지던 날에,
　지구의 토대가 사라지던 시각에,
돈을 받고 일하는 직업에 종사하여
　임금(賃金)을 받고 죽었다.

그들의 어깨는 하늘을 받쳤다;
　그들은 서 있었고, 지구의 토대가 멈추었다;
하나님이 버린 것을 이들이 지켰고,
　임금을 받고 우주를 구했다.

✤해설✤

시인은 이 시에서 용병을 예찬하고 있다. 화자는 용병들이 무너지는 하늘을 받쳐 우주를 멸망으로부터 구했다고 찬양한다. 하우스만은 세상이 사악하다고 믿으면서도 "1887년," "Lancer," "Grenadier" 등 군인을 소재로 다룬 작품에서 일관되게 그런 사악한 세상에 용감하게 맞서는 병사들을 찬양하였다.

단 여덟 줄 밖에 안 되는 이 짧은 작품에는 성경, 신화, 밀턴의 『실락원』 등의 복잡한 인유가 들어 있다. 첫째 인유는 제4행 "And took their wages and are dead"에 들어 있다. 이 말은 로마서 제6장 제23절 "the wages of sin are death"의 인유이다. 이 구절은 용병이 죄인이며 영생을 잃어버린 저주받은 영혼들이라는 반어적 의미를 함축하고 있다. 이것은 하우스만의 견해가 아니라 용병을 경멸하는 독선적이고 도덕적 우월감을 가진 사람들의 견해이다. 하우스만은 이 구절에서 그런 견해를 가진 사람들을 비판하고 있다. 두 번째 인유는 다섯째 줄 "그들의 어깨는 하늘을 받쳤다"는 표현에 들어 있다. 이것은 그리스 신화에서 헤라클레스의 12가지 난사(難事) 중 11번째에 관한 인유이다. Hercules는 자신의 죄를 씻기 위해 미케네의 왕(그의 사촌)을 찾아가 12가지 난사(Labors of Hercules)를 부여 받는데 그중 열한 번째는 황금사과는 구하는 일이었다. 헤라클레스는 황금사과 동산을 지키는 요정들의 아버지인 아틀라스(Atlas)에게 도움을 요청한다. 아틀라스는 자신이 지고 있는 하늘을 대신 져주면 황금사과를 구해다 주겠다고 말한다. 사과를 구해 돌아온 아틀라스는 자신의 책임을 영원히 헤라클레스에게 전가하고 싶어 한다. 그러나 헤라클레스는 지혜를 발휘하여 하늘을 받치는 책임을 아틀라스에게 넘겨준다. 하우스만은 이 인유를 통해 용병을 힘세고 지혜로운 헤라클레스에 비유하고 있다. 세 번째는 밀턴의 『실락원』제6권에 나오는 천국의 전쟁에 관한 인유이다. 제1연의 "heaven was falling"과 "earth's foundation fled" 그리고 제2연의 "the sum of things"는 모두 밀턴의 인유이다. 천국의 전투에서 선한 천사들과 악한 천사들이 산을 던지며 싸울 때 천국과 "지구의 토대"가 무너질 위험에 처한다. 하나님은 메시아를 보내어 우주를 파멸로부터 구한다. 하우스만은 밀턴의 인유를 통해 용병들을 우주를 구한 메시아, 즉 하나님의 아들 그리스도에 비유하고 있다. 이처럼 하우스만은 이 작품에서 헤라클레스와 그리스도에 비유하여 용병들을 찬양하고 있다.

XXXVIII

Oh stay at home, my lad, and plough
  The land and not the sea,
And leave the soldiers at their drill[1],
And all[2] about the idle[3] hill
  Shepherd[4] your sheep with me.

Oh stay with company and mirth
  And daylight and the air;
Too full already is the grave
Of fellows that were good and brave
  And died because they were.

---

1) *drill*: instruction or training in military exercises
2) *all*: everywhere; wholly, completely
3) *idle*: (幣) empty, vacant, void
4) *shepherd*: tend (sheep) as shepherd

38

오, 젊은이, 고향에 남아서
  바다가 아니라 육지를 경작하라,
그리고 병사들이 훈련 받게 두고,
오로지 한가로운 산에서
  나와 함께 양을 돌보아라.

오, 벗들과 환락과
  낮의 햇빛과 대기와 함께 머물어라;
무덤은 이미 착하고 용감한 사람들로,
착하고 용감했기 때문에 죽은
  사람들로, 가득 차 있다.

해설

젊은이에게 군에 입대하지 말고 고향에 남아서 목동으로서 고향을 지키라고 권한다. 너무나 많은 젊은이들이 "착하고 용감했기" 때문에 죽어 무덤에 묻혀 있다.

XXXIX

When summer's end is nighing
  And skies at evening cloud[1],
I muse on change[2] and fortune
  And all the feats[3] I vowed
  When I was young and proud.

The weathercock at sunset
  Would lose the slanted ray,
And I would climb the beacon
  That looked to Wales away
  And saw the last[4] of day.

From hill and cloud and heaven
  The hues of evening died;
Night welled through lane and hollow[5]
  And hushed the countryside,
  But I had youth and pride.

And I with earth and nightfall
  In converse[6] high would stand,
Late, till the west was ashen[7]
  And darkness hard at hand,
  And the eye lost the land.

---

1) *cloud*: 어두워지다 (become overcast or gloomy)
2) *change*: (癈) 죽음 (one's death)
3) *feat*: 업적(noteworthy act), 무훈 (deed of valour)
4) *last*: the end
5) *hollow*: valley
6) *converse*: conversation
7) *ashen*: grey, pale

39

여름의 끝이 가까워지고
  저녁 하늘에 어둠이 내릴 때면,
나는 죽음과 운명과
  내가 젊고 오만했을 때 약속한
  모든 업적을 생각하노라.

황혼녘에 바람개비에서
  석양빛이 지워지고,
나는 웨일즈로 향한
  등대에 올라
  마지막 햇빛을 보곤 했었지.

산과 구름과 하늘에서
  저녁 색조는 사라지고,
골목길과 골짜기에 어둠이 차오르고,
  시골은 쥐죽은 듯 조용해졌지,
  하지만 내게는 젊음과 긍지가 있었지.

그리고 늦게, 서쪽 하늘이 잿빛이 되고,
  어둠이 가까이 다가오고,
땅이 보이지 않게 될 때까지
  나는 대지와 일몰과 더불어
  숭고한 대화를 나누며 서 있었지.

The year might age[1], and cloudy
  The lessening day might close,
But air of other summers
  Breathed from beyond the snows,
  And I had hope of those.

They came and were and are not
  And come no more anew;
And all the years and seasons
  That ever can ensue
  Must now be worse and few.

So here's an end of roaming
  On eves when autumn nighs:
The ear too fondly listens
  For summer's parting sighs,
  And then the heart replies.

---

1) *age*: grow old or mature

세월은 늙어, 구름에 덮이고
　저물어가는 하루는 끝날 테지만,
내게는 다른 여름의 바람이
　눈 너머에서 불어왔고,
　여름에 대한 희망이 있었지.

여름은 와 있었으나, 지금은 없구나,
　그리고 다시는 오지 않겠지;
언제나 뒤따라 올 수 있는
　모든 해(年)와 계절은
　지금은 더 악화되어, 거의 남지 않았구나.

가을이 다가오는 저녁이면
　여기가 방황의 끝이로구나.
너무나 어리석게도 떠나가는 여름의
　한숨소리에 귀 기울이노라면,
　가슴의 메아리만 들려오누나.

✤해설✤

하우스만은 여러 작품에서 동일한 풍경을 보는 상이한 관점을 순간적으로 결합시켜 독특한 시의 구조를 만들어낸다. 화자는 여름이 끝날 무렵 황혼을 보면서 "변화와 운명"에 대한 현재의 관점과 젊은 날의 관점을 중첩시킨다. 젊었을 때 화자는 여름의 끝에 낙조를 보면서 "젊음과 긍지"를 느꼈고 또 다른 여름에 대한 희망을 가졌었다. 그러나 지금은 낙조를 바라볼 때 "젊음과 긍지"도 여름에 대한 희망도 느끼지 못한다. 그는 이제 자신이 "방황의 끝"에 서 있음을 어쩔 수 없이 받아들인다. 한 해가 기우는 계절인 가을과 하루해가 저무는 저녁은 인생의 황혼기를 맞은 화자의 마음에 쓸쓸함을 더한다. 마지막일 것만 같은 지나간 여름의 한숨소리에 귀를 기울여보지만, 들리는 것은 자신의 가슴에서 울리는 여름의 마지막 한숨의 메아리뿐이다.

XL

Tell me not here, it needs not saying,
  What tune the enchantress[1] plays
In aftermaths[2] of soft[3] September
  Or under blanching[4] mays,
For she and I were long acquainted
  And I knew all her ways[5].

On russet[6] floors[7], by waters idle,
  The pine lets fall its cone;
The cuckoo shouts all day at nothing
  In leafy dells alone;
And traveler's joy[8] beguiles[9] in autumn
  Hearts that have lost their own[10].

On acres of the seeded grasses
  The changing burnish[11] heaves;
Or marshalled[12] under moons of harvest
  Stand still all night the sheaves[13];
Or beeches strip in storms for winter
  And stain[14] the wind with leaves.

---

1) *enchantress*: 마녀 (a witch, a sorceress); 매혹적인 여자 (a charming or fascinating woman)
2) *aftermath*: 그루갈이 (a crop of grass growing after mowing)
3) *soft*: mild; mellow, well-matured
4) *blanch*: turn white, bleach
5) *way*: manner of behaving, habit, personal peculiarity
6) *russet*: reddish-brown; 황갈색의 거친 수직 천 (coarse homespun reddish-brown cloth worn by peasants)
7) *floor*: a level space
8) *traveler's joy*: 참으아리 (미나리아재비 과의 덩굴성 관목 Clematis vitalba)
9) *beguile*: divert attention from, charm, amuse
10) *their own*: i. e., their own joy
11) *burnish*: 윤기, 광택 (lustre, a polish by rubbing)
12) *marshal*: arrange in due order; usher or conduct on his or her way
13) *sheaf*: 곡식 단, 다발 (cluster of things laid lengthwise together and usu. tied)
14) *stain*: 채색하다, 물들이다 (colour with a suitable dye so as to render the structure clearly visible); ornament with coloured designs or patterns

40

부드러운 구월의 그루갈이 속에서
　혹은 말라가는 산사나무 아래서
마녀가 무슨 곡을 연주하는지
　지금 내게 말하지 마라, 말할 필요도 없다,
그녀와 나는 오래 아는 사이이니,
　그녀의 온갖 버릇을 난 알고 있었으니까.

적갈색 바닥이나 잔잔한 물가에
　소나무는 솔방울을 떨어뜨리고,
빼꾸기는 온종일 잎이 우거진 계곡에서
　홀로 허공을 향해 울부짖는다.
그리고 가을 참으아리 꽃은
　기쁨을 상실한 사람들을 위로해준다.

열매가 맺힌 풀밭 위에선
　반짝이는 광채가 어른거리고;
가을 달 아래 밤새도록 조용히
　곡식 단이 줄지어 늘어서 있고;
너도밤나무는 겨울을 맞아 폭풍 속에서 옷을 벗어
　낙엽으로 바람을 곱게 물들인다.

Possess, as I possessed a season,
  The countries[1)] I resign[2)],
Where over elmy plains the highway
  Would mount[3)] the hills and shine,
And full of shade the pillared[4)] forest
  Would murmur and be mine.

For nature, heartless, witless[5)] nature,
  Will neither care nor know
What stranger's feet may find the meadow
  And trespass[6)] there and go,
Nor ask amid the dews of morning
  If they are mine or no.

---

1) *country*: an expanse of land; land, territory
2) *resign*: 버리다, 양도하다 (relinquish, hand over)
3) *mount*: go upwards, ascend
4) *pillared*: shaped into the form of a pillar
5) *witless*: having no intellectual faculty, foolish, stupid
6) *trespass*: wrongfully enter on a person's land or property; encroach, intrude

내가 한 계절을 소유했듯이,
　내가 버린 땅을 소유하라,
느릅나무 들판 너머로 한길이
　산을 오르며 빛나고 있고
그늘 속에 나무들이 늘어서 있는
　숲이 웅성거리는, 내 것이었던 그 땅을.

자연, 무정하고 지각없는 자연은,
　어느 나그네의 발길이 초원을 찾아
그곳을 지나갈지에 관심도 없고
　알려고도 하지 않을 것이며,
또 아침 이슬 속의 그 발길이
　내 것인지 아닌지 묻지도 않을 테니.

✤해설✤

자연을 소재로 다룬 작품이다. 이 시에서 자연은 화자가 한때 소유했다가 버린 연인이다. 이 시는 화자가 자연의 새 애인에게 자연에 관해서 "말하지 말라"(아는 척하지 말라)는 편잔의 말로 시작한다. 자연은 온갖 아름다운 풍경과 노래로 유혹하는 "마녀"또는 요부이다. 화자는 자연의 "온갖 버릇"을 잘 알고 있으니까 새삼 설명할 필요가 없다고 말하고 있다. 자연의 "버릇"은 제2연과 제3연에 묘사되어 있다. "마녀"는 솔방울 떨어지는 소리와 계곡에서 우는 뻐꾸기 소리(제2연에 묘사된 청각심상)와, 열매 맺힌 풀밭 위의 광택과 가을 달 아래 늘어선 곡식 단 그리고 낙엽(제3연에 묘사된 시각심상)으로 화자를 유혹하였다. 화자는 젊은 시절 이처럼 매혹적인 자연의 아름다움에 속아서 자연을 자기 것으로 소유했다고 믿었다. 그러나 성숙한 화자는 그것이 착각이었음을 깨닫는다. 따라서 제4연에서 화자는 새 애인에게 자신이 버린 자연을 소유하라고 주어버린다. 화자가 자연을 버리는 이유는 제4연에 나타나 있다: 자연은 무정할 뿐만 아니라 무지하다. 자연은 누가 자신을 소유하든 상관하지 않는 요부(창녀)와 같다. 자연을 소유했다고 믿은 것은 자연의 무심함을 몰랐던 젊은 시절의 착각이었다. 이 시에는 상반된 두 가지 어조가 동시에 나타나 있다. 화자는 경험의 관점에서 자연과 하나라고 믿었던 젊은 날의 순진함에 환멸을 느끼면서도 잃어버린 순수를 동경한다. 화자는 자연이 무정하고 무지하다는 것을 경험을 통해 알게 되었지만 여전히 "마녀"의 유혹에 매력을 느끼고 있다.

이 시에는 하우스만의 자연관(自然觀)이 잘 나타나 있다. 낭만주의 시인들은 자연에 인격과 신성을 부여하였으나, 하우스만은 자연에 감정이나 지각능력이 없으며 자연은 인간사에 무지하고 무관심하다고 생각한다. 인간은 자연의 일부가 아니며, 자연은 단지 인간이 소유할 수 있는 대상일 뿐이다.

XLI
Fancy's Knell

When lads were home from labour
  At Abdon[1] under Clee,
A man would call his neighbor
  And both would send for me.
And where the light in lances[2]
  Across the mead was laid,
There to the dances
  I fetched my flute and played.

Ours were idle pleasures,
  Yet oh, content we were,
The young to wind[3] the measures,
  The old to heed the air[4];
And I to lift with playing
  From tree and tower and steep
The light delaying[5],
  And flute the sun to sleep.

The youth toward his fancy
  Would turn his brow of tan,
And Tom would pair with Nancy
  And Dick step off with Fan;
The girl would lift her glances
  To his, and both be mute:
Well went the dances
  At evening to the flute.

---

1) *Abdon*: Shropshire의 작은 마을
2) *lance*: (癈) a branch of a tree, a shoot
3) *wind*: blow on an instrument
4) *heed the air*: 멜로디에 귀를 기울이다; *heed*=pay attention; *air*=melody, tune
5) *delay*: tarry in a place

41. 환상의 조종(弔鐘)

클리 산 아래 압돈 마을에서는,
　젊은이들이일터에서 돌아올 때면,
한 사내가 이웃사람을 불렀고,
　둘이서 나를 부르러 보냈다.
그리고 나뭇가지의 햇빛이
　초원을 비추고 있는 곳으로,
무도회가 열리는 그곳으로
　나는 피리를 가져가서 연주했다.

우리는 허망한 쾌락을 쫓았으나,
　오, 그때 우리는 만족했었다.
젊은이들은 곡을 연주했고,
　노인들은 선율에 귀 기울였다;
그리고 나는 연주로써
　나무와 탑과 산기슭에
남아 있는 햇빛을 모았고,
　피리를 불어 태양을 잠재웠다.

젊은이들은 검게 탄 이마를 돌려
　환상을 쫓았다.
톰은 낸시와 짝을 지었고,
　디크는 팬과 스텝을 밟았다;
처녀는 청년과 마주보았고,
　둘은 말이 없었다:
우리는 저녁에 피리소리에 맞춰
　춤을 추었다.

Wenlock Edge was umbered[1]),
  And bright was Abdon Burf[2]),
And warm between them slumbered
  The smooth green miles of turf;
Until from grass and clover
  The upshot[3]) beam would fade,
And England over
  Advanced the lofty shade.

The lofty shade advances,
  I fetch my flute and play:
Come, lads, and learn the dances
  And praise the tune to-day.
To-morrow, more's the pity,
  Away we both must hie,
To air the ditty,
  And to earth I.

---

1) *umber*: colour with umber; *umber*=dark or dusky colour
2) *Abdon Burf*: Shropshire에서 가장 높은 산인 Brown Clee Hill의 가장 높은 지점
3) *upshot*: 솟아오르는; upshoot=raise or send up

웬록 에지는 어둠에 덮였고,
  압돈 버프는 밝았다,
그리고 그 사이의 평탄한 초록 잔디밭은
  포근하게 잠이 들었다;
마침내 풀밭과 클로버에서
  솟아오르던 빛은 사라지고,
잉글랜드 위로
  높은 그늘이 다가왔다.

높은 그늘은 다가오고,
  나는 피리를 가져와 연주한다:
오라, 젊은이들아, 춤을 배우고
  오늘 노래를 찬양하라.
내일이면, 후회가 더 많으리라,
  우린 둘 다 서둘러 떠나야 한다,
음악은 공기로,
  나는 흙으로.

해설

화자는 젊은 시절 고향에서의 무도회 장면을 회상한다. 슈롭셔의 한 작은 마을인 압돈(Abdon)에서 젊은이들이 하루 일과를 끝내고 쌍쌍이 모여 무도회를 즐긴다. 어느새 초원에 어둠이 내리면 환상적인 무도회는 끝난다. 화자는 피리를 연주하면서 친구들에게 내일이면 늦을 테니 오늘 즐기라고 말한다. 내일이면 "음악은 공기로, / 나는 흙으로" 돌아갈 테니까. 특히 마지막 두 줄의 리듬은 환상의 종말을 알리는 조종처럼 들린다.

이 시에도 과거와 현재 그리고 순간의 기쁨과 냉혹한 시간의 파괴력이 대조를 이루고 있다. 음악과 춤의 이미지는 순간적 쾌락을, 밀려오는 어둠의 그림자는 시간의 파괴력을 상징한다. 잔디밭에서 피리를 연주하는 악사와 쌍쌍이 무도회를 즐기는 젊은이들은 음악과 춤으로 시간을 정복했다고 착각하고 있었으나, 현재의 화자는 그때 그 젊은이들이 "허망한 쾌락"과 "환상"을 쫓고 있었음을 알고 있다. 또한 음악과 춤에 몰입한 젊은이들은 깨닫지 못했으나, 현재의 화자는 그들이 "환상"을 쫓고 있는 동안 시간을 상징하는 어둠의 그림자가 가차 없이 그들 머리 위로 몰려오고 있었음을 분명히 알고 있다. 하우스만은 이 시에서 음악의 주제를 사용하여 전통적인 관념과는 반대로 예술의 영원성을 부정한다. 시와 달리 음악은 연주하는 순간에 허공으로 사라진다. 음악을 연주하는 악사도 시간이 흐르면 흙으로 돌아간다. 시인은 악사의 음악이 단지 일시적인 쾌감으로 시간의 흐름을 잊게 할 수 있을 뿐 덧없고 하찮은 것임을 보여준다.

유작(遺作) 시집

More Poems

1936

They say my verse is sad: no wonder;
Its narrow measure spans
Tears of eternity, and sorrow,
Not mine, but man's

This is for all ill-treated fellows
Unborn and unbegot,
For them to read when they're in trouble
And I am not.

사람들은 내 시가 슬프다고 한다; 그렇다;
얼마 되지 않는 내 시는
나의 슬픔이 아닌 인간의 슬픔,
영원의 눈물과 슬픔을 다룬다.

나의 시는 아직 태어나지 않은 미래의
불운한 사람들을 위한 것이다,
내가 아니라 그들이 괴로울 때
읽으라고 지은 것이다.

I

Easter Hymn

If in that Syrian garden, ages slain,
You sleep, and know not you are dead in vain,
Nor even in dreams behold how dark[1] and bright
Ascends in smoke and fire by day and night
The hate you died to quench[2] and could but fan[3],
Sleep well and see no morning, son of man.

But if, the grave rent and the stone rolled by,
At the right hand of majesty on high[4]
You sit, and sitting so remember yet
Your tears, your agony and bloody sweat,
Your cross and passion[5] and the life you gave,
Bow hither out of heaven and see and save.

---

1) *dark*: dismal, sullen, sad
2) *quench*: put an end to, suppress, stifle
3) *fan*: kindle, increase, foment, promote
4) *on high*: in heaven; *majesty on high*=하느님; *majesty*=sovereign power
5) *passion*: 수난 (the suffering of pain); the suffering of Jesus on the Cross

1. 부활절 송가(頌歌)

만약 당신이 저 시리아의 정원에서, 오래 전에
살해되어 잠들어서, 헛되이 죽었다는 것을 모른 채로,
심지어 꿈속에서조차 당신이 목숨 바쳐 끄려다가
오히려 부채질한 증오(憎惡)가 연기와 불 속에서
밤낮으로 음산하고 밝게 타오르는 것을 본다면,
깊이 잠들어 아침을 보지 마라, 인간의 아들아.

그러나 만약, 무덤이 갈라지고 돌이 굴러갈 때,
당신이 하느님 오른편에 앉아,
앉은 채로 당신의 눈물, 당신의 고뇌와
피와 땀과, 당신의 십자가와 수난과
당신이 바친 생명을 아직도 기억하고 있다면,
하늘에서 이쪽으로 고개를 내밀어 보고 구하라.

II

When Israel out of Egypt came
  Safe in the sea they trod;
By day in cloud, by night in flame,
  Went on before them God.

He brought them with a stretched out hand
  Dry-footed through the foam,
Past sword and famine, rock and sand,
  Lust and rebellion, home.

I never over Horeb[1] heard
  The blast of advent[2] blow;
No fire-faced prophet brought me word
  Which way behoved[3] me go.

Ascended is the cloudy flame,
  The mount of thunder dumb;
The tokens[4] that to Israel came,
  To me they have not come.

I see the country far away
  Where I shall never stand[5];
The heart goes where no footstep may
  Into the promised land.

The realm I look upon and die
  Another man will own;
He shall attain the heaven that I
  Perish and have not known.

---

1) *Horeb*: 호렙, 하나님의 산; 시나이 산(Mount Sinai)과 동일시 됨
2) *advent*: the coming of Christ on earth
3) *behove*: be incumbent upon (a person) to (do); be proper or due, be suited
4) *token*: a signal; a sign or gesture to attract attention or give an order
5) *stand*: (癈) 머물다 (stay, stop)

2

이스라엘 민족은 이집트를 벗어나서
안전하게 바다 속을 걸었고;
하나님은 낮에는 구름으로 밤에는 불의 모습으로
앞장서서 그들을 인도하셨다.

그분은 팔을 벌리고, 거품 속에서도
발에 물 한 방울 적시지 않은 채,
칼과 기근, 바위와 모래, 욕정과 반란을
통과하여 그들을 집으로 인도하셨다.

나는 그리스도 강림의 바람이 호렙 산 너머로
불어오는 소리를 듣지 못했다.
불의 얼굴을 한 어떤 예언자도 내가
어느 길로 가야 할지 말해주지 않았다.

불 구름은 솟아 있지만,
천둥 산은 침묵한다;
이스라엘 민족에게 찾아왔던 신호가
내게는 찾아오지 않는다.

내가 결코 머물 수 없는 나라가
저 멀리 보인다;
내 마음은 발길이 닿을 수 없는
약속의 땅으로 간다.

내가 바라보다가 죽은 영토를
다른 사람이 소유하리라;
내가 사라져 알지 못한 천국을
그 사람은 얻으리라.

But I will go where they are hid
  That never were begot,
To my inheritance[1] amid
  The nation that is not.

1) *inheritance*: 하나님의 선민이 받는 축복 (the blessings received by God's chosen people)

그러나 나는 태어나지 않은 그들이
  숨어 있는 곳으로,
존재하지 않는 나라에서 하나님의 선민(選民)이
  받을 축복을 찾아 가야겠다.

✣해설✣

믿음과 계시가 사라져 버린 현대인의 정신적 상황을 그린 작품이다. 이스라엘 민족이 부패와 죄악의 땅인 이집트를 떠날 때, 하나님은 "구름"과 "불"의 모습으로 나타나 바닷물을 가르고 온갖 위험과 죄악을 피해 그들을 안전하게 "약속의 땅" 가나안으로 인도했었다. 그러나 지금은 불구름이 솟아오르지만 "천둥 산"은 침묵한다. 가나안은 "내가 결코 머물 수 없는 나라"요 "발길이 닿을 수 없는" 땅이며, "존재하지 않는 나라"일 뿐이다. 화자는 "약속의 땅"과 "하나님의 선민이 받을 축복"(inheritance)을 마음으로 동경한다.

III

For these of old the trader
  Unpearled[1] the Indian seas,
The nations of the nadir
  Were diamondless for these;

A people prone[2] and haggard[3]
  Beheld their lightnings hurled:
All round, like Sinai, staggered
  The sceptre-shaken world.

But now their coins are tarnished[4],
  Their towers decayed away,
Their kingdom swept and garnished[5]
  For haler[6] kings than they;

Their arms the rust hath eaten,
  Their statutes[7] none regard[8]:
Arabia shall not sweeten[9]
  Their dust[10], with all her nard[11].

---

1) *unpearl*: remove pearls from (?)
2) *prone*: lying face downwards, lying flat, prostrate
3) *haggard*: having a worn or gaunt appearance as a result of fatigue, privation, worry, old age, etc.
4) *tarnish*: lose lustre by surface oxidation, become discoloured
5) *garnish*: decorate, embellish, (廢) dress elegantly; (廢) adorn with a commendable or excellent quality
6) *hale*: healthy, 강건한 (robust, vigorous)
7) *statute*: a law or decree made by a monarch or legislative authority
8) *regard*: pay attention to, take notice of, have an interest in
9) *sweeten*: make fresh or wholesome; relieve, comfort, soothe
10) *dust*: a dead person's remains
11) *nard*: 감송고(甘松膏) (fragrant ointment much prized by the ancients)

3

옛날 왕들을 위해 상인은
  인도양에서 진주를 땄고,
지상의 나라들을 다 합쳐도
  이들보다 다이아몬드가 적었다.

납작 엎드린 수척한 백성들은
  그들의 벼락이 치는 것을 보았고,
왕권에 휘둘린 세상은
  사방에서 시나이 산처럼 비틀거렸다.

그러나 이제 그들의 동전은 녹슬었고,
  그들의 탑은 무너져 내렸으며,
그들의 왕국은 그들보다 더 강건한 왕을 위해
  깨끗이 청소하고 몸단장을 하고 있다.

그들의 무기는 녹이 슬었고,
  그들의 법은 아무도 지키지 않는다:
감송고(甘松膏)가 아무리 많아도, 아라비아는
  그들의 유골을 되살려내지 못하리라.

They cease from long vexation[1]),
  Their nights, their days are done,
The pale, the perished nation
  That never see the sun;

From the old deep-dusted annals
  The years erase their tale,
And round them race the channels[2])
  That take no second sail.

---

1) *vexation*: the state of being vexed; grief, 번뇌 (affliction)
2) *channel*: 수로, 항로, 해협 (piece of water wider than a strait, joining two larger seas)

그들은 오랜 번뇌(煩惱)를 그쳤고,
　그들의 밤과 낮은 끝났다,
다시는 태양을 볼 수 없는
　그 창백한, 사라진 나라는;

오래 먼지가 쌓인 연대기(年代記)에서
　세월은 그들의 이야기를 지워버렸고,
그들 주위엔 그들이 다시는 배를 띄울 수 없는
　물길이 흐르고 있다.

해설

권력 무상(無常)을 주제로 한 작품이다. 어리석은 인간들이 인생의 목표로 추구하는 권력과 재물은 덧없는 것이다. 금은보화로 호화로운 생활을 누리고 무소불위의 권력으로 백성을 호령하던 왕들도 죽으면 한 줌 흙으로 돌아간다. 어떤 명약으로도 그들의 유골을 되살려내지는 못한다. 그들이 남의 나라를 정복할 때 사용했던 무기와 그들이 사용했던 동전은 녹슬어 있고, 그들의 법은 지키는 이 없다. 그들이 다스리던 나라는 멸망했고, 세월이 흘러 그들의 이야기는 "먼지가 쌓인 연대기"에서 지워져버렸다.

IV
The Sage to the Young Man

O youth whose heart is right[1],
  Whose loins are girt[2] to gain[3]
The hell-defended[4] height
  Where Virtue beckons plain[5];

Who seest the stark[6] array[7]
  And hast not stayed[8] to count
But singly[9] wilt assay
  The many-cannoned mount:

Well is thy war begun;
  Endure, be strong and strive[10];
But think not, O my son,
  To save[11] thy soul alive.

Wilt thou be true and just
  And clean and kind and brave?
Well; but for all thou dost,
  Be sure it shall not save.

---

1) *right*: upright, righteous; morally correct; healthy, normal, sound
2) *gird (up) one's loins*: prepare for journey or efforts; (聖) "And the hand of the Lord was on Elijah; and he girded up his loins, and ran before Ahab to the entrance of Jezreel." (여호아의 능력이 엘리야에게 임하매 저가 허리를 동이고 이스라엘로 들어가는 곳까지 아합앞에서 달려갔더라) (1King 18:46)
3) *gain*: acquire or win (land, a victory, etc. as the result of a battle
4) *hell-defended*: defended by hell; protected against hell (?)
5) *plain*: clearly, distinctly
6) *stark*: strong, powerful
7) array: 군대(a military force), (군대의) 배치(arrangement in martial order, orderly disposition)
8) *stay*: stop or pause so as to do something
9) *singly*: 단독으로(as a single person, independently)
10) *strive*: (폐) contend(fight) in arms
11) *save*: deliver (the soul) from sin and its consequences; preserve from damnation

4. 현자(賢者)가 청년에게

마음씨가 곧은 청년아,
미덕이 분명하게 손짓하여 부르는
지옥이 지키는 고지를 탈환하기 위해
허리를 동이고 준비하고 있고,

강한 군대를 보고도 걸음을 멈추어
적군의 수를 세지 않고
단신으로 수많은 대포가 포진된
고지를 공격하려 하는 청년아,

그대 전투를 잘 시작하였도다;
견디어라, 강해져라, 그리고 싸워라;
그러나 오 젊은이, 그대 영혼을
살아서 구하려는 생각은 하지 마라.

그대 진실하고 의롭고 깨끗하고
친절하고 용감하게 싸우려느냐?
좋다; 그러나 아무리 애써도,
목숨을 구하지 못한다는 것을 알아라.

Thou, when the night falls deep,
  Thou, though the mount be won,
High heart, thou shalt but sleep
  The sleep denied to none[1].

Others, or ever thou,
  To scale[2] those heights were sworn[3];
And some achieved[4], but now
  They never see the morn.

How shouldst thou keep the prize[5]?
  Thou wast not born for aye[6].
Content thee if thine eyes
  Behold it in thy day.

O youth that wilt attain[7],
  On[8], for thine hour is short.
It may be thou shalt gain
  The hell-defended fort.

---

1) *denied to none*: given to everybody
2) *scale*: attack with scaling-ladders; reach the top of, climb up to
3) *swear*: cause to take an oath, bind by an oath
4) *achieve*: be successful, attain a desired end; succeed in gaining
5) *prize*: 전리품 (something seized by force in war); booty, plunder; property seized in war
6) *aye*: ever
7) *attain*: achieve (an end or purpose)
8) *on*: go on, come on; Cf. Stanley, on!

그대, 어둠이 짙게 내릴 때,
　그대, 고지를 탈환해도,
숭고한 사람아, 그대는 모든 인간에게
　주어진 잠을 자게 되리라.

다른 사람들이, 혹은 그대가
　고지를 공격하기로 맹세를 했고,
더러는 목표를 달성했으나, 지금
　그들은 아침을 보지 못한다.

그대 어떻게 전리품을 지키려 하느냐?
　그대는 영원히 살도록 태어나지 않았다.
그대 살아 있는 동안 그대 눈으로
　그 전리품을 본다면 그것으로 만족하라.

오, 목표를 달성하려는 젊은이여,
　전진하라, 그대 시간은 짧으니.
어쩌면 그대는 지옥이 지키는 요새를
　점령할 수도 있으리라.

해설

인생을 악에 맞서 싸우는 전투에 비유한 작품이다. 세상은 악이 지배하고 있고, 선(善)은 "지옥이 지키는 고지"로 쫓겨나서 악에 포위되어 있다. 그 고지에서 "미덕"은 젊은이더러 공격하라고 손짓하여 부르고 있다. 이 시는 이와 같은 인생에 관하여 현자(賢者)가 마음씨 곧은 청년에게 충고하는 내용으로 되어 있다. 현자는 압도적인 적의 수를 두려워하지 않고 단신으로 공격하려 하는 청년에게 목숨을 구걸하지 말고 용감하게 싸우라고 말한다. 용감하게 싸우면 "지옥이 지키는 요새"를 탈환할 수 있을 것이다. 그러나 인생은 짧기 때문에, 즉 "그대는 영원히 살도록 태어나지 않았기" 때문에 "전리품" 즉 탈환한 고지를 영원히 지킬 수는 없을 것이다. 사람은 누구나 "어둠이 짙게 내릴 때" "모두에게 주어진 잠을" 자야 한다. 악이 지배하는 지옥과 같은 세상에서 한 개인이 악에 맞서 싸워 선한 세상을 만든다는 것은 거의 불가능한 일일지도 모른다. 그러나 이처럼 무모한 싸움을 하는 젊은이들의 희생이 있어왔기 때문에 이 세상은 유지되고 있는 것이다. 이 시에서 현자는 청년에게 비록 그의 "전리품"을 영원히 지키지 못한다 해도 살아 있는 동안 그것을 보는데 만족하라고 말한다. (1890년 작; 1916년 4월 Edwardian紙에 발표)

V
Diffugere Nives

Horace, *Odes* IV, 7

The snows are fled away, leaves on the shaws[1)]
  And grasses in the mead renew their birth,
The river to the river-bed withdraws,
  And altered is the fashion of the earth.

The Nymphs[2)] and Graces[3)] three put off[4)] their fear
  And unapparelled[5)] in the woodland play.
The swift hour and the brief prime of the year
  Say to the soul, *Thou wast not born for aye.*

Thaw[6)] follows frost; hard on the heel of spring
  Treads summer sure to die, for hard on hers
Comes autumn, with his apples scattering;
  Then back to wintertide, when nothing stirs.

But oh, whate'er the sky-led seasons mar,
  Moon upon moon rebuilds it with her beams:
Come we where Tullus[7)] and where Ancus[8)] are,
  And good Aeneas[9)], we are dust and dreams.

---

1) *shaw*: a thicket, a small wood
2) *nymph*: any of a class of semi-divine spirits regarded as maidens inhabiting the sea, rivers, hills, woods and trees
3) *three Graces*: 미의 여신들 (one of the three beautiful sister-goddesses, Alglaia[brilliance], Thalia[bloom], and Euphrosyne[joy], regarded as bestowers of beauty and charm)
4) *put off*: evade, dismiss, dispense with, put out of one's mind
5) *unapparelled*: unclothed
6) *thaw*: 해빙 (thawing); warmth of weather that thaws
7) *Tullus*: Tullus Hostilius (r. 673 BC – 641 BC) was the third of the legendary Kings of Rome. He succeeded Numa Pompilius, and was succeeded by Ancus Marcius.
8) *Ancus*: [로마 전설] Ancus Marcius (앙쿠스 마르키우스 왕); 그의 제위 중에 Tiber 강 최초의 다리가 건설 된 것으로 알려져 있다.
9) *Aeneas*: [그리스 신화] 이니어스(아에네아스): Troy의 용사; Anchises와 Aphrodite 사이의 아들; 로마 건국의 시조가 되었다고 전해진다.

5. 눈은 녹아 사라지고

논은 녹아 사라지고, 숲의 잎사귀들과
　초원의 풀들은 다시 돋아나고,
강물은 강바닥으로 스며들고,
　대지의 모습은 변화한다.

요정들과 미의 여신들은 두려움을 떨치고
　옷을 벗은 채 숲속에서 노닌다.
빠른 시간과 한 해의 짧은 봄은 영혼에게 말한다:
　“그대는 영원히 살도록 태어나지 않았다.”

서리 다음에 해빙이 온다; 봄에 바로 뒤이어
　들림 없이 지나갈 여름이 온다, 여름에 뒤이어
가을이 오고, 사과가 나무에서 떨어진다;
　그 다음 만물이 움직이지 않는 겨울철이 온다.

그러나 오, 아무리 하늘이 이끄는 계절이 망가뜨려도,
　매번 새 달이 그 빛으로 다시 세운다:
툴루스와 앙쿠스가 그리고 선량한 이니어스가
　있는 곳으로 가자, 우리는 한낱 흙이요 꿈이다.

Torquatus[1], if the gods in heaven shall add
  The morrow to the day, what tongue has told?
Feast[2] then thy heart, for what thy heart has had
  The fingers of no heir will ever hold.

When thou descendest once the shades among,
  The stern assize[3] and equal judgment o'er,
Not thy long lineage[4] nor thy golden tongue,
  No, nor thy righteousness, shall friend[5] thee more.

Night holds Hippolytus[6] the pure of stain,
  Diana[7] steads[8] him nothing, he must stay;
And Theseus[9] leaves Pirithoüs[10] in the chain
  The love of comrades cannot take away.

---

1) *Torquatus*: 성 톨콰투스(Saint Torquatus): 스페인 Guadix의 수호성인; 로마에서 베드로와 바울에게서 성직 수임을 받고 스페인에서 복음을 전한 일곱 사도 중의 한 사람

2) *feast*: provide a feast for; (폐) enjoy oneself; regale, gratify

3) *assize*: 순회재판, 순회재판 개정기(지) (periodical session in each county of England and Wales for administration of civil and criminal justice)

4) *lineage*: 혈통, 계통 (lineal descent from an ancestor); 조상들 (ancestors collectively); 자손들 (descendants of a specified ancestor collectively); a tribe, a clan

5) *friend*: act as a friend to; befriend; help

6) *Hippolytus*: 히폴리투스 (Theseus의 아들; 계모인 Phaedra의 유혹을 거절하자 모함에 빠져 Poseidon에 의해 살해됨)

7) *Diana*: 달의 여신; 달

8) *stead*: help, render service to

9) *Theseus*: [그 神]테세우스 (괴물 Minotaur를 퇴치한 영웅; Athens의 왕)

10) *Pirithoüs*: 피리토우스 (Thessaly의 Lapithae족의 왕; Theseus의 친구로 그와 함께 저승의 여왕 Persephone를 유괴하려 했으나 실패했다.)

톨콰투스야, 만약 하늘의 신들이 내일도
  아침을 준다면 하고 어느 혀가 말했는가?
그럼 마음껏 즐겨라, 그대 마음이 누린 것을
  어느 자손의 손도 지키지 못하리니.

그대가 일단 하계로 내려가서,
  엄격한 순회재판과 평등한 심판이 끝나면,
그대의 긴 혈통도, 그대의 황금 혀도, 아니,
  그대의 정의로움도 더 이상 그대를 돕지 못하리라.

밤이 흠 없이 순결한 히폴리투스를 붙들고,
  다이아나도 그를 돕지 않는다, 그는 머물어야 한다;
그리고 테세우스는 벗들의 우정으로도 벗길 수 없는
  사슬에 묶인 피리토우스를 두고 가버린다.

해설

로마 시인 호라티우스(Horace: 65-8 B.C.)의 Odes 제4권 제7번을 영역한 것이다. 계절은 영원하나 인생은 유한하다. 겨울이 가면 반드시 봄이 오지만, 인생의 봄은 영원히 다시 오지 않는다. "그대는 영원히 살도록 태어나지 않았다." 하우스만은 이 시집 제4번 작품에서 호라티우스의 이 구절을 인용하였다. "우리는 한낱 흙이요 꿈이다." 위세를 떨치던 로마의 제왕들도 모두 죽어 땅속에 묻혀 있다. 일단 죽고 나면 "혈통"도 "황금 혀"도 "정의로움"도 아무 소용이 없다. 그러므로 살아 있는 동안 최선을 다해야 한다.

VI

I to my perils
  Of cheat[1]) and charmer[2])
  Came clad in armour
    By stars benign[3]).
Hope lies to mortals
  And most believe her
  But man's deceiver
    Was never mine[4]).

The thoughts of others
  Were light and fleeting[5]),
  Of lovers' meeting
    Or luck or fame.
Mine[6]) were of trouble[7]),
  And mine were steady[8]),
  So I was ready
    When trouble came.

---

1) *cheat*: 사기꾼, 협잡꾼 (a person who cheats, a deceiver, an imposter, a swindler)
2) *charmer*: 마법사, 요술쟁이 (enchanter), 요염한 여자 (a particularly attractive person)
3) *benign*: 자비로운(gracious), 상서로운, 길조의(fortunate), 유익한(salutary)
4) *mine*: my deceiver
5) *fleeting*: 덧없는(transient), not permanent or enduring
6) *mine*: my thoughts
7) *trouble*: worry, vexation, affliction
8) *steady*: 한결같은(persistent, unwavering), 변함없는(not changing)

6

나는 상서로운 별빛으로
  갑옷을 입고
  위험한 사기꾼과
    요부에게로 다가갔다.
희망은 인간들에게 거짓말을 한다,
  사람들은 대부분 희망을 믿지만,
  희망은 인간은 속여도
    나를 속이지는 못했다.

다른 사람들의 생각은
  가볍고 덧없는 것이었다,
  그들은 연인들의 만남이나
    행운이나 명예를 생각했다.
나는 고뇌를 생각했다,
  그리고 내 생각은 한결같았다,
  그래서 나는 고뇌가 다가올 때
    마음의 준비가 되어 있었다.

해설

하우스만은 항상 최악의 가능성에 대비하라고 말한다. 그는 "좋은 일보다 나쁜 일에 대비하라"고 충고한 바 있다(『슈롭셔의 청년』 62). 이 작품에서 그는 희망을 "사기꾼과 요부"에 비유하고 있다. 희망은 가진 만큼 절망으로 되돌아온다. 사람들은 흔히 사랑, 행운, 명예 등에 희망을 걸어보지만, 소망한 것이 이루어지지 않을 때에는 더 큰 절망에 빠지고 만다. 그러나 인생은 어차피 고해(苦海)라고 생각하고 살아간다면 실망할 일이 별로 없을 것이다. 만약 우리가 사기꾼인 줄 알고 사기꾼에게 다가가면 사기 당할 일이 없을 것이며, 요부인 줄 알고 요부를 만나면 유혹을 피할 수 있을 것이다. 이러한 생각이 하우스만의 염세주의의 본질이다.

VII

Stars, I have seen them fall,
  But when they drop and die
No star is lost at all
  From all the star-sown[1] sky.
The toil[2] of all that be
  Helps[3] not the primal fault[4];
It rains into the sea,
  And still the sea is salt.

---

1) *star-sown*: star-spangled; *sow*=scatter, sprinkle
2) *toil*: hard or prolonged labour which is mentally or physically taxing
3) *help*: (古) remedy, amend; cure (a disease)
4) *fault*: 실수, 잘못, 과오(error, mistake); 죄(transgression, offence); the primal fault: 원죄(原罪) (original sin)

7

나는 별들이 떨어지는 것을 보았지만,
　그들이 떨어져 죽어도
별들이 흩뿌려진 하늘에서는
　어느 별도 사라지지 않는다.
존재하는 만물의 노역(勞役)은
　최초의 실수를 바로잡지 못한다.
바다에 비가 내리지만,
　바닷물은 여전히 짜다.

✣해설✣

인간의 원죄(原罪)를 다룬 작품이다. "최초의 실수"는 아무리 노력해도 바로잡을 수가 없다. 인간의 원죄는 아무리 씻으려고 노력해도 씻어지지 않는다. 이것은 밤하늘에 유성(流星)이 아무리 많이 떨어져도 별의 숫자는 줄어들지 않는 것이나, 바다에 비가 아무리 많이 내려도 바닷물은 여전히 짠 것과 같다. "떨어지다"라는 의미의 동사 "fall"은 "타락" 또는 "원죄"의 의미를 함축하고 있다.

VIII

Give me a land of boughs in leaf,
  A land of trees that stand;
Where trees are fallen, there is grief;
  I love no leafless land.

Alas, the country[1] whence I fare[2],
  It is where I would stay;
And where I would not, it is there
  That I shall be for aye.

And one remembers and forgets
  But 'tis not found again,
Not though they hale[3] in crimsoned[4] nets
  The sunset[5] from the main.

---

1) *country*: land, territory; the land of one's birth, citizenship, residence, etc.; one's native land
2) *fare*: (폐) go, move; (古) depart, set out
3) *hale*: draw forcibly
4) *crimsoned*: 진홍색으로 물들인; crimson=make crimson
5) *sunset*: the coloured sky associated with sunset;

8

잎이 핀 나뭇가지가 있는 땅을,
  나무들이 서 있는 땅을 내게 다오;
나무가 쓰러진 곳엔 슬픔이 있다;
  나는 잎이 없는 땅을 사랑하지 않는다.

아 슬프다, 내가 떠나는 고향은
  내가 머물고 싶은 곳이어라;
그리고 나는 머물고 싶지 않은 곳에,
  그곳에 영원히 머물게 되리라.

그리고 사람들은 기억하곤 잊어버린다,
  진홍색 그물로 바다에서
노을빛을 건져 올린다 해도,
  다시는 그 기억을 찾지 못한다,

해설

실향(失鄕) 의식을 다룬 작품이다. 이 민요조(民謠調)의 시에는 너무나 아름답고도 슬픈 고향의 서정과 향수가 묻어 있다. 고향은 "잎이 핀 나뭇가지가 있는 땅"이다. 화자는 잎이 없는 땅을 사랑하지 않는다고 말한다. 잎이 없는 곳은 타향이다. 그는 오래 머물고 싶은 고향을 떠나서 머물고 싶지 않은 타향에서 영원히 머물어야 하는 신세를 한탄하며 서러워한다. 우리는 잎이 없는 삭막한 타향 땅에서 살아가는 동안 고향에 대한 기억조차 잊어버린다. 그리고 바닷물에 잠긴 노을빛을 "진홍색 그물"로 건져 올릴 수 없듯이, 한번 잃어버린 고향의 기억은 다시는 찾지 못한다.

IX

When green buds[1] hang in the elm like dust
  And sprinkle the lime[2] like rain,
Forth I wander[3], forth I must,
  And drink of life again.
Forth I must by hedgerow bowers
  To look at the leaves uncurled[4],
And stand in the fields where cuckoo-flowers[5]
  Are lying about the world.

---

1) *bud*: a rudiment of shoot, foliage, or flower; leaf or flower not fully open
2) *lime*: 석회 (the alkaline earth; the brittle caustic solid which is obtained by heating limestone)
3) *wander*: go aimlessly; go from place to place without destination
4) *uncurl*: unfold from a curled form
5) *cuckoo-flower*: 황새냉이(a cruciferous plant with small pink flowers)

9

느릅나무에 초록 새싹이 먼지처럼 달리고
  흰 가루를 비처럼 뿌릴 때,
나는 집을 나선다, 나가야 한다,
  그리고 생명을 다시 마셔야 한다.
나는 생 울타리 나무그늘을 지나
  잎이 피어나는 것을 보고,
황새냉이들이 세상에 여기 저기 널려 있는
  들판에 서 있어야 한다.

✣해설✣

하우스만에게 있어서 초록의 잎은 고향이요 생명이다. 화자는 느릅나무에 새싹이 돋아나고, 생 울타리에 잎이 피고, 들판에 황새냉이가 돋을 때 "생명을 다시 마시러" 길을 떠난다. 봄마다 자연은 초록 잎으로 소생하지만 인간의 봄은 일회적이다. 인간은 자연의 소생을 보고 생명의 소중함을 느끼고 새로운 힘을 얻는다.

X

The weeping Pleiads[1] wester[2],
  And the moon is under sea;
From bourn[3] to bourn of midnight
  Far sighs the rainy breeze.

It sighs from a lost country
  To a land I have not known;
The weeping Pleiads wester,
  And I lie down alone.

1) *Pleiads*: Pleiades: Atlas의 일곱 딸들 (Alcyone, Celaeno, Electra, Maia, Merope, Sterope[Asterope], Taygeta); Orion에게 쫓겨 별이 되어다 함; 그중 Merope는 인간을 사랑한 것을 부끄럽게 여겨 종적을 감추었으므로 the Lost Pleiad라 불림. 플레아데스 성단(星團), 황소좌(Taurus); a brilliant group of (usu. seven) persons or things; a group of poets

2) *wester*: 서쪽으로 움직이다 (travel westward)

3) *bourn*: boundary, limit; realm, domain

10

울고 있는 황소좌는 서쪽으로 지고,
  달은 바다 밑에 있다;
한밤에 이 땅에서 저 땅으로
  멀리서 비바람이 한숨짓는다.

바람은 잃어버린 고향으로부터
  내가 알지 못하는 땅으로 분다;
울고 있는 황소좌는 서쪽으로 지고,
  나는 홀로 자리에 눕는다.

해설

향수(鄕愁)와 실향의식을 다룬 작품이다. 황소좌가 지고 달도 없는 캄캄한 밤에 바람은 "잃어버린 고향"에서 불어온다. 그 바람이 가는 곳은 미지의 땅이다. 왜 하고 많은 별들 중에서 "황소좌(the Pleiads)"일까? 플레이아데스는 수백 개의 별들로 이루어진 성단(星團)인데, 그 중 일곱 개만 육안으로 볼 수 있다. 그리스 신화에서 플레이아데스는 아틀라스의 일곱 딸인데, 사냥꾼 오리온(Orion)의 추격을 피하기 위해 별이 되었다고 한다. 이것은 또한 르네상스 시대 프랑스 시단을 대표하는 7인의 젊은 시인들(七星派)을 의미하기도 하며, 일반적으로는 '별처럼 빛나는 일곱 사람들'의 의미로 사용되기도 한다. 이 시에서 하우스만은 그리스 신화의 이야기처럼 고향의 젊은이들도 죽어서 별이 되었을 것이라 생각하며 이 말을 사용하였을 것이라 짐작해 볼 수 있다. 그리고 바람이 "한숨짓고" 별들이 "울고 있는" 것처럼 보이는 것은 실향의 슬픔 때문일 것이다.

XI

The rainy Pleiads wester,
  Orion[1] plunges prone[2],
The stroke of midnight ceases,
  And I lie down alone.

The rainy Pleiads wester
  And seek beyond the sea
The head that I shall dream of,
  And 'twill not dream of me.

---

1) *Orion*: Boeotia의 거대한 사냥꾼; Pleiades를 쫓아가다가 Artemis에게 피살됨. 죽어서 하늘에 올라 북천(北天)의 성좌가 되었다 함. brilliant constellation on equator, figured as a hunter with belt and sword

2) *prone*: headlong

11

비에 젖은 황소좌는 서쪽으로 지고,
  오리온은 물속에 뛰어든다,
자정을 알리는 종소리 그치고,
  나는 홀로 자리에 눕는다.

비에 젖은 황소좌는 서쪽으로 가서
  내가 꿈에 볼 그 사람을
바다 너머에서 찾는다, 그리고
  그 사람은 나를 꿈에 그리지 않으리라.

해설

이 시집 10번 작품과 동일한 주제를 다룬 시이다. 별이 지고 자정이 되자 화자는 홀로 자리에 누워 꿈속에서 그리운 사람을 만날 생각을 한다. 죽은 다음 영혼이 사는 나라는 "바다 너머에" 있고, 그곳에선 죽어서 별이 된 고향의 벗들이 서로 만날 것이다. 어쩌면 그들은 화자를 그리워하지 않을 지도 모른다. 사냥꾼 오리온(Orion)은 플레이아데스를 쫓다가 미녀 사냥꾼 아르테미스에게 살해되어 별이 되었다고 한다.

XII

I promise nothing: friends will part;
  All things may end, for all began;
And truth and singleness[1] of heart
  Are mortal even as is man.

But this unlucky love should last
  When answered passions[2] thin[3] to air;
Eternal fate so deep has cast[4]
  Its sure foundation of despair.

---

1) *singleness*: sincerity, honesty, straightforwardness
2) *answered passions*: 이루어진 사랑; 주고받은 사랑의 열정; *answer*=satisfy or fulfil (wishes, hopes, expectations); *passion*=sexual love, strong emotion, strong enthusiasm
3) *thin*: become thin or thinner, decrease in thickness
4) *cast*: 주조하다, 세우다, 만들다 (arrange, shape, found)

12

나는 약속을 하지 않는다: 벗들은 헤어지게 마련이다;
  만물은 시작되었으니 끝이 있으리라;
그리고 마음의 진실과 정직도
  인간처럼 무상(無常)하다.

그러나 주고받은 사랑의 열정이 식어도,
  이 불운한 사랑은 지속되리라;
영원한 운명은 깊은 곳에
  확고한 절망의 토대를 마련해 놓았다.

해설

인생무상(人生無常)을 주제로 한 작품이다. 회자정리(會者定離)요 생자필멸(生者必滅)이다. 벗들은 만나면 반드시 헤어지고, 만물은 시작이 있으면 반드시 끝이 있게 마련이다, 서로 주고받은 사랑의 열정도 반드시 식는다. 열정이 식은 다음에도 지속되는 사랑은 "불운한 사랑"이다. 이처럼 인생은 절망하도록 운명 지워져 있기 때문에, 화자는 어떠한 약속도 하지 않는다고 말한다.

XIII

I lay me down and slumber
  And every morn revive[1].
Whose is the night-long breathing
  That keeps a man alive?

When I was off to dreamland
  And left my limbs forgot,
Who stayed at home to mind them,
  And breathed when I did not?

. . . . .

—I waste my time in talking,
  No heed at all takes he,
My kind and foolish comrade
  That breathes all night for me.

---

1) *revive*: come back to life, live again

13

나는 자리에 누워 잠을 자고
　매일 아침 다시 살아난다.
밤새도록 숨을 쉬어 한 인간의 생명을
　유지하는 호흡은 누구의 것인가?

내가 육신을 잊어버리고
　꿈나라로 떠났을 때,
누가 집에 남아 내 육신을 기억하고
　내가 숨 쉬지 않을 때 숨을 쉬었는가?

—나는 이야기하느라 시간을 낭비하지만,
　그는 전혀 관심을 보이지 않는다,
밤새도록 나를 대신해 숨을 쉬어준
　내 친절하고 어리석은 친구는.

해설

우리가 잠들어 있는 동안 영혼은 육신을 떠나 꿈나라로 간다. 내가 꿈나라를 헤매고 있는 동안 누가 나대신 숨을 쉬어주는가? 영혼이 육신을 영원히 떠나는 것을 죽음이라 부른다. 그렇다면 잠은 죽음의 연습이다. 우리는 밤마다 죽었다가 아침에 부활하는 죽음의 연습을 반복한다. 그러다가 결국 영원히 잠든다.

XIV

The farms of home lie lost[1] in even[2],
  I see far off the steeple stand;
West and away from here to heaven
  Still[3] is the land.

There if I go no girl will greet[4] me,
  No comrade hollo[5] from the hill,
No dog run down the yard to meet me:
  The land is still.

The land is still by farm and steeple,
  And still[6] for me the land may stay:
There I was friends with perished people,
  And there lie they.

---

1) *lost*: hidden from view, obscured
2) *even*: the process or fact of dusk falling
3) *still*: motionless, not or hardly moving; with little or no sound, silent, quiet, calm
4) *greet*: receive or meet with demonstrations of welcome
5) *hollo*: shout, call to
6) *still*: even now as formerly; silently, quietly

14

고향의 농가들은 어둠에 잠겨 있고,
　멀리 첨탑이 서있는 것이 보인다;
여기서 하늘로 향하여 멀리 떨어진 서쪽에서
　땅은 고요하다.

내가 가도 그곳에선 어느 처녀도 나를 맞아주지 않으리라,
　어느 친구도 산에서 소리쳐 나를 부르지 않을 것이며,
어느 개도 뜰에서 달려 나와 나를 마중하지 않으리라:
　땅은 고요하다.

농가와 첨탑 옆에도 땅은 고요하다,
　그리고 땅은 조용히 나를 기다리리라:
그곳에서 나는 사라진 사람들을 벗 삼았고,
　그곳에 벗들은 누워 있다.

해설

고향에 대한 향수를 읊은 시이다. 화자가 떠나온 고향은 서쪽에 있고, 지난 날 같이 놀던 동무들은 죽어 고향땅에 묻혀 있다. 지금 고향에 돌아가도 그를 반갑게 맞아줄 애인이나 친구나 심지어 개조차도 없다. 그의 고향은 잊혀진 땅이다. 그가 상실한 고향은 말없이 고요하기만 하다. 시인은 상실감을 장조하기 위해 "The land is still"이라는 구절을 세 번 반복하고 있다. 그는 또한 약강4보격으로 된 4행시의 율격에서 각 연의 넷째 줄을 2보격으로 줄임으로써 상실한 고향의 적막감을 효과적으로 표현하고 있다.

XV

Tarry, delight, so seldom met,
  So sure to perish, tarry still;
Forbear to cease or languish[1] yet,
  Though soon you must and will.

By Sestos[2] town, in Hero's[3] tower,
  On Hero's heart Leander lies;
The signal torch has burned its hour
  And sputters as it dies.

Beneath him, in the nighted firth[4],
  Between two continents complain[5]
The seas he swam from earth to earth
  And he must swim again.

---

1) *languish*: grow feeble, lose vitality
2) *Sestos*: 세스토스, 고대 Thrace의 도시 (Hellespont 해협을 사이에 끼고 Abydos의 반대편 해안에 위치)
3) *Hero*: 헤로; 사랑과 미의 여신 아프로디테(Aphrodite)를 섬긴 여 사제
4) *firth*: 강어귀, 후미 (estuary)
5) *complain*: emit a mournful sound, groan

15

기쁨이여, 머물어라, 만나기 어렵고,
　틀림없이 사라지는 기쁨이여, 조용히 머물어라;
아직 그치거나 약해지지 마라,
　비록 곧 그래야 하고 또 그렇게 될지라도.

세스토스 마을에 있는 헤로의 탑 속에서
　레안드로스는 헤로의 가슴 위에 누워 있다;
횃불은 주어진 시간을 태우고 나서
　탁탁 소리를 내며 꺼진다.

그의 밑에, 밤의 어둠에 덮인 후미에서는
　그가 헤엄쳐 건너온 바다가
두 대륙 사이에서 신음하고 있고
　그는 또다시 헤엄쳐야 한다.

✣해설✣

그리스 신화에서 헤로는 사랑과 미의 여신 아프로디테(Aphrodite)의 여사제로서 세스토스(Sestos)의 탑 속에 살고 있으며, 레안드로스는 헬레스폰트(오늘날의 Dardanelles 해협)의 반대편에 있는 아비도스(Abydos)의 청년이다. 레안드로스는 헤로를 사랑하게 되어 매일 밤 헬레스폰트를 헤엄쳐 건너가서 헤로를 만난다. 헤로는 탑 위에서 횃불을 밝혀 그가 헤엄쳐오는 길을 안내한다. 이러한 일상은 여름내 계속된다. 그러나 폭풍이 휘몰아치는 어느 겨울밤 바람에 횃불이 꺼지고 레안드로스가 파도에 휩쓸려 익사하자 헤로도 탑에서 뛰어내려 자살한다(Hamilton 293).

하우스만은 이 시에서 헤로(Hero)와 레안드로스(Leander)의 이야기 중 사랑의 절정 부분만을 극화(劇化)하고 있다. 제1연에서 화자는 사랑의 기쁨이 영원히 머물기를 기원한다. 제2연은 레안드로스와 헤로가 만나 뜨거운 사랑을 나누는 장면을 보여준다. 그들의 사랑은 횃불이 타는 동안 지속된다. 마지막 연은 레안드로스가 해협을 "또다시 헤엄쳐 건너야 한다"는 말로 끝맺음으로써 그들의 사랑이 영원히 지속될 것 같은 느낌을 준다. 그러나 화자는 사랑의 기쁨이 매우 귀하고 얻기 어려운 반면 오래 지속되지 못하고 반드시 사라지게 마련임을 익히 알고 있다. 이처럼 화자의 소망과 현실 인식의 차이에서 오는 긴장상태는 이 시에 극적 아이러니를 만들어낸다. 오늘도 레안드로스는 사랑을 나누고 해협을 헤엄쳐 건너겠지만 촛불이 꺼지듯이 그들의 사랑도 곧 끝날 것이다.

XVI

How clear, how lovely bright,
How beautiful to sight
    Those beams of morning play[1];
How heaven laughs out with glee
Where, like a bird set free,
Up from the eastern sea
    Soars the delightful day[2].

To-day I shall be strong,
No more shall yield to wrong,
    Shall squander life no more;
Days lost[3], I know not how,
I shall retrieve[4] them now;
Now I shall keep the vow
    I never kept before.

Ensanguining[5] the skies
How heavily[6] it dies
    Into the west away;
Past touch and sight and sound
Not further to be found,
How hopeless under ground
    Falls the remorseful day.

---

1) *play*: move lightly or briskly; flutter, flicker, glitter, ripple
2) *day*: sunlight, daylight,
3) *lose*: perish, be missing
4) *retrieve*: recover, bring back, revive
5) *ensanguine*: stain with blood, make bloody
6) *heavily*: with sorrow, grief, or displeasure

16

너무나 맑게, 너무나 아름답고 밝게,
보기에 너무나 아름답게,
　　저 아침 햇빛이 빛나고 있다
자유롭게 풀려난 새처럼,
즐거운 햇빛이 동쪽 바다에서
솟아오르는 곳에서, 하늘이
　　환희에 겨워 웃고 있다.

오늘 나는 강해지리라,
더 이상 악에 굴복하지 않고,
　　인생을 더 이상 낭비하지 않으리라;
세월이 어떻게 사라졌는지 나는 모른다,
나는 이제 잃어버린 날들을 되찾으리라;
이제 나는 전에 지키지 못한
　　약속을 지키리라.

하늘을 피로 물들이며
하루해는 너무나 슬프게
　　서쪽으로 사라진다;
더 이상 찾을 길 없는
감촉과 모습과 소리를 지나,
후회스러운 하루해는 너무나
　　절망적으로 땅속으로 진다.

✣해설✣

인생은 후회와 절망의 연속이다. 아침마다 떠오르는 태양을 보면서 새로운 각오로 자신과의 약속을 지키겠다고 다짐하지만, 시간은 가차 없이 흐르고 저녁이면 또 다시 후회한다. 찬란한 일출을 보고 헛되이 낭비한 지난 세월을 후회하며 다시는 악에 굴하지 않고 더 이상 인생을 낭비하지 않으리라 다짐한다. 그러나 가차 없이 찾아오는 일몰을 보고 또 다시 후회하며 슬픔과 절망에 젖는다.

XVII

Bells in tower at evening toll,
And the day forsakes[1] the soul;
Soon will evening's self be gone
And the whispering[2] night come on.

Blame not thou the blinded[3] light
Nor the whisper of the night:
Though the whispering night were still,
Yet the heart would counsel[4] ill[5].

---

1) *forsake*: leave, withdraw from
2) *whispering*: 소곤거리는; whisper: (뜬소문, 중상, 음모를 넌지시 비치어) 소곤거리다 (speak privately or conspiratorially about a person or thing)
3) *blind*: deprive of light, darken, eclipse
4) *counsel*: give advice
5) *ill*: improperly, faultily, defectively

17

저녁에 종탑에서 종이 울리고,
낮은 영혼을 버리고 떠난다;
곧 저녁도 사라질 것이다
그리고 속삭이는 밤이 오리라.

그대 어둠에 가려진 빛과
밤의 속삭임을 탓하지 말라;
속삭이는 밤이 조용해진다 해도,
마음은 잘못된 충고를 하리라.

해설

인간의 마음은 참으로 간사하다. 저녁이면 어둠을 탓하고 밤이면 소곤대는 것이 못마땅해진다. 소곤대는 소리가 가라앉으면 또 다른 불평거리를 찾는다. 하우스만은 현실에 불만을 갖기보다는 슬프면 슬픈 대로 기쁘면 기쁜 대로 주어진 현실을 있는 그대로 받아들이라고 말한다. 마지막 행의 "잘못된 충고를 한다"는 말은 또 다른 것을 탓하게 된다는 의미이다.

XVIII

Delight it is in youth and May
  To see the morn arise,
And more delight to look all day
  A lover in the eyes.
Oh maiden, let your distaff[1] be,
And pace the flowery meads with me,
  And I will tell you lies.

'Tis blithe[2] to see the sunshine fail,
  And hear the land grow still
And listen till the nightingale
  Is heard beneath the hill.
Oh follow me where she is flown
Into the leafy woods alone,
  And I will work you ill.

---

1) *distaff*: 실패, 실톳대; 물레 가락; 물레질, 여자의 일(woman's work); the female line; the female sex

2) *blithe*: glad, joyous, merry, happy

18

젊은 날 오월에 아침 해가
떠오르는 것을 보는 일은 즐겁고,
온종일 연인의 눈을
들여다보는 일은 더 즐겁다.
오, 처녀야, 물레질을 계속하라,
그리고 나와 함께 꽃 핀 초원을 걸어라,
그러면 내가 그대에게 거짓말을 해주마.

햇빛이 이울어가는 것을 보고,
땅이 조용해지는 것에 귀 기울이고,
산기슭에서 나이팅게일의
노래를 듣는 일은 즐겁다.
오, 잎이 우거진 숲속으로 혼자서
나이팅게일이 날아간 곳으로 나를 따라오라,
그러면 내 그대를 해쳐주마.

해설

(하우스만은 이 시를 『최후 시집』에 수록하려다가 교정단계에 제외시켰다.)

XIX

The mill-stream, now that noises cease,
Is all that does not hold its peace[1];
Under the bridge it murmurs by,
And here are night and hell and I.

Who made the world I cannot tell;
'Tis made, and here I am in hell.
My hand, though now my knuckles bleed,
I never soiled[2] with such a deed[3].

And so, no doubt, in time gone by,
Some have suffered more than I,
Who only spend the night alone
And strike my fist upon the stone.

---

1) *peace*: freedom from disturbance or perturbation; quiet, tranquility
2) *soil*: defile, pollute with sin; make dirty
3) *such a deed*: 이러한 행위, 즉 지옥 같은 세상을 만든 행위

19

지금은 소음이 그치고, 적막을 깨는 것은
오직 물방아 도랑물 소리뿐이다;
도랑물은 다리 아래로 졸졸 흐른다,
그리고 여기 밤과 지옥과 내가 있다.

누가 세상을 만들었는지 나는 모른다;
세상은 만들어졌고, 나는 여기 지옥에 있다.
비록 지금은 내 손마디에 피가 흐르지만,
나는 그런 행위로 내 손을 더럽히지 않았다.

그러니, 확실히, 지나간 시간에,
누군가는 나보다 더 괴로웠으리라,
오직 밤을 홀로 보내며
주먹으로 바위를 치고 있는 나보다.

해설

염세주의를 주제로 한 작품이다. 세상은 캄캄한 방이요 지옥이다. 어느 고요한 밤에 화자는 이 지옥 같은 세상을 만든 조물주를 원망한다. 그는 홀로 밤을 지세며 주먹으로 바위를 치면서 괴로워한다. 혼자 주먹으로 바위를 쳐본들 손마디에 피만 흐를 뿐 세상은 조금도 달라지지 않는다. 그러나 그는 지난 날 자신보다 더 괴로워한 사람이 있었을 것이라 생각하며 스스로를 위로한다. 나보다 더 불행한 사람이 있으리라는 생각만이 지옥 같은 세상을 살아갈 수 있는 힘이 된다.

XX

Like mine, the veins of these that slumber
  Leapt once with dancing fires divine;
The blood of all this noteless[1] number[2]
  Ran red like mine.

How still, with every pulse in station,
  Frost in the founts that used to leap,
The put to death[3], the perished[4] nation,
  How sound they sleep!

These too, these veins which life convulses[5],
  Wait but a while, shall cease to bound[6];
I with the ice in all my pulses
  Shall sleep as sound[7].

---

1) *noteless*: 무명의, 이름 없는 (nameless, obscure, inglorious)
2) *number*: the aggregate or collection of persons or things specified
3) *the put to death*: 처형당한 사람(the persons who were put to death); *put to death*=처형하다 (execute)
4) *perished*: 멸망한; *perish*=(폐) put an end to, kill (a person, etc.); *be perished*=(稀) have perished
5) *convulse*: 진동시키다 (shake violently), agitate, 몸부림치게 하다 (throw into convulsions)
6) *bound*: spring, leap(=beat vigorously)
7) *sound*: soundly, safely,

20

내 혈관처럼, 잠자고 있는 이 사람들의 혈관도
한때는 춤추는 신성한 불로 뛰었다;
이 이름 없는 모든 사람의 피도
내 피처럼 붉게 흘렀다.

지금은 모든 맥박이 정지되어,
솟아오르던 샘에 내린 서리,
처형당한 사람, 멸망한 나라, 이 모두가
너무나 조용하게, 너무나 곤히 잠들어 있구나!

이들도, 생명이 고동치는 이 혈관들도
잠시 기다리다가 고동을 멈추리라;
나도 모든 맥박이 얼어붙어
그들처럼 깊이 잠들리라.

해설

죽음을 주제로 한 작품이다. 숙명적인 인간이 가진 공포 중에서 가장 큰 공포는 죽음에 대한 공포이다. 죽음은 심장의 고동과 피의 흐름이 멈춘 상태이다. 화자는 수많은 무명 인사들의 주검 앞에서 그들도 한때는 자신과 같이 혈관 속에 생명의 불이 타오르고 피가 뜨겁게 흘렀을 것이며, 머지않아 자신도 이들처럼 심장의 고동이 멈추고 영원히 잠들게 될 것이라 생각한다.

XXI

The world goes none the lamer[1)]
  For ought[2)] that I can see[3)],
Because this cursed trouble
  Has struck[4)] my days[5)] and me.

The stars of heaven are steady,
  The founded[6)] hills remain[7)],
Though I to earth and darkness
  Return in blood and pain.

Farewell to all belongings
  I won or bought or stole;
Farewell, my lusty[8)] carcase[9)],
  Farewell, my aery[10)] soul.

Oh worse[11)] remains[12)] for others
  And worse to fear had I
Than here at four-and-twenty
  To lay me down and die.

---

1) *lame*: crippled, disabled, weak; imperfect, defective, unsatisfactory
2) *ought*: aught, anything
3) *see*; (稀) experience, undergo, enjoy, suffer
4) *strike*: wound, attack, aim a blow at; bring suffering, sickness, or death on (a person), afflict suddenly and unexpectedly
5) *my days*: my lifetime; days=one's lifetime, period of prosperity, activity, or power
6) *founded*: 기초가 튼튼한 (established on a firm basis)
7) *remain*: be in the same place or condition during further time; continue to exist
8) *lusty*: 색욕으로 가득 찬 (full of sexual desire);건장한, 강건한 (healthy, strong, physically vigorous)
9) *carcase*: carcass; a human corpse, a dead body of an animal
10) *aery*: 공기 같은 (aerial), 무형의, 형체 없는 (incorporeal), 영묘한, 천상의 (ethereal)
11) worse: worse thing(s)
12) *remain*: wait (for), be left (for)

21

내가 어떤 일을 겪을 수 있다 해도
  세상은 그로 인해 더 나빠지지는 않는다,
왜냐하면 이 저주받은 고난(苦難)이
  내 인생과 나를 괴롭혀왔기 때문이다.

하늘의 별들은 변함이 없고,
  튼튼한 산들도 남아 있으리라,
비록 내가 고통 속에서 피 흘리며
  흙과 어둠으로 돌아간다 해도.

내가 얻었거나 샀거나 훔친
  모든 것들이여, 안녕;
잘 가라, 육욕으로 가득 찬 육신이여,
  잘 가라, 형체 없는 내 영혼이여.

오, 내 여기 스물 네 살의 나이에
  내 몸을 뉘어 죽는 것보다
더 나쁜 일들이 다른 사람들을 기다리고,
  그보다 더 두려운 일들이 내게도 있었느니.

해설

죽음을 주제로 한 작품이다. 죽음은 모아둔 재산과 "육욕으로 가득 찬 육신"과 "형체 없는 영혼"을 훌훌 털어버리고 "고통 속에서 피 흘리며 흙과 어둠으로 돌아가는" 것이다. '내'가 죽어도 세상은 변함없이 돌아갈 것이다. 죽음보다 더한 고통은 살아서 고난을 겪는 일이다. 화자는 이미 "저주받은 고난"을 겪어왔기 때문에 장차 어떤 일을 겪는다 해도 그로 인해 세상이 더 나빠질 것이 없다고 말한다. 그는 또한 스물 네 살의 나이에 죽음보다 더한 고난을 무수히 겪었기 때문에 기꺼이 죽음을 맞이할 수 있다고 말한다.

XXII

Ho[1], everyone that thirsteth[2]
　And hath the price[3] to give,
Come to the stolen waters[4],
　Drink and your soul shall live.

Come to the stolen waters,
　And leap the guarded[5] pale,
And pull the flower in season[6]
　Before desire shall fail.

It shall not last for ever,
　No more than earth and skies;
But he that drinks in season
　Shall live before he dies.

June suns, you cannot store them
　To warm the winter's cold,
The lad that hopes[7] for heaven
　Shall fill his mouth with mould[8].

---

1) *ho*: 어이, 이봐 (commanding or attempting to attract attention)
2) *thirst*: feel thirst; have a craving or strong desire
3) *price*: the cost of a thing in expenditure of effort, endurance, suffering, etc.; what is sacrificed to obtain some advantage
4) *waters*: the seas or oceans (of a particular part of the world
5) *guarded*: defended, protected, having a guard or sentry
6) *in season*: available in good condition or plentifully
7) *hope*: (폐) look for, expect or anticipate (without implication of desire)
8) *mould*: loose earth, surface soil; the dust to which a human body is regarded as returning after death

22

여보게, 누구든지 갈증을 느끼고
　대가를 치르고자 하는 사람은,
잃어버린 물가로 와서 물을 마시라,
　그러면 그대 영혼은 살리라.

잃어버린 물가로 오라,
　보초가 지키는 울타리를 뛰어넘어
욕망이 시들해지기 전에
　풍성하게 피어있는 꽃을 꺾어라.

꽃은 영원히 피어있지 않으며,
　대지나 하늘보다 오래가지 않는다;
그러나 제철에 물을 마시는 사람은
　살다가 죽으리라.

유월의 햇빛을 저장해 두었다가
　겨울의 추위를 녹일 수는 없다,
하늘만 바라보는 젊은이는
　흙으로 입을 가득 채우리라.

✤해설✤

영혼의 갈증을 느끼는 사람은 하늘이 비를 내리기만 기다리지 말고 "잃어버린 물"을 찾아가서 물을 마시라고 한다. 그런데 그 물은 본래 내 것이었는데 도난당한 물이며 그 물을 마시기 위해서는 보초가 치키는 울타리를 뛰어넘는 대가를 치러야 한다. 그 울타리를 넘어가면 샘이 있고 샘가에 꽃이 풍성하게 피어 있다. 그 꽃은 욕망의 대상이다. 그리고 그 꽃은 한 철만 피어있어 제때 꺾어야 한다. 모든 것은 때가 있는 법이다, "유월의 햇빛"은 유월에 즐겨야 하며 유월의 햇빛으로 겨울 추위를 녹일 수는 없다. 이처럼 청춘의 열정을 아껴 두었다가 늙어서 쓸 수는 없다. 이 시는 '인생은 즐길 수 있을 때 즐기라'고 하는 carpe diem의 주제를 다루고 있는 것 같으나, "stolen waters"가 뜻하는 바가 무엇인지 분명치 않다.

XXIII

Crossing alone the nighted ferry[1)]
With the one coin for fee,
Whom, on the wharf of Lethe[2)] waiting,
Count you to find? Not me.

The brisk[3)] fond[4)] lackey[5)] to fetch and carry,
The true, sick-hearted slave,
Expect him not in the just city
And free land of the grave.

---

1) *ferry*: 나루터 (the place for ferrying); *ferry*=convey or pass in boat over stretch of water
2) *Lethe*: 망각의 강 (a river in Hades whose water produced, in those who drank it, forgetfulness of the past
3) *brisk*: 활발한, 민첩한 (quick, smart, lively, rapid)
4) *fond*: 맹신적인, 맹종하는 (foolishly credulous or confident)
5) *lackey*: footman, manservant; servant

23

동전 한 푼으로 뱃삯을 치르고,
　홀로 땅거미 내린 나루터를 건너,
망각의 강 선창에서 기다리고 있노라면,
　당신은 누굴 만날 것 같은가? 나는 아니다.

짐이나 나르는 민첩하고 맹신적인 하인을,
　진실하고 마음이 병든 노예를
무덤 속의 정의로운 도시와
　자유의 땅에서는 기대하지 말라.

✤해설✤

사랑과 삶과 죽음의 주제를 다룬 작품이다. 이 시에는 현세의 삶과 사랑과 죽음에 대한 화자의 태도가 고도로 함축적인 언어로 압축되어 있다. 화자는 살아 있는 지금 자신을 노예나 하인처럼 부리고 있는 여자에게, 그녀가 죽어서 나루터에서 동전 한 푼으로 뱃삯을 치른 다음 나룻배를 타고 망각의 강을 건너 저승 땅에 도착하면 화자가 저승 선창에서 그녀를 마중할 것이라고 기대하지 말라고 단호하게 말한다. 특히 넷째 줄의 "Not me"에는 단순한 부정이 아니라 경멸과 혐오의 어조가 강하게 나타나 있다. 살아서 이렇게 당한 대가 죽어서까지 당신의 노예 노릇을 할 것 같은가? 내가 왜 당신을 마중해? 내가 죽어서도 당신에게 당할 정도로 바보일 줄 알았는가? 당신은 그렇게 믿을 정도로 바본가? 난 절대로 안 나가!

화자와 여인의 관계는 제2연에 암시되어 있다. 현세에서 두 사람의 관계는 대등한 사랑이 아니라 주종의 관계이다. 화자는 여자를 너무나 헌신적으로 사랑한 나머지 노예처럼 맹종하는 "민첩하고 어리석은" 하인이 되어 있다. 여자는 화자를 단순한 육체적 노동("to fetch and carry")이나 일삼은 충직한 노예로 부리고 있다. 그는 "마음이 병든 노예"이다. 그가 병든 이유는 사랑의 열병 때문일 수도 있고 불평등한 사랑에 대한 좌절 때문일 수도 있을 것이다. 제2연에는 또한 현세의 삶에 대한 태도가 나타나 있다. 그는 무덤이 정의와 자유의 세계이므로 노예나 하인을 부릴 수 없는 곳이라고 말한다. 죽음은 생명과 사랑을 포함한 현세의 모든 것이 공평하게 무로 돌아간 상태이다. 그러한 저승에서 정의와 자유가 무슨 의미가 있겠는가? 이 말은 현세의 삶에 대한 불평과 고발의 의미를 갖는다. 화자는 괴로운 현세보다 차라리 무덤이 더 나은 장소라고 생각한다. 우리는 이 시가 죽은 사람들의 연시가 아니라 살아있는 사람들의 연시라는 점을 간과해서는 안 된다. 세상이 나쁘다는 화자의 불평은 저승의 상황을 말해줌으로써 여자가 달라지기를 바라는 간곡한 애원에 다름 아니다.

XXIV

Stone, steel, dominions[1] pass,
  Faith, too, no wonder;
So leave alone the grass
  That I am under.

All knots that lovers tie
  Are tied to sever;
Here[2] shall your sweetheart lie,
  Untrue for ever.

---

1) *dominions*: 영토 (domain, territory), 영지 (the land of a feudal lord); 통치권, 지배력 (the power or right of governing, dominance, control)

2) *here*: i. e. in "the grass / That I am under", 즉 내 무덤에

24

바위와 강철과 영토는 사라지고,
　믿음 또한 당연히 사라진다,
그러니 내가 누워 있는 무덤 위의
　풀을 건드리지 말라.

연인들이 매어놓은 사랑의 매듭은
　곧 풀어지게 마련이다.
여기에 언제나 정숙하지 못한
　당신의 애인이 누우리라.

해설

사랑의 무상함을 다룬 작품이다. 이 세상에 변하지 않는 것은 없다. "바위와 강철과 영토"도 변하고, 믿음이나 사랑의 맹세도 덧없는 것이다. 그러니 당신의 애인이 죽어서 내 옆에 눕는다고 해서 탓하지 말라. 여자는 죽어서조차 정절을 지키지 못하고 다른 남자의 품에 안기고 싶어 할 것이라고 비꼬아 말하고 있다.

XXV

Yon flakes that fret[1] the eastern sky
  Lead back my day of birth;
The far, wide-wandered hour when I
  Came crying upon earth.

Then came I crying, and to-day,
  With heavier cause to plain[2],
Depart I into death away,
  Not to be born again.

---

1) *fret*: decorate, embroider with interlaced work
2) *plain*: give expression to sorrow, utter lamentation

25

동쪽 하늘을 수놓는 저 눈송이들은
  내가 태어난 날을 생각나게 한다;
내가 울면서 그 먼 길을 돌아
  이 땅에 나온 그 시간을.

그때 나는 울면서 왔고, 오늘,
  한탄해야 할 더 슬픈 이유로,
나는 죽음의 세계로 떠나간다,
  다시는 태어나지 않으리라.

해설

인생은 본래 슬픈 것이다. 인간은 이 세상에 태어날 때 울고, 살아가면서 더한 슬픔을 겪고 죽어야 하는 운명을 타고 난다. 그래서 화자는 다시 태어나고 싶지 않다고 말한다.

XXVI

Good creatures, do you love your lives
  And have you ears for sense[1]?
Here is a knife like other knives,
  That cost me eighteen pence.

I need but stick it in my heart
  And down will come the sky,
And earth's foundations will depart
  And all you folk will die.

---

1) *sense*: common sense, practical wisdom, judgment

26

선량한 생명체들이여, 너희는 생을 사랑하는가?
  삶의 지혜를 터득할 귀를 가졌는가?
여기 여느 칼과 다르지 않은 칼,
  18 페니짜리 칼이 하나 있다.

이것을 내 가슴에 찌르기만 하면
  하늘이 무너져 내릴 것이고,
지구의 토대가 사라지고,
  너희도 모두 죽으리라.

✣해설✣

죽음이란 무엇인가? 평범한 칼로 심장을 찌르면 하늘이 무너지고 땅이 꺼지고 모든 생명체가 한꺼번에 사라지는 것이 죽음이다. 이 시는 죽음이 이처럼 단순하면서도 엄청난 결과를 초래하는 것이므로 "삶의 지혜"를 터득하여 인생을 사랑하라는 의미를 함축하고 있다. (하우스만은 이 시를 『최종 시집』에 수록하려다가 교정단계에 제외시켰다.)

XXVII

To stand up straight and tread the turning mill,
To lie flat and known nothing and be still,
Are the two trades of man; and which is worse
I know not, but I know that both are ill.

27

똑바로 일어서서 돌고 있는 바퀴를 밟아 돌리는 것과,
반듯이 누워 아무 것도 모른 채 가만히 있는 것은,
인간이 하는 두 가지 일이다; 어느 것이 더 나쁜지
나는 모른다, 그러나 둘 다 나쁘다는 것을 나는 안다.

✤해설✤

대부분의 사람들은 다람쥐가 쳇바퀴를 돌리듯 일상사를 맹목적으로 되풀이하거나 아니면 무위도식하면서 인생을 살아간다. 이 두 가지는 모두 바람직한 삶의 방식은 아니다.

XXVIII

He, standing hushed, a pace or two apart,
  Among the bluebells of the listless[1] plain,
Thinks, and remembers how he cleansed his heart
  And washed his hands in innocence in vain.

---

1) *listless*: marked by languid indifference

28

그는, 한두 걸음 떨어진 곳에서, 무심한 평원의
  초롱꽃들 사이에 말없이 서서,
순수(純粹)에 마음을 청결히 하고 손을 씻었으나
  소용이 없었음을 생각하고 기억한다.

해설

오염된 세상에서 인간이 혼자 순수를 지키는 일은 참으로 어려운 일이다. 그러나 자연은 해마다 "초롱꽃"을 새롭게 피워 순수를 유지하고 있다.

XXIX

From the wash[1] the laundress sends
My collars[2] home with ravelled[3] ends:
I must fit, now these are frayed[4],
My neck with new ones London-made.

Homespun[5] collars, homespun hearts,
Wear to rags in foreign[6] parts[7].
Mine at least's as good as done,
And I must get a London one.

---

1) *wash*: a quantity of clothes set aside or sent away for washing or recently washed
2) *collar*: the upright or turned-over neckband of a coat, dress, shirt, etc.)
3) *ravel*: 얽히게 하다 (entangle, confuse); 풀다 (unwind, unweave, pull out by unwinding)
4) *fray*: 닳게 하다, 해어지게 하다 (wear through by rubbing, ravel out the edge or end of; become ragged at edge)
5) *homespun*: 가정에서 손으로 짠, 수직의 (spun at home)
6) *foreign*: belonging to another country or nation
7) *part*: a portion of the world; a region, an area

29

세탁소에서 세탁부(洗濯婦)가 내 옷을
끝부분이 해진 채 집으로 보냈다;
이 옷들이 이제 닳았으니, 런던에서 만든
새 깃으로 칼라를 고쳐야겠다.

집에서 짠 옷깃은, 집에서 짠 심장은,
외국에서 닳아 누더기가 된다.
적어도 내 것은 망가졌으니,
런던에서 짠 것을 하나 사야겠다.

해설

고향은 우리 영혼의 순수성을 지켜주고 지친 영혼에 새 힘을 불어넣어 주는 곳이다. 시인은 이 시에서 인간의 영혼을 옷에 비유하고 있다. 고향에서 어머니가 짜준 옷은 타향살이를 하는 동안 닳아서 누더기가 된다. 한 번 누더기가 된 옷은 아무리 세탁을 해도 새 옷이 되지는 않는다. 옷이 닳아 누더기가 되면 새 옷을 사 입으면 된다. 화자가 굳이 "런던에서 짠" 옷을 고집하는 이유는 우리의 지친 영혼은 타향에서는 새로운 영혼으로 다시 태어날 수 없다고 믿기 때문이다. 이처럼 고향은 우리의 영혼이 태어난 곳인 동시에 지친 영혼이 다시 태어날 수 있는 곳이기도 하다.

XXX

Shake hands, we shall never be friends, all's over;
    I only vex you the more I try.
All's wrong that ever I've done or said,
And nought to help it in this dull head:
    Shake hands, here's luck, good-bye.

But if you come to a road where danger
    Or guilt or anguish or shame's to share,
Be good to the lad that loves you true
And the soul that was born to die for you,
    And whistle and I'll be there.

30

악수를 하라, 우린 결코 친구가 될 수 없다, 다 끝났다;
　　내가 노력할수록 그대를 성가시게 할뿐이다.
나의 모든 언행은 다 잘못 된 것이다.
그리고 이 둔한 머리로는 그것을 피할 길이 없다:
　　악수를 하라, 행운을 빈다, 잘 가라.

그러나 만약 그대가 위험이나 죄나 고뇌나 수치를
　　함께 나누어야 할 길에 다다른다면,
그대를 진정 사랑하는 젊은이에게 친절을 베풀라,
그대를 위해 목숨 바치도록 태어난 영혼에게,
　　그리고 휘파람을 불어라 그러면 내가 거기로 가마.

해설

우정(友情)을 주제로 한 작품이다. 진정한 친구는 상대가 위험에 처하거나 죄를 지어 고통이나 수치를 당할 때 함께 있어주는 사람, 상대를 위해 목숨을 바칠 수 있는 사람이다. 이 시에서 화자는 비록 지금 친구와 악수를 하고 작별을 하지만, 그가 곤경에 처할 때는 언제든지 휘파람을 불면 달려가겠다고 말한다.

XXXI

Because I liked you better
  Than suits a man to say,
It irked[1] you, and I promised
  To throw the thought[2] away.

To put the world between us
  We parted, stiff[3] and dry[4];
'Good-bye,' said you, 'forget me.'
  'I will, no fear', said I.

If here, where clover whitens
  The dead man's knoll[5], you pass,
And no tall flower to meet you
  Starts[6] in the trefoiled[7] grass[8],

Halt by the headstone[9] naming
  The heart no longer stirred[10],
And say the lad that loved you
  Was one that kept his word.[11]

---

1) *irk*: disgust, tire, bore
2) *the thought*: 당신을 좋아한다는 생각
3) *stiff*: 고집 센, 완고한 (unbending, uncompromising, obstinate)
4) *dry*: 무정한, 냉담한 (impassive, unsympathetic, cold)
5) *the dead man's knoll*: 죽은 사내의 무덤; 여기서 죽은 사내란 작중 화자 자신을 의미함. *knoll*=small hill, mound(=a pile of earth heaped up on a grave, a tumulus, a barrow)
6) *start*: 갑자기 나오다, 뛰어오르다 (come suddenly out of a place of concealment, move suddenly)
7) *trefoiled*: trifoliate; having leaves composed of three leaflets
8) "키 큰 꽃이 갑자기 일어나서 당신을 마중하지 않는다면"이란 말은 "죽어서 꽃이 되어 당신을 만나려고 일어서지 않는다면" 결국 당신을 더 이상 성가시게 하지 않겠다는 약속을 지켰다는 사실을 암시한다.
9) *headstone*: a gravestone
10) *stir*: (vt) set in motion; "더 이상 움직이지 않는 사람"은 화자 자신을 의미하며, 그는 이제 죽어서 무덤에 묻혀 있다.
11) "당신을 사랑한 사람"이나 "약속을 지킨 사람"은 둘 다 화자 자신을 의미한다. 즉 화자는 자신의 사랑을 받아주지 않는 여인에게 더 이상 성가시게 하지 않겠다고 약속을 했고, 그 약속을 죽어서도 지켰노라고 말하고 있다.

31

남자가 말하기 쑥스러울 정도로
　내가 당신을 좋아했기 때문에,
그것이 당신을 지겹게 했고, 나는 그 생각을
　버리겠노라 약속했지요.

우리 둘 사이에 세상을 가로 놓고
　우리는 완고하고 냉정하게 헤어졌지요;
"잘 가요,"당신이 말했지요,"나를 잊어요."
　"그러겠소, 걱정 마오,"내가 대답했소.

클로버가 죽은 사내의 무덤을
　하얗게 덮고 있는 이곳을 당신이 지나갈 때,
그리고 세 잎 풀 속에서 키 큰 꽃이
　당신을 만나려고 갑자기 뛰어나오지 않는다면,

더 이상 움직이지 않는 사람의 이름이 새겨진
　묘석(墓石) 옆에서 걸음을 멈추시오,
그리고 당신을 사랑한 그 젊은이가
　약속을 지켰노라고 말하시오.

해설

이루지 못한 사랑을 주제로 한 작품이다. 남자는 여자에게 더 이상 성가시게 하지 않겠다고 약속을 했고, 죽어 무덤에 묻혀서도 "키 큰 꽃"이 되어 여자가 무덤 옆을 지나갈 때 뛰어나가 만나고 싶지만 그 약속을 지키기 위해 참는다. 이 시에는 하우스만 특유의 완곡어법이 두드러지게 나타나 있다. 그는 이와 같은 기교를 사용하여 낭만주의적 감상을 피했다. 그리고 각 연의 시행을 모두 약강3보격(iambic trimeter)으로 만들고, 각 연의 1행과 3행에서 마지막 운각을 약강약조로 만들어 마치 실연 당한 남성이 슬프게 한숨을 짓는 것 같은 느낌을 효과적으로 표현하고 있다. 이 형식은 민요시(ballad)의 율격을 변형시킨 것으로 볼 수 있다.

XXXII

With seed the sowers scatter
The furrows[1)] as they go;
Poor lads, 'tis little matter
How many sorts they sow,
For only one will grow.

The charlock[2)] on the fallow[3)]
Will take the traveller's eyes,
And gild[4)] the ploughland[5)] sallow[6)]
With flowers before it dies.
But twice 'twill not arise.

The stinging nettle[7)] only
Will still be found to stand[8)]:
The numberless, the lonely,
The thronger of the land,
The leaf that hurts the hand.

It thrives[9)], come sun, come showers,
Blow east, blow west, it springs;
It peoples[10)] towns, and towers
About the courts of Kings,
And touch it and it stings.

---

1) *furrow*: 밭고랑 (narrow trench made by plough)
2) *charlock*: 겨자과의 잡초; 곡식밭의 성가신 잡초
3) *fallow*: 휴경지, 묵힌 땅 (ground plowed and harrowed but uncropped for a year; uncultivated land)
4) *gild*: 금박을 입히다 (cover with thin layer of gold); cover, tinge or adorn with a golden colour or light)
5) *ploughland*: 경작지 (a measure of land used in the northern and eastern countries of England after the Norman Conquest, based on the area able to be tilled by one plough-team of eight oxen in the year)
6) *sallow*: 누르스름한, 흙빛의 (sickly yellow or pale brown)
7) *nettle*: 쐐기풀
8) *stand*: remain or be in a specified condition; endure, last, continue unimpaired, flourish
9) *thrive*: 잘 자라다, 무성해지다 (grow or develop well and vigorously)
10) *people*: fill (with people)

32

농부(農夫)들이 걸어가면서
　　밭고랑에 씨를 뿌린다;
한심한 젊은이들아, 몇 종류의 씨를
　　뿌리는가는 중요치 않다,
　　한 종류만 자랄 테니까.

휴경지(休耕地)에 핀 겨자풀이
　　나그네의 시선을 끌리라,
그리고 그 잡초는 죽기 전에, 황갈색의 경작지를
　　꽃으로 단장하리라, 하지만
　　겨자풀은 두 번 돋지는 않는다.

가시 돋친 쐐기풀만이 아직도
　　남아 있는 것이 보이리라:
무수한 쐐기풀, 외로운 쐐기풀,
　　땅에 무리지어 피는 쐐기풀들,
　　손을 아프게 하는 쐐기풀잎이.

해가 나고, 소나기가 내리면, 쐐기풀은 무성히 자란다,
　　동풍이 불고, 서풍이 불어도, 쐐기풀은 돋는다;
쐐기풀은 마을과, 임금님이 사는 궁전 주위의
　　탑을 가득 채운다,
　　그리고 건드리면 찌른다.

해설

세상을 곡식 씨를 뿌려도 잡초만 무성히 자라는 논밭에 비유하고 있다. 잡초들 중에는 겨자풀(charlock)처럼 죽기 전에 꽃을 피우는 것도 있지만, 쐐기풀 같은 잡초는 끈질긴 생명력으로 들판을 가득 채우고 인간에게 고통을 준다. 선(善)의 씨는 "겨자풀"처럼 단 한번 싹이 나고 꽃을 피우지만, 악(惡)의 씨는 여러 번 돋아나서 온 세상을 가득 채운다. 그래서 세상에는 선보다 악이 창궐(猖獗)한다.

XXXIII

On forelands[1] high in heaven,
  'Tis many a year gone by,
Amidst the fall[2] of even
  Would stand my friends and I.
Before our foolish faces
  Lay lands we did not see;
Our eyes were in the places
  Where we should never be.

"Oh, the pearl[3] seas are yonder,
  The amber[4]-sanded shore;
Shires[5] where the girls are fonder[6],
  Towns where the pots[7] hold more.
And here fret[8] we and moulder[9]
  By grange and rick and shed
And every moon are older,
  And soon we shall be dead."

Heigho, 'twas true and pity;
  But there we lads must stay.
Troy was a steepled city,
  But Troy was far away.
And round we turned lamenting
  To homes we longed to leave,
And silent hills indenting[10]
  The orange band of eve.

---

1) *foreland*: cape, promontory; a stretch of borderland; the land in front of something [land between hills and sea]
2) *fall*: the descent or approach of night, twilight, winter
3) *pearl*: clear pale bluish grey; resembling a pearl in colour, shape, lustre; made of pearl; set or provided with pearls
4) *amber*: 호박, 호박색 (having the yellow colour of amber)
5) *shire*: a country, a region, a district
6) *fond*: 얼빠진 (infatuated), foolish, foolishly credulous;
7) *pot*: a large sum of money; a large sum staked or betted in horse-racing
8) *fret*; 애태우다, 안달하다 (worry, distress oneself with regret, discontent, or anxiety)
9) *moulder*: decay to dust, rot away
10) *indent*: inlay, emboss

33

하늘의 접경지대에서는
  여러 해가 지나갔고,
저녁 땅거미 속에
  내 벗들과 나는 서 있었다.
우리들의 어리석은 얼굴 앞엔
  우리 눈에 보이지 않던 땅이 놓여 있다;
우리의 시선은 우리가 갈 수
  없는 곳에 닿아 있다.

"오, 진주 빛 바다가 저 너머에 있고,
  호박색 모래 덮인 해변도 있다;
처녀들이 더 정다운 시골과,
  돈이 돈을 모으는 도시가 있다.
그리고 여기 우리는 농가와 건초더미와
  창고 옆에서 안달하며 썩어간다
그리고 달은 더 늙어가고,
  우리는 곧 죽으리라."

아, 그건 사실이고 애처로웠으나,
  우리 젊은이들은 그곳에 머물어야 한다.
트로이는 첨탑이 많은 도시였으나,
  트로이는 멀리 있었다.
그리고 우리는 슬퍼하면서
  우리가 떠나고 싶어 했던 고향으로 돌아갔고,
조용한 산들이 오렌지 색
  황혼 속에 솟아있었다.

I see the air benighted
  And all the dusking dales,
And lamps in England lighted,
  And evening wrecked[1] on Wales;
And starry darkness paces
  The road from sea to sea,
And blots the foolish faces
  Of my poor friends and me.

1) *wreck*: suffer wreck

어둠에 덮인 대기와
  모든 어둠속의 골짜기가 보이고,
잉글랜드에는 등불이 불을 밝히고,
  웨일즈에는 저녁이 무너져 내렸다;
그리고 별 돋은 어둠이
  땅 끝에서 땅 끝까지 걸어가며
내 가엾은 벗들과 나의
  어리석은 얼굴들을 지운다.

✤해설✤

귀향을 주제로 한 작품이다. 젊은이들이 고향으로 돌아가 저녁 땅거미가 내릴 때 그들이 갈 수 없는 곳, 저 너머 "진주 빛 바다"와 "호박색 모래 덮인 해변"을 바라보며 서 있다. 그들은 그렇게도 고향을 떠나고 싶어 했으나 그들이 결국 머물다 죽을 곳은 고향이다. 땅거미가 내리고 별이 돋고 집집마다 등불이 켜질 때 젊은이들의 얼굴이 어둠 속에 하나씩 지워진다. (하우스만은 이 시를 『최후 시집』에 수록하려다가 교정단계에 제외시켰다.)

XXXIV

Young is the blood[1] that yonder
　　Strides[2] out the dusty mile[3],
And breasts[4] the hillside highway
　　And whistles loud the while,
　　And vaults[5] the stile.

Yet flesh, now too, has thorn-pricks,
　　And shoulders carry care[6],
Even as in other seasons,
　　When I and not my heir[7]
　　Was young and there.

On miry meads in winter
　　The football sprang and fell;
May stuck[8] the land with wickets[9]:
　　For all the eye could tell,
　　The world went[10] well.

Yet well, God knows, it went not,
　　God knows, it went awry[11];
For me, one flowery Maytime,
　　It went so ill that I
　　Designed[12] to die.

---

1) *blood*: persons of any specified blood or family collectively; (폐) a living being;
2) *stride*: (폐) tread; walk along with long firm steps
3) *mile*: 먼 거리 (a great distance)
4) *breast*: climb, face, contend with
5) *vault:* 뛰어넘다 (spring over); get over (an obstacle) by a vault
6) *care*: mental suffering, sorrow, grief; a troubled state of mind arising from fear, doubt, etc., trouble, anxiety
7) *heir*: an offspring,
8) *stick*: fix, fasten or attach
9) *wicket*: 쪽문, 작은 문 (a small door or gate, esp. one made in a large one for entrance and exit when the large one is closed)
10) *go*: turn out
11) *awry*: 비뚤어진, 들어진, 잘못된 (wrong, distorted, amiss)
12) *design*: intend, purpose

34

저기 먼지 나는 먼 길을 걸어,
산길을 오르면서,
줄곧 휘파람을 불거나,
울타리 계단을 뛰어넘는
사람의 피는 젊다.

그러나 지금도 육신은 가시에 찔리고,
어깨에는 근심을 지고 있다,
내 자손이 아니라 내가
젊어 그곳에 있었던
다른 계절에도 그랬듯이.

겨울에 진흙투성이의 초원에는
축구공이 튀어 올라 떨어졌다;
오월은 땅에 쪽문을 달았다:
눈에 보이는 것들에도 불구하고,
세상은 잘 돌아갔다.

그러나 하나님은 아신다, 세상이 잘 돌아가지 않았음을,
하나님은 아신다, 세상이 잘못 되었음을;
나에게는, 어느 꽃피는 오월에,
일이 너무나 잘못 되어,
나는 죽을 생각을 했다.

And if so long I carry
    The lot that season marred[1],
'Tis that the sons of Adam
    Are not so evil-starred[2]
    As they are hard[3].

Young is the blood that yonder
    Succeeds to rick and fold,
Fresh are the form and favour[4]
    And new the minted mould[5]:
    The thoughts are old.

---

1) *mar*: ruin, impair, damage so as to render useless
2) *evil-starred*: having a bad luck or fortune
3) *hard*: 용감한(courageous, bold); (폐) firm, steadfast, unyielding; (폐) obdurate(완고한); 무정한, 무감각한, 냉혹한 (unfeeling, callous, hard-hearted)
4) *favour*: (古) 용모, 얼굴 (appearance, aspect, look; countenance, the face)
5) *mold*: 틀 (a pattern by which something is shaped); the body regarded as the form within its clothes

그리고 그렇게 오래 내가
　　계절이 망가뜨린 운명을 지고 있다면,
그건 아담의 자손들이
　　불운(不運)했기 때문이 아니라
　　무정(無情)했기 때문이다.

저기 건초더미와 양 우리를 물려받은
　　사람의 피는 젊다.
외모와 얼굴은 신선하고
　　만들어진 육체는 새롭다:
　　그러나 생각은 낡았다.

XXXV

Half-way, for one commandment[1] broken[2],
The woman made her endless halt,
And she to-day, a glistering[3] token[4],
Stands in the wilderness of salt.
Behind, the vats of judgment brewing
Thundered, and thick the brimstone[5] snowed;
He to the hill of his undoing
Pursued his road.

---

1) *commandment*: a divine command
2) *break*: fail to keep; violate
3) *glister*: shine, sparkle, glitter
4) *token*:
5) *brimstone*: sulphur; burning sulphur; (the fuel of) hell-fire

35

도중에, 지키지 못한 계율 때문에,
그 여인은 끝없이 걸음을 멈추었다,
그리고 오늘 그녀는, 반짝이는 증표로서,
소금 벌판에 서 있다.
등 뒤엔, 거대한 심판의 솥이 끓으며
우르릉거리고, 유황불이 짙게 눈처럼 내렸다;
그는 파멸의 산으로 향하여
길을 걸어갔다.

XXXVI

Here dead lie we because we did not choose
  To live and shame the land from which we sprung.
Life, to be sure, is nothing much to lose;
  But young men think it is, and we were young.

36

살아서 우리의 고향인 땅을 욕되게 하지 않았기
  때문에 우리는 죽어서 여기 누워 있다.
인생은, 확실히, 별로 잃을 것이 없다;
그러나 젊은이들은 그렇게 생각하지 않는다, 우리도 한때는 젊었었다.

XXXVII

I did not lose my heart in summer's even,
  When roses to the moonrise burst apart:
When plumes[1)] were under heel and lead[2)] was flying,
  In blood and smoke and flame I lost my heart.

I lost it to a soldier and a foeman[3)],
  A chap that did not kill me, but he tried;
That took the sabre[4)] straight, and took it striking
  And laughed and kissed his hand to me and died.

---

1) *plume*: a feather; an ornamental feather symbolizing dignity or rank, as attached to a helmet, hat, or other head-dress
2) *lead*: 총알, 탄환 (bullets)
3) *foeman*: 적병 (an enemy in war)
4) *sabre*: 기병도, 군도 (a cavalry sword with a curved blade)

37

월출에 장미꽃 봉오리가 터지던 그 여름 저녁에도,
  나는 내 마음을 뺏기지 않았다:
깃털장식이 짓밟히고 총알이 날고 있었을 때,
  피와 연기와 화염 속에서 나는 내 마음을 잃어버렸다.

나는 한 병사에게 그것도 적병에게 내 마음을 뺏겼다,
  그 놈은 나를 죽이려다 죽이지 않았다;
그는 기병도(騎兵刀)를 겨누고, 찌르려다가
  웃으며 자기 손에 입을 맞춰 내게 보이고 죽었다.

✤ **해설** ✤

머리 위로 총탄이 빗발치고 포탄이 터지는 전쟁터에서의 한 장면을 그리고 있다. 화자는 여름 달밤에 장미꽃 봉오리가 터지는 모습을 보고도 마음을 뺏기지 않았으나, 전쟁터에서 칼을 겨누고 찌르려다가 돌연 웃으며 손으로 입을 맞춰 보이던 한 적병에게 마음을 빼앗겼다고 말한다. 적을 죽이지 않으면 자신이 죽어야 하는 전쟁터에서의 휴머니즘이 눈물겹다. 간결하고 선명한 이미지를 제시하는 기법은 파운드(Pound)를 비롯한 사상파(寫像派) 시인들의 기법과 유사하다.

XXXVIII

By shores and woods and steeples
  Rejoicing hearts receive
Poured on a hundred peoples
  The far-shed alms[1] of eve.

Her hands are filled with slumber
  For world-wide labourers worn;
Yet those are more in number
  That know her not from morn[2].

Now who sees night for ever,
  He sees no happier sight:
Night and no moon and never
  A star upon the night.

---

1) *alms*: things given in charity

2) *those . . . / That know her[eve] not from morn*: "저녁과 아침을 구별하지 못하는 사람들" 즉 죽은 사람들

38

해안과 숲과 첨탑에서
　기뻐하는 사람들은
수많은 민족에게 쏟아지고 멀리 퍼지는
　저녁의 보시(布施)를 받는다.

저녁의 손은 온 세상의 지친 노동자들에게
　베풀어 줄 잠으로 가득 차 있다;
그러나 저녁과 아침을 구별하지 못하는
　사람의 수가 더 많다.

이제 영원히 밤만 보는 사람은
　더 행복한 광경을 보지 못한다,
밤의 어둠 위에 달과 별은 보지 못하고
　오직 밤만 보는 사람은.

✣해설✣

삶과 죽음의 주제를 다룬 작품이다. 살아 있는 사람들에게 저녁은 휴식과 잠의 "보시(布施)"를 나누어 준다. 이 세상에는 살아 있는 사람들보다 죽은 사람의 수가 더 많다. 저녁의 어둠 위에는 "달과 별"이 떠 있지만 죽은 사람에게는 오직 어둠만 보일 뿐이다. 이 작품에서 시인은 죽음을 "저녁과 아침을 구별하지 못하는" 상태, 또는 "오직 밤만 보는" 상태로 묘사하고 있다.

XXXIX

My dreams are of a field[1] afar
  And blood and smoke and shot[2].
There in their graves my comrades are,
  In my grave I am not.

I too was taught the trade[3] of man
  And spelt[4] the lesson plain;
But they, when I forgot and ran,
  Remembered and remain.

---

1) *field*: the ground on which battle is fought
2) *shot*: 총탄 (pellets), 포성 (discharge of cannon or gun)
3) *trade*: (癈) a course, a way, a path; a way or manner of life, a course of action
4) *spell*: interpret, understand, comprehend, discern by close study or observation

39

나는 멀리 전쟁터와 피와
　연기와 대포소리를 꿈꾼다.
내 벗들은 무덤 속에 있고,
　나는 무덤에 있지 않다.

나 또한 인간의 길(道)을 배웠고,
　그 가르침을 분명히 이해했다;
그러나 나는 잊어버리고 달아났으나,
　그들은 기억하고 머물렀다.

해설

이 시의 화자는 전쟁에서 "인간의 길(道)"을 지키지 못하고 비겁하게 도망쳐 목숨을 구한 병사이다. 다른 전우들은 인간의 도리를 지키려고 싸우다가 죽어 무덤에 묻혀 있는 반면, 화자는 살아남았으나 자신의 잘못된 처신을 후회하며 매일 밤 꿈속에서 전쟁터의 "피와 연기"를 보고 포성을 들으며 악몽에 시달리고 있다.

XL

Farewell to a name and a number[1]
  Recalled[2] again
To darkness and silence and slumber
  In blood and pain.

So ceases[3] and turns[4] to the thing[5]
  He was born to be
A soldier cheap to the King
  And dear to me;

So smothers[6] in blood the burning
  And flaming[7] flight
Of valour[8] and truth returning
  To dust and night.

---

1) *a name and a number*: 이름과 군번, 즉 병사
2) *recall*: call back or summon (a person) to return to or from a place
3) *cease*: become extinct, die
4) *turn*: change
5) *thing*: (폐) cause, reason, sake
6) *smother*: be suffocated or stifled, die down, burn slowly
7) *flaming*: burning hot; glowing, brilliant, bright,
8) *valour*: courage or bravery, esp. in battle

40

피와 고통 속에서
　어둠과 침묵과 잠으로
다시 불려온 이름과 번호여
　잘 가거라.

그렇게 죽어서 그가 태어난
　목적으로 돌아간다,
왕(王)에게는 값없지만
　내게는 소중한 군인으로;

불타오르던 찬란한 용기와
　진리의 비상(飛上)은
피 속에서 잠들어
　흙과 어둠으로 돌아간다.

해설

1901년 10월 30일 보어전쟁(Boer War)에서 전사한 아우 허버트(Herbert Housman)의 죽음을 애도한 시이다(Graves 123). 이 시의 화자는 피비린 전쟁에서 장렬하게 전사한 전우의 넋을 위로한다. 그 전우는 왕에게는 값없는 목숨이지만 화자에게는 소중한 친구이다. 살아서 품었던 용기와 진리는 이제 "흙과 어둠"에 묻힌다. 이 시에서 죽음은 "어둠과 침묵과 잠으로" 되돌아가는 것으로 묘사되어 있다.

XLI

He looked at me with eyes I thought
  I was not like[1] to find[2],
The voice he begged for pence with brought
  Another man to mind.

Oh no, lad, never touch your cap[3];
  It is not my half-crown[4]:
You have it from a better chap
  That long ago lay down[5].

Turn east and over Thames to Kent
  And come to the sea's brim,
And find his everlasting tent[6]
  And touch your cap to him.

---

1) *like*: likely
2) *find*: meet with or come upon by chance
3) *touch your cap* (hat): (모자에 손을 대고) 인사하다 (touch the brim of the cap with the hand, as a respectful greeting)
4) *half-crown*: (영국 구 화폐) 반 크라운 경화 (2실링 6펜스의 백동화; 원래는 금화)
5) *lie down*: be dead, be buried
6) *tent*: an abode, residence, or dwelling

41

그는 내가 마주치리라 생각하지 못했던
  시선으로 나를 바라보았고,
내게 돈을 구걸하던 그의 음성은
  다른 사람을 생각나게 했다.

오, 안 돼, 젊은이, 인사하지 말게,
  그 금화는 내 것이 아니야:
자넨 오래 전에 죽은, 나보다 훌륭한
  친구에게서 그 돈을 받은 것이네.

동쪽으로 돌아 템즈강을 넘어 켄트로 가게,
  그리고 바닷가로 가서,
그의 영원한 거처를 찾아내어,
  그에게 인사를 하게.

해설

길에서 구걸하는 사람의 표정과 음성에서 지난날 자신에게 돈을 준 사람의 모습을 떠올린다. 그 사람이 인사를 하자, 화자는 그 돈이 죽은 친구의 돈이니 그 친구의 무덤을 찾아가서 그에게 인사하라고 말한다. 화자도 과거에 죽은 친구에게 꼭 같이 구걸을 한 적이 있었다.

XLII
A. J. J.[1]

When he's returned I'll tell him—oh,
  Dear fellow, I forgot:
Time was you would have cared to know,
  But now it matters not.

I mourn you, and you heed not how;
  Unsaid the word must stay;
Last month was time enough, but now
  The news must keep[2] for aye.

Oh, many a month before I learn[3]
  Will find me starting still
And listening, as the days return,
  For him that never will.

Strange[4], strange to think his blood is cold
  And mine flows easy[5] on:
And that straight look, that heart of gold,
  That grace, that manhood[6] gone.

The word unsaid will stay unsaid
  Though there was much to say;
Last month was time enough: he's dead,
  The news must keep for aye.

---

1) *A. J. J.*: Adalbert J. Jackson:
2) *keep*: 보존되다, 오래 가다 (remain for a time in a place; remain in good condition, not decay)
3) *learn*: become informed (of), hear (of)
4) *strange*: surprising, unaccountable
5) *easy*: calmly, comfortably
6) *manhood*: the state of being human; (폐) humaneness

42 A. J. 잭슨을 추모함

그가 돌아오면 내 말하리라—오,
  사랑하는 친구여, 나는 잊었다;
그땐 자네가 알고 싶어 했으리라,
  그러나 지금 그건 중요치 않다.

난 자네의 죽음을 슬퍼한다, 자넨 관심도 없지만;
  그 말은 말하지 않고 두어야 한다;
지난달엔 충분한 시간이 있었지만, 지금
  그 소식은 영원히 보존되어야 한다.

오, 내가 소식을 듣기까지는 여러 달 동안
  여전히 놀라면서, 새 날이 올 때마다,
영원히 돌아오지 못할 그를 향해
  귀 기울이리라.

그의 피가 식었고, 내 피가 편하게 흐른다는 것을
  생각하면 놀랍고도 또 놀라워라:
그리고 저 솔직한 표정, 저 고귀한 심장,
  저 기품, 저 인품이 가버리다니.

비록 할 말은 많았지만,
  못다 한 말은 못다 한 그대로 남으리라;
지난달은 충분한 시간이었다: 그는 죽었고,
  그 소식은 영원히 보존되어야 한다.

해설

A. J. Jackson을 추모하는 시이다. 하우스만이 런던에서 특허청에 근무할 때 Bayswater에서 Moses Jackson과 그의 아우 Adalbert와 방을 같이 쓴 적이 있었다. 그로부터 몇 년 후인 1892년 11월 12일에 아우 Adalbert가 장티푸스로 병원에서 사망했다. (Laurence Housman, My Brother, A. E. Housman, p. 61 참조)

XLIII

I wake from dreams and turning
  My vision[1)] on the height[2)]
I scan[3)] the beacons[4)] burning
  About the fields of night.

Each in its stedfast[5)] station[6)]
  Inflaming[7)] heaven they flare[8)];
They sign[9)] with conflagration[10)]
  The empty moors[11)] of air.

The signal-fires of warning
  They blaze[12)], but none regard[13)];
And on through night to morning
  The world runs ruinward[14)].

---

1) *vision*: the action or faculty of seeing with the eye; visual perception, sight
2) *height*: 고지, 정상 (the highest part of anything, the top, summit)
3) *scan*: 유심히 쳐다보다, 훑어보다; look at all parts successively of (face, horizon, etc.) intently or quickly
4) *beacon*: 봉홧불 (a signal fire lighted on a pole, a hill, or other high place); 신호 불 (any light or other object serving as a signal, warning or guide, esp. at sea (a lighthouse, etc.) or on an airfield)
5) *stedfast*: 고정된, 부동의 (constant, firm, unwavering)
6) *station*: 서 있는 곳 (a place in which person or thing stands)
7) *inflame*: 불태우다 (set ablaze), 불타오르다 (light up with flame)
8) *flare*: (불꽃이) 너울거리다, 훨훨 타오르다 (burn with a spreading unsteady flame, blaze or glow with flame)
9) *sign*: 표를 하다, 알리다, 신호하다 (mark with a sign)
10) *conflagration*: 큰 불, 큰 화재 (a great and destructive fire)
11) *moor*: 황무지 (an open area of uncultivated land)
12) *blaze*: 타오르다, 빛나다 (burn with a bright flame; emit bright light)
13) *regard*: 보다, 주목하다 (look at; heed, pay attention to, take notice of), 관심을 보이다 (show an interest in)
14) *ruinward*: (造) 파멸(멸망, 몰락, 타락)을 향해 (towards destruction and decay); Cf. 명사, 부사, 대명사 등과 결합하여 방향을 나타내는 형용사 또는 부사를 만든다: *backward, bedward. homeward, heavenward, skyward, seaward; to herward, to theeward, to the eastward*

43

나는 꿈에서 깨어나 고지로
　시선을 돌리고
밤의 들판에서 타오르는
　봉홧불을 쳐다본다.

봉홧불은 저마다 고정된 봉화대에서
　하늘을 불 지르며 활활 타오른다;
봉홧불은 큰 불꽃으로
　텅 빈 공중의 황무지를 밝힌다.

위험을 경고하는 신호 불들은
　타오르지만, 아무도 보지 않는다;
그리고 밤새워 아침까지 계속해서
　세상은 파멸을 향해 달린다.

✤ 해설 ✤

문명비평을 주제로 한 시이다. 위험을 경고하는 신호불인 "봉홧불"이 도처에서 활활 타오르고 있지만, 사람들은 아무도 관심을 보이지 않는다. 세상은 계속해서 파멸을 향해 달리고 있다. 오늘날 핵무기의 위험이나 환경오염으로 인한 기상이변과 같은 세상의 종말을 예고하는 신호가 곳곳에서 감지되지만, 하우스만의 시대나 그로부터 일 세기가 지난 지금도 사람들은 그 위험을 의식하지 못한 채 여전히 전쟁을 도발하고 개발이라는 미명하에 환경을 파괴하면서 종말을 향해 달려가고 있다.

XLIV

Far known to sea and shore,
  Foursquare[1] and founded well,
A thousand years it bore,
  And then the belfry fell.
    The steersman of Triest[2]
    Looked where his mark should be,
    But empty was the west
    And Venice under sea.

From dusty wreck[3] dispersed[4]
  Its stature mounts amain[5];
On surer foot than first
  The belfry stands again.
    At to-fall[6] of the day
    Again its curfew tolls
    And burdens[7] far away
    The green and sanguine[8] shoals[9].

It looks to north and south,
  It looks to east and west;
It guides to Lido[10] mouth
  The steersman of Triest.
    Andrea, fare you well;
    Venice, farewell to thee.
    The tower that stood and fell
    Is not rebuilt in me.

---

1) *foursquare*: 기초가 튼튼한, 견고한 (square-shaped, solidly based)
2) *Triest*: Trieste (이탈리아 동북부의 트리에스테 만에 면한 항구 도시; 발음은 [tri:est] 또는 [tri:este]
3) *wreck*: 잔해 (greatly damaged building or vehicle or person)
4) *disperse*: 흩어지게 하다 (scatter in different directions)
5) *amain*: exceedingly, greatly; vehemently, with full force; at full speed
6) *to-fall*: the act of coming to a close; *to-fall of the day or night*=the close of day, evening, nightfall
7) *burden*: lay a burden on, load; oppress, encumber
8) *sanguine*: blood-red; containing blood
9) *shoal*: 떼, 무리 a large number of fish, whales, etc.
10) *Lido*: 리도 섬 (이탈리아 동북부, 베네치아 라군(Lagoon of Venice)과 아드리아해 사이에 있는 일련의 섬들 중의 하나

44

바다와 해안에 널리 알려져 있고,
　정방형으로 튼튼한 기초위에 세워져 있어,
천 년을 견디다가,
　그 종탑은 무너졌다.
　　트리에스테의 키잡이가
　　목표를 어디에 둘까 하고 찾았으나,
　　서쪽은 텅 비어 있었고
　　베니스는 바다 밑에 있었다.

먼지 이는 흩어진 잔해로부터
　종탑은 높이 솟아오른다;
처음보다 더 확고한 토대위에
　종탑은 다시 일어선다.
　　날이 저물 때
　　다시 저녁종이 울리고
　　멀리서 녹색의 무리들과
　　피를 지닌 무리들을 압박한다.

종탑은 북쪽과 남쪽을
　그리고 동쪽과 서쪽을 본다;
종탑은 리도 항 어구로
　트리에스테의 키잡이를 인도한다.
　　안드레아야, 잘 가거라;
　　베니스야, 잘 가거라.
　　내 마음속에 섰다가 무너진 탑은
　　다시 지어지지 않았다.

해설

무너진 종탑이나 파괴된 도시는 잔해더미에서 다시 세울 수 있지만, 마음속의 탑은 한 번 무너지면 다시 세울 수 없다.

XLV

Smooth between sea and land
Is laid the yellow sand,
And here through summer days
The seed[1)] of Adam plays.

Here the child comes to found[2)]
His unremaining mound[3)],
And the grown lad to score[4)]
Two names upon the shore.

Here, on the level sand,
Between the sea and land,
What shall I build or write
Against the fall of night?

Tell me of runes[5)] to grave[6)]
That hold[7)] the bursting wave,
Or bastions[8)] to design
For longer date[9)] than mine.

---

1) *seed*: offspring, progeny
2) *found*: set up, establish; begin building
3) *mound*: the world, the earth as the abode of humankind; a hedge, a fence esp. forming a boundary
4) *score*: mark with a line or lines, esp. by drawing
5) *rune*: 룬 문자, 북유럽 고대 문자; a character or mark believed to have magical power
6) *grave*: form by carving, carve; engrave (an inscription, figure, etc.) on a surface
7) *hold*: restrain, (*colloq.*) withhold, cease, stop
8) *bastion*: 능보 (projecting part of fortification; similar natural rock formation); 요새, 성채, 보루
9) *date*: duration, term of life

45

바다와 육지 사이에 평탄하게
노란 모래사장이 놓여 있고,
여기 여름날 동안 내내
아담의 자손이 놀고 있다.

이곳에 어린이는 찾아와
무너진 흙무더기를 세우고,
장성한 청년은 찾아와
해변에 두 이름자를 새긴다.

여기, 바다와 육지 사이,
평평한 모래 위에,
다가올 밤에 대비하여 내가
무엇을 짓거나 쓸 것인가?

무슨 신비의 글자를 새겨야
밀려오는 파도를 막을 지 말해다오,
아니면 어떤 요새를 지어야
나보다 오래 남을 지 말해다오.

Shall it be Troy or Rome
I fence[1] against the foam[2],
Or my own name, to stay
When I depart for aye?

Nothing: too near at hand,
Planing[3] the figure[4] sand,
Effacing clean and fast
Cities not built to last
And charms[5] devised in vain,
Pours the confounding[6] main[7].

---

1) *fence*: protect, shield (from, against)
2) *foam*: foaming water, the sea
3) *plane*: 대패질하다 (make a surface even or smooth; spread out evenly or smoothly)
4) *figure*: figured: having a particular figure or shape
5) *charm*: word(s), act, or object supposedly having occult power; attractiveness
6) *confound*: overthrow, defeat, ruin; throw into confusion or disorder
7) *main*: the high seas, the open ocean

내가 트로이나 로마를 지어야
파도를 막을 수 있을까?
혹은 내가 영원히 떠날 때
내 이름자가 남을까?

아니다: 너무 가까이서
압도하는 바닷물이 쏟아져 들어와서,
글자를 새긴 모래를 대패질하고,
오래 견디도록 지어지지 못한 도시와
헛되이 고안된 주문(呪文)을
금방 깨끗이 지워버린다.

✤해설✤

인생무상을 주제로 한 작품이다. 이 세상에 영원한 것은 없다. 바닷가 모래 위에 어린이가 모래성을 쌓거나 청년이 이름 글자를 새겨 놓으면 파도가 밀려와 금방 지워버린다. 아무리 트로이나 로마처럼 튼튼한 요새를 지어도 인간의 물질문명은 시간의 파괴력을 견디지 못하며, 아무리 신비로운 글자를 발명하여 기록으로 남긴다 한다 해도 인간의 문화를 영원히 보존할 수는 없을 것이다.

XLVI
The Land of Biscay[1)]

Hearken, landsmen, hearken, seamen,
  to the tale of grief and me,
Looking from the land of Biscay
  on the waters of the sea.

Looking from the land of Biscay
  over Ocean to the sky
On the far-beholding foreland
  paced[2)] at even grief and I.

There, as warm the west was burning
  and the east uncoloured cold,
Down the waterway[3)] of sunset
  drove to shore[4)] a ship of gold.

Gold of mast and gold of cordage[5)],
  gold of sail to sight[6)] was she,
And she glassed[7)] her ensign[8)] golden
  in the waters of the sea.

Oh, said I, my friend and lover,
  take we now that ship and sail
Outward in the ebb[9)] of hues and
  steer upon the sunset trail[10)];

---

1) *Biscay*: the Bay of Biscay (비스케이 만: 프랑스 서부와 스페인 북부 사이에 있는 대서양의 만)
2) *pace*: walk with a slow or regular pace, esp. repeatedly or methodically; traverse with paces or steps
3) *waterway*: 수로 (a channel connecting two pieces of water, a route for travel or tranport by water), 항로
4) *drive to shore*: 상륙하다 (go ashore)
5) *cordage*: 배의 밧줄 (cords or ropes, esp. in rigging of ship
6) *to sight*:
7) *glass*: 비추다 (reflect as in mirror)
8) *ensign*: 기 (banner, flag)
9) *ebb*: a flowing away, a subsiding; decline, decay
10) *trail*: a mark, trace, or track, remaining on a surface, after a thing or person has passed by

46. 비스케이 만의 땅

육지 사람들아, 들어라, 뱃사람들아,
  비스케이 만의 땅에서
바닷물을 바라보면서,
  슬픔과 나에 관한 이야기를 들어라.

비스케이 만의 땅에서 바다 너머로
  하늘을 보면서
멀리 내다보이는 곶 위에서
  저녁에 슬픔과 내가 천천히 걸었다.

그곳에, 서쪽은 뜨겁게 불타오르고
  동녘은 하늘빛 그대로 차가울 때,
일몰의 물길을 따라
  황금의 배 한 척이 뭍에 닿았다.

그 배는 돛대도 황금, 밧줄도 황금,
  돛도 황금빛으로 보였고,
황금의 깃발을
  바닷물에 비추었다.

오, 내 친구이자 연인이여, 나는 말했다,
  우리 저 배와 돛을 끌고
이우는 빛 속으로 나가서
  일몰의 뱃길로 몰고 가자꾸나;

Leave the night to fall behind us
  and the clouding[1] counties leave:
Help for you and me is yonder,
  in a haven[2] west of eve.

Under hill she neared the harbour
  till the gazer could behold
On the golden deck the steersman
  standing at the helm of gold,
Man and ship and sky and water
  burning in a single flame;
And the mariner of Ocean,
  he was calling as he came:
From the highway[3] of the sunset
  he was shouting on the sea,
`Landsman of the land of Biscay,
  have you help[4] for grief and me?'

When I heard I did not answer,
  I stood mute and shook my head:
Son of earth and son of Ocean,
  much we thought and nothing said.
Grief and I abode[5] the nightfall[6],
  to the sunset grief and he[7]
Turned[8] them from the land of Biscay
  on the waters of the sea.

---

1) *cloud*: become overcast, darken with gloom
2) *haven*: a harbour; a place of shelter, safety or retreat, a refuge
3) *highway*: a main route by land or sea
4) *help*: remedy, cure, relief
5) *abide*: wait for; face, encounter, withstand; (폐) suffer, endure; tolerate, put up with
6) *nightfall*: the coming on of night, the end of daylight, the time of dusk,
7) *he*: i. e., the mariner of Ocean
8) *turn*: cause to go, send, drive

내리는 땅거미를 등 뒤로 하고
  어둠이 내리는 고향을 떠나자:
너와 나의 구원은 저 너머
  저녁의 서쪽 항구에 있다.

배는 산 아래로 항구에 다가가면
  마침내 황금빛 갑판 위에
키잡이가 황금 키를 잡고
  서있는 것이 보였고,
사람과 배와 하늘과 물이
  하나의 불꽃으로 타오르고 있었다;
그리고 바다의 선원이
  다가오며 외치고 있었다:
일몰의 바닷길에서
  바다를 향해 외치고 있었다,
"비스케이 만의 땅에 사는 육지 사람아
슬픔과 나를 구원할 길이 있느냐?"

그 말을 들었을 때 나는 대답하지 않고,
  말없이 서서 고개를 저었다:
땅의 아들과 바다의 아들로서 우린 많은
  생각을 했으나 아무 말도 하지 않았다.
슬픔과 나는, 일몰의 슬픔을 향해,
  밤이 오기를 기다렸고, 그는
그들을 비스케이 만의 땅으로부터
  바닷물 위로 내몰았다.

✤해설✤

인간의 슬픈 운명을 다룬 시이다. 바다 사람이나 육지 사람이나 슬프기는 마찬가지다. 비스케이 만에 사는 육지 사람인 <슬픔>과 <나>는 서쪽 항구에 구원이 있을 것이라 생각하고 황혼녘에 황금의 배를 타고 고향을 떠난다. 그때 바다의 선원이 육지에는 "슬픔과 나를 구원할 길이 있느냐?"고 묻는다. 인간은 어디에서도 슬픔을 피할 수 없다. 인간은 슬픔을 "친구이자 연인"으로 삼고 살아갈 수밖에 없다.

XLVII

For My Funeral

O thou that from thy mansion
  Through time and place to roam,
Dost send abroad thy children,
  And then dost call them home,

That men and tribes and nations
  And all thy hand hath made
May shelter them from sunshine
  In thine eternal shade[1]:

We now to peace and darkness
  And earth and thee restore[2]
Thy creature[3] that thou madest
  And wilt cast forth[4] no more.

---

1) *shade*: a place sheltered from the sun; the darkness of night; *eternal shade*=the shades: 저승
2) *restore*: bring back to original state;
3) *creature*: a created thing, a created being; a human being, a person
4) *cast forth*: throw out, eject, expel

47. 나의 장례를 위하여

오, 당신의 저택에서, 오래 동안
　이곳저곳을 떠돌라고,
아이들을 밖으로 내보내고는
　다시 집으로 불러들이는 당신,

인간들과 부족들과 국가들과
　당신의 손으로 만든 만물이
영원한 당신의 그늘에서
　그들을 햇빛으로부터 보호한다.

우리는 이제 평화와 어둠과
　흙과 당신에게로 돌려보낸다,
당신이 만들었고 다시는 당신께서
　쫓아내지 않을 당신의 자손을.

✣해설✣

시인이 자신의 장례식을 가정하여 쓴 시이다. 하나님은 자녀들을 오래 동안 방황하라고 내보냈다가 다시 집으로 불러들인다. 하나님의 자녀들은 방황하는 동안 하나님의 그늘에서 "인간들과 부족들과 국가들과" 하나님이 창조한 만물의 보호를 받다가 다시 하나님의 집으로 불려간다. 오랜 방황 끝에 "평화와 어둠과 흙과" 하나님에게로 돌아가는 것이 죽음이다. 이 작품은 시인의 장례식에서 송가로 불리어졌다.

XLVIII
Parta Quies

Good-night; ensured[1] release[2],
Imperishable[3] peace,
    Have these for yours,
While sea abides[4], and land,
And earth's foundations stand,
    And heaven endures[5].

When earth's foundations flee[6],
Nor sky nor land nor sea
    At all is found,
Content[7] you, let them burn:
It is not your concern[8];
    Sleep on, sleep sound.

---

1) *ensure*: make certain the occurrence of; (폐) promise to, guarantee, warrant
2) *release*: deliverance or liberation from trouble, pain, sorrow, etc.
3) *imperishable*: that cannot perish; not subject to decay; immortal, indestructible, enduring
4) *abide*: stay, remain (in a place or in some state)
5) *endure*: remain in existence, last, persist
6) *flee*: vanish, cease, pass away; go away, leave
7) *content*: satisfy; be satisfied
8) *concern*: a matter that to some person or thing; a matter that affects or touches one

48. 평화의 나라

안녕히 잠드소서; 바다가 남아 있고,
육지와 땅의 기초가 서 있고,
　　하늘이 존속하는 동안,
보장된 해방과
영원한 평화를
　　당신의 것으로 가지소서.

땅의 토대가 사라지고,
하늘이나 육지나 바다가
　　전혀 보이지 않을 때에도,
만족하소서, 그것들이 불타게 두소서:
그것은 당신이 알 바가 아니니;
　　계속 주무소서, 깊이 잠드소서.

✤해설✤

하우스만이 대학 재학 중에 어머니를 추모하며 쓴 작품이며, 1881년 3월에 발표되었다. 그 내용은 영면을 위한 기도이다. 이제 현세의 고통으로부터 해방되어 "영원한 평화"를 누리며, 이 세상이 존속하든 아니면 불타 없어지든 간에 현세의 일을 모두 잊고 편히 잠들라고 기원한다.

하우스만은 1936년 4월 30일에 작고하였고, 그의 유해는 루들로 교회(Ludlow Church)에 묻혀 있다. 그 교회 벽에 붙여진 기념 명판(銘板)에는 이 작품 첫 세 줄이 새겨져 있다. (Bourne 120)

추가 시집
Additional Poems

1937

I
Atys[1)]

'Lydians[2)], lords of Hermus river[3)],
  Sifters of the golden loam[4)],
See you yet the lances[5)] quiver
  And the hunt[6)] returning home?'

'King, the star that shuts the even
  Calls the sheep from Tmolus[7)] down;
Home return the doves from heaving,
  And the prince to Sardis[8)] town.'

From the hunting heavy laden
  Up the Mysian[9)] road they ride;
And the star that mates the maiden
  Leads his son to Croesus' side.

'Lydians, under stream and fountain
  Finders of the golden vein,
Riding from Olympus mountain,
  Lydians, see you Atys plain?'

---

1) *Atys*: 고대 리디아 왕국(Lydia)의 마지막 왕(560~546 BC) 크리이서스(Croesus)의 아들.

2) *Lydians*: 리디아 사람들; Cf. Lydia: 소아시아 서부의 고대 왕국

3) *Hermus river*: 헤르모스 강(The River Hermos)은 Lydia를 통과하여 Sipylos 산 근처에서 에게 해로 흐르는 강이다. 이 강의 발원지는 프리지아(Phrygia) 중부의 Didymos 산이며 리디아의 Tmolos 산에서 수많은 작은 지류가 흘러든다. 이 지류들 중에서 가장 중요한 것은 사금이 많은 Paktolos 강이다. (Wilkipidia)

4) *loam*: 양토(壤土)

5) *lance*: †a branch of a tree, a shoot; a spear with a long wooden shaft and iron or steel head held by a charging horseman

6) *the hunt*: a body of people (sometimes including their horses and hounds) engaged in hunting

7) *Tmolus*: Mount Tmolus: 리디아 또는 프리지아(Phrygia) (지금의 터키)에 있는 산; 그 기슭에 Sardis가 있다. [그神] 산의 신; Pan과 Apollo의 노래 시합을 심판한 신

8) *Sardis*: 소아시아 서부에 있었던 고대 도시; 옛 리디아 왕국의 수도.

9) *Mysian*: 미시아의; Cf. Mysia: 소아시아의 서부에 있었던 고대 국가; [그神] Demeter(곡물과 대지의 생산물을 관장하는 여신)의 별칭

1. 아티스

"리디아 백성들아, 헤르모스 강의 군주들아,
양토(壤土)를 채로 쳐서 금을 찾는 사람들아,
창들이 떨고 있고, 사냥꾼들이
집으로 돌아오는 것이 아직도 보이는가?"

"왕이시여, 저녁을 마감하는 별이
양들을 트몰로스 산에서 내려오라 부르고;
비둘기들이 하늘에서 집으로 돌아오고,
왕자는 수도 사르디스로 돌아옵니다."

그들은 무거운 짐을 싣고 사냥에서
미시아로 가는 길로 말을 타고 온다;
그리고 처녀와 짝을 이룬 별이
크리이서스 왕의 곁으로 아들을 데리고 온다.

"리디아 백성들아, 개울과 산 아래서
금맥(金脈)을 찾는 사람들아,
올림포스 산에서 말을 타고 오는
리디아 백성들아, 아티스가 분명히 보이는가?

'King, I see the Phrygian stranger
　And the guards in hunter's trim,
Saviours of thy son from danger;
　Them I see. I see not him.'

'Lydians, as the troop[1] advances,
　—It is eve and I am old—
Tell me why they trail their lances,
　Washers of the sands of gold.

'I am old and day is ending
　And the wildering[2] night comes on;
Up the Mysian entry wending[3],
　Lydians, Lydians, what is yon?'

Hounds behind their master whining[4],
　Huntsmen pacing dumb beside,
On his breast the boar-spear shining,
　Home they bear his father's pride[5].

---

1) *troop*: an assembled company of people or animals; a body of soldiers
2) *wilder:* cause to lose one's way
3) *wend*: go forward, proceed, make one's way
4) *whine*: utter a subdued high-pitched prolonged cry, expressive of pain, distress, or complaint
5) *pride*: a person who or thing which causes a feeling of pride

"왕이시여, 프리지아의 이방인과
　사냥꾼 복장을 한 호위병들이 보입니다,
당신의 아들을 위험에서 구한 사람들이
　보입니다. 당신의 아들은 보이지 않는군요."

"리디아 백성들아, 사냥꾼들이 다가오거든,
　―지금은 저녁이고 나는 늙었도다―
왜 그들이 창을 끌고 오는지 말해다오,
　모래를 씻어 금을 찾는 사람들아.

"나는 늙었고 해가 지고 있다
　그리고 어두운 밤이 다가온다;
미시아로 가는 길 입구에 올라오고 있는
　리디아 백성들아, 저기에 뭐가 있는가?"

주인을 뒤따르며 사냥개들이 구슬피 울고,
　그 옆에 사냥꾼들이 말없이 걸어온다,
그의 가슴에는 멧돼지 창이 꽂혀 있고,
　그들은 아버지의 자랑거리를 싣고 돌아온다.

해설

이 시는 크리이서스 왕의 아들 아티스(Atys)에 관한 전설을 소재로 쓴 작품이다. 그리스의 역사가 헤로도투스에 의하면, 그의 부친은 아들 Atys가 창에 찔려 죽는 꿈을 꾸었고, 그 결과 크리이서스 왕은 예견된 운명을 피하기 위해 아들을 즉시 결혼시키고 전쟁에 내보내지 않았다고 한다. 그러던 어느 날 거대한 멧돼지가 Mysian Olympus에서 난동을 부려서 Mysia 사람들이 크리이서스 왕에게 사람을 보내어, 그의 아들과 일단의 선발된 젊은이들과 사냥개를 보내어 멧돼지를 퇴치해 달라고 요청한다. 왕은 처음에는 거절했으나, Atys는 멧돼지 사냥을 가도록 허락해 달라고 설득한다. 왕은 마침내 허락하고 Adrastus를 보디가드로 딸려 보낸다. 사냥 도중에 Adrastus는 멧돼지에게 창을 던지다가 실수로 Atys를 죽인다. Adrastus도 죄의식에 시달리다가 Atys의 무덤 위에서 자살한다.

II

Oh were he and I together,
  Shipmates on the fleeted[1] main,
Sailing through the summer weather
  To the spoil[2] of France or Spain.

Oh were he and I together,
  Locking hands and taking leave,
Low upon the trampled heather
  In the battle lost at eve.

Now are he and I asunder
  And asunder to remain;
Kingdoms are for others' plunder,
  And content for other slain.

---

1) *fleeted*: 함대가 떠 있는
2) *spoil*: goods, valuables, territory, etc. taken forcibly from an enemy or place, as in war

2

오, 그와 나는 함께 있었지,
　함대가 떠 있는 바다에서 동료선원으로,
우린 여름 날씨에 프랑스 또는 스페인의
　점령지로 항해를 했지.

오, 그와 나는 함께 있었지,
　저녁에 패배한 전쟁터에서
짓밟힌 히스 풀 위에서
　서로 손을 마주잡고 작별을 고했지.

지금 그와 나는 서로 헤어져
　멀리 떨어져 있다;
왕국은 다른 사람들의 약탈을 위한 것이요,
　만족은 다른 죽은 사람들의 몫이다.

해설

함께 점령지를 지키다가 패배한 전투에서 죽은 전우를 생각한다. 전쟁은 두 사람을 갈라놓았다.

III

When Adam walked in Eden young,
  Happy, 'tis writ, was he,
While high the fruit of knowledge hung
  Unbitten on the tree.

Happy was he the livelong[1] day;
  I doubt 'tis written wrong:
The heart of man, for all they say,
  Was never happy long.

And now my feet are tired of rest,
  And here they will not stay,
And the soul fevers[2] in my breast
  And aches[3] to be away.

---

1) *livelong*: very long, whole, entire
2) *fever*: be seized with a fever
3) *ache to (do)*: ~하고 싶어 안달하다 (want to do something very much)

3

아담이 젊어서 에덴을 거닐 때,
  지식의 열매가 온전하게
나무에 높이 달려 있는 동안은
  행복했었다고 적혀있다.

아담이 온 종일 행복했다는 말은
  잘못 적힌 것이라 여겨진다.
뭐라 말해도, 인간의 마음은
  결코 오래 행복하지 않았다.

그리고 지금 내 발은 쉬는 데 물려
  이곳에 머물고자 하지 않으며,
내 가슴속에서 영혼은 열병에 걸려
  떠나고 싶어 안달을 한다.

해설

행복을 주제로 한 작품이다. 과연 타락하기 이전에 에덴동산에서 아담은 언제나 행복했을까? 화자는 아담이 선악과를 따먹기 전에 항상 행복했었다고 적힌 성경의 말씀이 잘못 된 것이라 생각한다. 낙원은 고난과 슬픔이 없고, 계절은 언제나 봄이고, 노동을 하지 않아도 항상 먹을 것이 풍부하여, 시간이 흐르지 않아 인간은 늙지 않고 영원히 청춘을 유지할 수 있는 곳이다. 이와 같은 낙원은 인간이 살기에 지겨운 곳일지도 모른다. 언제나 현실에 만족하지 못하고 다른 세계를 동경하는 것이 인간의 마음이니까.

IV

It is no gift[1] I tender[2],
A loan[3] is all I can;
But do not scorn[4] the lender;
Man gets no more from man.

Oh, mortal man may borrow
What mortal man can lend;
And 'twill not end to-morrow,
Though sure enough 'twill end.

If death and time are stronger,
A love[5] may yet[6] be strong;
The world will last for longer,
But this[7] will last[8] for long.

---

1) *gift*: a thing given, a present; an offering to God or a god
2) *tender*: offer, present; offer (money) as payment
3) *loan*: a sum of money, lent to be returned with or without interest; lending or being lent
4) *scorn*: hold in contempt, mock, deride
5) *a love*: an instance of being in love, an instance of affection; a beloved one, a sweetheart
6) *yet*: as formerly, still; nevertheless, and in spite of that, but for all that; in the immediate future
7) *this*: i. e., a love
8) *last*: continue, endure, go on; remain unexhausted or adequate or alive for a long time

4

내가 주는 것은 선물이 아니라,
  고작해야 빌려주는 것이다;
그러나 빌려주는 사람을 경멸하지 마라;
  인간은 인간에게서 그 이상은 얻지 못한다.

오, 인간은 인간이 빌려줄 수 있는 것만
  빌릴 수 있을 뿐이다.
그리고 그 일은 틀림없이 끝이 나겠지만,
  내일 끝나지는 않으리라.

죽음과 시간이 더 강하다 해도,
  사랑도 여전히 강할 수 있다;
세상은 더 오래 남을 테지만,
  사랑 또한 오래 지속되리라.

해설

사랑을 주제로 한 작품이다. 사랑은 공짜로 주는 "선물"이 아니라 빌려주는 것이라 한다. 빌려준다는 것은 받는 것을 전제로 한 말이다. 그리고 인간이 인간에게서 얻을 수 있는 것은 빌려주는 것뿐이라 한다. 주는 만큼 돌려받기를 기대하는 것이 인간의 마음이다. 특히 사랑은 두 사람이 서로 주고받을 때 성립이 되며, 일방적인 사랑은 진정한 사랑이 아니라 짝사랑에 불과하다.

V

Here are the skies, the planets[1)] seven,
And all the starry train[2)]:
Content you with the mimic[3)] heaven,
And on the earth remain.

---

1) *planet*: a heavenly body revolving in approximately circular orbit round the sun
2) *train*: series of persons or things; a body of people, animals, vehicles, etc., travelling together in a long line or procession
3) *mimic*: mock, sham, imitating, imitative

5

여기 하늘이 있고, 일곱 행성(行星)과
모든 별들의 행렬이 있다:
모조품 하늘에 만족하라,
그리고 지상에 머물어라.

해설

현세의 삶에 대한 애착을 표현한 시이다. 화자는 "모조품 하늘" 즉 가짜 하늘에 만족하라고 말하고 있다. 진짜 하늘은 천국이며 우리가 죽어서 가는 곳이다. "개똥밭에 굴러도 저승보단 이승이 낫다"는 속담이 있다. 인생이 아무리 슬픈 것이라 해도 참고 견디며 살아야 한다.

VI

Ask me no more, for fear I should reply;
  Others have held their tongues[1], and so can I;
Hundreds have died, and told no tale before:
  Ask me no more, for fear I should reply—

How one was true and one was clean of stain
  And one was braver than the heavens are high,
And one was fond of me: and all are slain.
  Ask me no more, for fear I should reply.

---

1) *hold one's tongue*: be silent

6

내게 더 이상 묻지 마오, 내가 대답할까 두려우니;
  다른 사람들은 침묵을 지켰고, 나도 그럴 수 있소;
수백 명의 사람들이 죽었고, 사전에 아무 이야기도 없었소:
  내게 더 이상 묻지 마오, 내가 대답할까 두려우니—

한 사람은 얼마나 진실하였고, 한 사람은 흠 없이 깨끗하였고,
  그리고 한 사람은 하늘이 높은 것보다 얼마나 더 용감하였으며,
한 사람은 얼마나 나를 좋아했는지, 그리고 모두들 어떻게 죽었는지.
  내게 더 이상 묻지 마오, 내가 대답할까 두려우니.

해설

Charles 1세(1625-49) 시대의 궁정시인(Cavalier Poets)의 한 사람인 Thomas Carew(1595-1640)의 시 "Ask Me No More"를 패러디한 작품이다. 궁정시인들은 심각한 철학적 주제를 피하고 가벼운 일상적 주제를 우아한 문체로 노래했다. 케어리(Carew)의 시는 금발머리, 꾀꼬리 같은 목소리, 별 같은 눈 등 여인의 아름다움을 예찬한 시이다. 하우스만은 이 시에서 냉소적인 어조로 진실하고 깨끗하고 용감한 사람들과 그를 좋아했던 사람이 어떻게 죽었는지 알고 있으나 말하지 않겠다고 한다. 그러나 계속해서 캐물으면 말을 할지도 모르니 더 이상 묻지 말라고 말한다.

VII

He would not stay for me, and who can wonder[1])?
He would not stay for me to stand and gaze.
I shook his hand, and tore my heart in sunder[2]),
And went with half my life about my ways.

---

1) *wonder*: be filled with wonder, great surprise or astonishment
2) *in sunder*: asunder, into a position separate and apart

7

그 사람은 나를 기다려주지 않았다, 누가 이상히 여기리오?
　그 사람은 내가 서서 바라보도록 기다려주지 않았다.
나는 그와 악수를 하고, 내 가슴을 갈기갈기 찢어놓고,
　내 인생의 절반만 가지고 내 길을 갔다.

해설

하우스만이 옥스퍼드 대학 시절에 만난 친구 Moses Jackson에 대한 사랑을 표현한 작품이다. 화자가 사랑했던 사람은 기다려주지 않고 떠났다. 그는 사랑하는 사람과 이별의 악수를 하고 보내고 나서 가슴을 찢는다. 사랑하는 사람이 인생의 절반을 가지고 가버렸기 때문에 그는 남은 절반의 인생만 가지고 살아가야 한다.

VIII

Now to her lap the incestuous[1] earth[2]
  The son she bore has ta'en.
And other sons she brings to birth
  But not my friend again.

---

1) *incestuous*: of the nature of incest; guilty of incest; (폐) begotten by incest; adulterous
2) *earth*: (the material of) the human body

8

이제 근친상간 죄를 범한 대지(大地)는
　자신이 낳은 아들을 자기 품으로 거두어들였다.
그리고 그녀는 다른 아들들을 낳지만,
　다시는 내 친구를 낳지 않는다.

해설

삶은 일회적(一回的)이다. 대지는 근친상간으로 낳은 아들화자의 친구를 자기 품으로 거두어들였다. 대지는 다른 아들을 낳지만, 다시 말해서 이 세상에는 수많은 인간이 태어나지만, 죽은 화자의 친구는 다시 태어나지 않는다.

IX

When the bells justle[1] in the tower
  The hollow night amid,
Then on my tongue the taste is sour
  Of all I ever did.

---

1) *justle: jostle*: 밀치다, 부딪다 (knock or push against; come into collision with)

9

종들이 텅 빈 밤의 어둠 속에서
  종탑에서 서로 밀칠 때,
그때 내 혀에는 내가 맛 본 것 중에서
  가장 쓴 맛이 느껴진다.

해설

한 인간의 죽음을 알리는 조종 소리를 들을 때는 입맛이 쓰다.

X

Oh on my breast in days hereafter
  Light the earth should lie,
Such weight to bear[1] is now the air,
  So heavy hangs the sky.

---

1) *bear*: support, sustain, endure; hold in position on top

10

오, 다가올 날들에는 내 가슴 위에
대지가 가볍게 놓여 있으리라,
지금 대기는 짊어질 만한 무게이고,
하늘은 매우 무겁게 걸려 있다.

해설

장차 닥쳐올 죽음을 생각한다. 대지가 가슴 위에 놓인다는 것은 죽음을 의미한다. 화자에게 아직은 하늘과 대기를 견딜만한 힘이 남아 있다.

XI

God's Acre[1)]

Morning[2)] up the eastern stair[3)]
Marches[4)], azuring[5)] the air,
And the foot of twilight[6)] still
Is stolen[7)] toward the western sill[8)].
Blithe[9)] the maids go milking, blithe
Men in hayfields stone[10)] the scythe;
All the land's alive around
Except the churchyard's idle[11)] ground.
There's empty acres[12)] west and east,
But aye 'tis God's that bears[13)] the least:
This hopeless[14)] garden that they sow
With the seeds that never grow[15)].

---

1) *God's Acre*: [G Gottesacker] God's 'seed-field' in which the bodies of the dead are 'sown': 교회묘지 (churchyard); Cf. "Thou fool, that which thou sowest is not quickened, except it die." (I Cor. 15:36)
2) *morning*: daybreak, (the light of) dawn
3) *stair*: 계단 (a series of fixed steps leading from one level to another); 사다리 (ladder)
4) *march*: walk or proceed steadily
5) *azure*: paint, dye, or colour azure(=blue)
6) *twilight*: the soft glowing light from the sky when the sun is below the horizon in morning or evening
7) *steal*: take away in secret; conceal dishonestly
8) *sill*: 문지방 (doorsill), 창문턱 (windowsill)
9) *blithe*: 유쾌한, 즐거운, 명랑한 (gay, joyous); 태평스런 (casual, careless)
10) *stone*: sharpen on a whetstone; rub or polish with a stone
11) *idle*: useless, not in use, worthless; lazy, indolent
12) *acre*: (폐) 밭, 경지 (a piece of tilled or arable land; a field)
13) *bear*: give birth to, produce, yield
14) *hopeless*: ineffectual, incompetent, stupid
15) *grow*: germinate, sprout, spring up

11. 하나님의 밭

새벽이 동쪽 계단 위로 걸어 올라와
대기를 푸르게 물들이고,
땅거미의 발이 살그머니
서쪽 문지방으로 숨어든다.
처녀들은 즐겁게 젖 짜러 가고,
사내들은 풀밭에서 즐겁게 낫을 간다;
쓸모없는 교회묘지의 땅을 제외하고는
주위의 모든 땅이 살아 있다.
동쪽과 서쪽에 빈 밭이 있으나,
그렇다 하나님의 밭이 수확이 제일 적다:
사람들은 희망 없는 이 밭에
싹트지 않을 씨를 심는다.

해설

죽음과 부활(復活)의 주제를 다룬 작품이다. 이 시의 제목인 "하나님의 밭"은 독일어 "Gottesaker"를 영역한 말이며, 죽은 사람의 시체를 묻는 교회묘지를 의미한다. 주위의 다른 밭에 뿌린 씨는 싹이 트고 자라서 열매를 맺지만, "하나님의 밭"은 "싹트지 않는 씨"를 심는 "희망이 없는 밭"이기 때문에 수확이 가장 적다. 이 말은 육신(물질)의 관점에서 보면 맞는 말이다. 물질주의에 젖어 있는 현대인들에게 부활은 한낱 허구에 지나지 않는다. 그러나 성경(고린도전서 15장 36-44절)에서 말한 부활은 육신의 부활이 아니라 영혼의 부활을 의미한다. 부활은 "썩을 것으로 심고 썩지 아니할 것으로 다시 사는 것"(42절), 다시 말해서 "육의 몸(肉身)으로 심고 영의 몸(靈魂)으로 다시 사는 것" (44절)을 의미한다.

XIA

They[1] shall have breath[2] that never were,
But he that was shall have it ne'er;
The unconceived[3] and unbegot[4]
Shall look on heaven, but he shall not[5].
The heart with many wildfires[6] lit,
Ice is not so cold as it[7].
The thirst that rivers could not lay[8]
A little dust has quenched for aye;
And in a fathom's compass[9] lie
Thoughts much wider than the sky.

---

1) *they*: 셋째 줄의 "잉태되지도 태어나지도 않은 사람들"을 가리킨다.
2) *breath*: the faculty or action of breathing, existence, spirit, life
3) *conceive*: become pregnant, be created in the womb, be engendered
4) *beget*: (아버지가 자식을) 낳다 (procreate)
5) *shall not*: 다음에 have breath가 생략됨.
6) *wildfire*: destructive or uncontrollable fire, a conflagration; will-o'-the-wisp
7) *it*: i. e., the heart with many wildfires lit
8) *lay*: cause (the sea, a wind, a cloud of dust, etc.) to subside; 가라앉히다, 진정시키다
9) *compass*: circumference, boundary; area, extent, scope; 여기서 "a fathom's compass"란 무덤을 의미한다. 살아서 마음속에 품었던 하늘보다 더 넓은 생각들이 한 길 무덤 속에 갇힌다는 의미이다.

11A

그들은 존재하지 않던 숨결을 가지겠으나,
과거에 존재했던 그 사람은 결코 갖지 못하리라;
잉태되지도 태어나지도 않은 사람들은
하늘을 바라보겠지만, 그 사람은 그러지 못하리라.
가슴은 수많은 들불로 타올랐지만,
지금은 얼음도 그보다는 차갑지 않다.
강물로도 끌 수 없었던 갈증을
한 줌의 흙이 영원히 잠재워 놓았다;
한 길의 둘레 안에
하늘보다 더 넓은 생각이 갇혀 있다.

해설

앞 작품(11번)의 속편이다. 살아 있을 때 가슴에 타오르던 불길은 죽고 나면 얼음보다 더 싸늘하게 식어버리고, 살아서 마음속에 품었던 "하늘보다 더 넓은 생각"도 "한 길의 둘레" 즉 무덤 속에 갇혀버린다. 장차 태어날 인간들은 없던 "숨결(생명 또는 영혼)"을 갖게 되고 하늘을 바라볼 수 있을 것이지만, "과거에 있었던 그 사람" 즉 죽은 사람은 숨을 쉬지도 하늘을 쳐다보지도 못한다. 죽음은 모든 것의 종말이며 부활은 있을 수도 없고 의미도 없다. (하우스만의 작품을 읽을 때 특히 대명사 용법에 주의해야 한다. 원문에서 첫 단어 "they"와 그 다음 행의 "he"가 무엇을 지시하는가를 정확하게 파악하지 않으면 의미 파악이 불가능해진다. 대명사 "they"는 한 줄 건너 셋째 줄에 나오는 "the unconceived and unbegot"를 가리키는 선행대명사이다. 그리고 "he that was"는 지금 화자의 눈앞 교회묘지의 무덤에 묻혀 있는 사람, 즉 죽은 사람을 묘사하는 완곡어법[euphemism]이다.)

XII

An Epitaph

Stay, if you list[1], O passer by the way;
Yet night approaches; better not to stay.
  I never sigh, nor flush[2], nor knit the brow[3],
  Nor grieve to think how ill[4] God made me, now.
Here, with one balm[5] for many fevers found,
Whole of an ancient evil, I sleep sound.

---

1) *list*: desire, like, choose, wish
2) *flush*: become red or hot, blush
3) *knit the brow*: knit one's brows: frown
4) *ill*: wretched, disastrous, miserable; morally evil, wicked
5) *balm*: 향고(香膏) fragrant and medicinal exudation from certain trees; aromatic ointment for anointing, soothing pain, or healing

12. 묘비명(墓碑銘)

원한다면 멈추어라, 오, 길을 가는 나그네여;
그러나 밤이 다가오니; 멈추지 않는 것이 좋으리라.
  나는 이제 한숨짓거나, 얼굴을 붉히거나, 찡그리지 않으며,
  하나님이 나를 얼마나 비참하게 만들었나 생각하고 슬퍼하지도 않는다.
여기, 수많은 열병과, 해묵은 악을 모두
고쳐줄 향고(香膏)를 바르고, 나는 깊이 잠든다.

XIII

Oh turn not in from marching
  To taverns[1] on the way.
The drought[2] and thirst[3] and parching[4]
  A little dust will lay,
  And take desire away.

Oh waste no words a-wooing[5]
  The soft sleep to your bed;
She is not worth pursuing[6],
  You will so soon be dead;
  And death will serve instead.

---

1) *tavern*: an inn, a public house
2) *drought*: dryness, lack of moisture, thirst
3) *thirst*: the physical need to drink liquid
4) *parch*: have an extreme thirst; deprive of water; become very dry and hot; shrivel up with heat
5) *woo*: pursue, seek to win
6) *pursue*: seek after, try to obtain

13

오, 행진하다가 도중에
　술집에 들르지 말라.
목이 말라 타들어가는 갈증을
　한 줌의 흙이 잠재우고
　욕망을 빼앗으리라.

오, 당신의 잠자리에 부드러운
　잠을 청하느라 언어를 낭비치 말라;
잠은 애써 얻을만한 가치가 없다,
　당신은 곧 죽을 것이고,
　잠 대신 죽음이 도우리라.

✤해설✤

죽음을 주제로 한 작품이다. 죽음은 인간의 모든 욕망을 잠재운다. 그러니 술로써 갈증을 해소하거나 억지로 잠을 청하지 말라고 한다. "한 줌의 흙"은 목이 타는 갈증을 덮어버릴 것이고, 죽으면 잠을 실컷 잘 수 있을 것이다.

XIV

'Oh is it the jar[1] of nations,
  The noise of a world run mad,
The fleeing[2] of earth's foundations?'
  Yes, yes: lie quiet, my lad,

'Oh is it my country calling,
  And whom will my country find
To shore up[3] the sky from falling?'
  My business: never you mind.

'Oh is it the newsboys crying
  Lost battle, retreat, despair,
And honour and England dying?'
  Well, fighting-cock[4], what if it were?[5]

The devil this side of the darnels[6]
  Is having a dance with man,
And quarrelsome chaps in charnels[7]
  Must bear it as best they can.

---

1) *jar*: harsh or grating sound; 충돌, 불화, 알력 (conflict, quarrel)
2) *flee*: vanish, cease
3) *shore up*: 받치다 (prop up, support with a prop)
4) *fighting-cock*: 싸움닭, 투계; 싸우기 좋아하는 사람 (warlike person)
5) *what if it were?*: i. e., what should you do if it were?
6) *darnel*: 독보리 (a grass of the genus Lolium, common as a weed in cornfields); *this side of the darnels*: 현세(現世)에서는
7) *charnel*: a cemetery; a house or vault in which dead bodies or bones are piled

14

'오. 이건 국가 간의 충돌인가?
  미친 세상의 소란인가?
땅바닥이 무너지는 소리인가?'
  그래, 그렇다; 조용히 누워 있어라, 젊은이.

'오, 이건 조국이 부르는 소리인가?
  조국은 누굴 찾아내어
무너지는 하늘을 받치게 할 것인가?'
  내가 할 일이다; 자네는 염려 말라.

'오, 신문팔이 소년이 패전과
  후퇴와 절망을 외치고 있는가?
아니면 명예와 영국이 죽어가고 있는가?'
  싸움닭아, 글쎄, 그런들 어찌 하겠는가?

독보리의 이쪽 편에서는 악마가
  인간과 춤을 추고 있고,
싸우기 좋아하는 사람들도 납골당에서는
  할 수 있는 한 참고 견뎌야 한다.

해설

삶과 죽음을 주제로 한 작품이다. 이 시는 산 자와 죽은 자의 대화 형식으로 되어 있다. 죽은 자는 살아 있을 때 무척 싸우기 좋아했던 친구다. 그는 죽어 무덤에 묻혀서도 전쟁에 대한 미련을 버리지 못하고 현세의 소음에 대해 궁금해 하며 살아 있는 친구에게 끊임없이 질문을 던진다. 화자는 죽은 친구에게 세상이 아무리 소란해도 조용히 누워 있으라고 말한다. 조국이 패전하여 하늘이 무너지고 땅이 꺼진다 해도 그건 산 사람들이 염려할 일이다. 아무리 전쟁을 좋아하는 "싸움닭"이라 할지라도, 죽어 "납골당"에 묻히면 조용히 참고 견딜 수밖에 없다. 이 시에는 또한 하우스만의 염세주의적 인생관이 잘 나타나 있다. 세상은 서로 싸우며 미쳐 돌아가고 있다. "독보리의 이쪽 편" 즉 현세는 혼란과 악이 지배하는 곳이다.

XV

'Tis five years since, 'An end,' said I;
'I'll march no further, time to die.
All's lost; no worse has heaven to give.'
Worse[1] has it given, and yet I live.

I shall not die to-day, no fear:
I shall live yet for many a year,
And see worse ills and worse again,
And die of age and not of pain.

When God would rear from earth aloof[2]
The blue height of the hollow roof,
He sought him pillars sure and strong,
And ere he found them sought them long.

The stark steel splintered[3] from the thrust[4],
The basalt[5] mountain sprang to dust,
The blazing pier[6] of diamond flawed[7]
In shards[8] of rainbow all abroad.

What found he, that the heavens stand fast?
What pillar proven firm at last
Bears up so light that world-seen span[9]?
The heart of man, the heart of man.

---

1) *worse*: 더 나쁜 일; worse thing(s)
2) *aloof*: 멀리서 (away, apart)
3) *splinter*: 쪼개지다 (break into splinters); (n) small thin sharp-edged piece
4) *thrust*: 압력 (pressure); 공격 (an attack)
5) *basalt*: 현무암
6) *pier*: 교각, 기둥 (a support of the arch or of the span of a bridge)
7) *flaw*: (갈라진) 금 (crack, break)
8) *shard*: 파편 (a piece of broken pottery; a fragment)
9) *span*: 경간(徑間), (건물이나 교량 따위의) 기둥과 기둥 사이의 거리 (any of the arches or sections of a bridge between piers)

15

5년이 흘렀다, "끝났다,"나는 말했다;
"난 더 걸지 못 하겠다, 죽어야 할 시간이다.
모든 것을 잃었다; 하늘은 최악의 것을 내게 주었다."
하늘은 여태껏 나쁜 것을 주었고, 그럼에도 나는 살아있다.

나는 오늘 죽지 않으리라, 겁낼 것 없다:
나는 더욱 오래 오래 살아서,
더 나쁜 불행을 겪고 또 겪은 후에,
고통 때문이 아니라 늙어서 죽으리라.

하나님이 푸른 하늘의 빈 지붕을
땅 위에 높이 세우고자 하실 때,
그분은 확실하고 튼튼한 기둥을 구하셨고,
오래 찾아다닌 끝에 그 기둥을 얻으셨다.

단단한 강철은 압력에 갈라졌고,
현무암 산은 무너져 내렸으며,
불타는 금강석 기둥은 금이 가서
사방에 무지개 파편으로 흩어졌다.

하늘이 굳건하게 서 있다니, 도대체 무엇을 찾으셨는가?
마침내 단단함이 입증된 어떤 기둥이
온 세상의 경간(徑間)을 그렇게 가볍게 받치고 있는가?
그건 인간의 가슴, 인간의 마음이다.

해설

인고(忍苦)의 정신을 주제로 한 작품이다. 화자는 하늘이 아무리 큰 시련을 내려도 끝까지 참고 살아가겠다고 다짐을 한다. 세상을 받칠 수 있는 기둥은 무엇인가? "강철 교각"이나 "현무암 산"이나 "금강석 기둥"도 무너졌는데, 하늘이 "굳건하게 서 있는" 이유는 무엇인가? 그것은 하나님이 세상을 받칠 확실한 기둥을 찾으셨기 때문이다. 마침내 하나님이 찾아낸 튼튼한 기둥은 인간의 마음이다.

XVI

Some can gaze[1] and not be sick[2],
But I could never learn the trick.
There's this to say for blood and breath,
They give a man a taste for death.

---

1) *gaze*: (原) stare vacantly or curiously; look intently or fixedly
2) *sick*: affected by illness, ailing; having an inclination to vomit; deeply affected by a strong emotion, sorrowful; full of repugnance or loathing, deeply disgusted

16

어떤 이들은 바라보고 슬픔을 느끼지 않지만,
나는 그 재주를 배우지 못했다.
피와 호흡에 대하여 할 말은 이것이다,
그것들은 인간에게 죽음의 맛을 보여준다.

XVII

The stars[1] have not dealt[2] me the worst they could do:
My pleasures are plenty, my troubles are two.
But oh, my two troubles they reave[3] me of rest[4],
The brains[5] in my head and the heart[6] in my breast.

Oh grant me the ease that is granted so free[7],
The birthright[8] of multitudes[9], give it to me,
That relish[10] their victuals[11] and rest[12] on their bed
With flint[13] in the bosom and guts[14] in the head.

---

1) *stars*: heavenly bodies regarded as influencing a person's fortunes, etc.
2) *deal*: distribute, give out
3) *reave*: deprive of (a person, †a place) of something by force
4) *rest*: freedom from distress or trouble; peace of mind, tranquility
5) *brains*: intellectual power, intellect, thought, sense, imagination
6) *heart*: the seat of feeling and thought; the seat of inmost thoughts and secret feelings; the soul; (the seat of) emotions, as opposed to reason
7) *free*: freely; readily, unreservedly; plentifully, abundantly, generously, liberally;
8) *birthright*: 타고난 권리, 생득권 (the rights, the privileges, possessions belonging to one by birth, as an eldest son, as being born in a certain status or country, as a human being)
9) *multitudes*: the common people, the populace
10) *relish*: 맛보다, 즐기다 (get pleasure out of, like, be pleased with)
11) *victual*: food, provisions
12) *rest*: take rest by lying down, esp. by going to sleep
13) *flint*: 부싯돌 (a piece of a hard stone used with a steel to produce fire)
14) *guts*: bowels, entails; (pl.) courage, force of character, energy

17

별들은 내게 최악의 운명을 주지는 않았다:
내게는 즐거운 일이 많고, 괴로운 일은 두 가지 뿐이다.
그러나 오, 내 두 가지 괴로움이 내게서 안식을 뺏는구나,
내 머리 속의 생각과 내 가슴 속의 감정이.

오, 그렇게 쉽게 주어지는 평안을 내게도 주소서,
가슴에는 부싯돌을 그리고 머리에는 창자를 지니고서
음식을 즐기고 잠자리에서 편히 쉬는
보통사람들의 생득권(生得權)을 내게도 주소서.

해설

인간이 괴로워하는 것은 생각과 감정이 있기 때문이다. 화자는 남들처럼 생각과 감정이 없이 그저 먹고 마시고 즐기며 편하게 살아갈 수 있었으면 하고 바란다. 하우스만은 이 시에서 아무 생각이나 감정이 없이 편하게 살아가는 사람들을 부러워하는 척하면서 실은 동물처럼 살아가는 인간답지 못한 인간들을 완곡(婉曲)하게 풍자하고 있다. 이러한 해석의 열쇠는 "flint"와 "guts"에 있다. 그 사람들의 가슴에는 부싯돌이 들어 있고 머리에는 "창자"가 들어 있다. 부싯돌은 부시(steel)와 부싯깃(tinder)이 없으면 감정의 불을 일으킬 수 없는 단순한 돌에 불과하다. 그리고 창자는 소화기능만 있을 뿐 사고하지는 못한다. 이처럼 생각과 감정이 없는 인간을 참 인간이라 할 수 있을까? 이것을 직설적으로 바꾸어 말하면, 이들의 가슴은 무감각한 돌과 같고 이들의 머리에는 오물(똥)만 가득 들어 있다는 말이 된다.

XVIII

Oh who is that young sinner with the handcuffs on his wrists?
And what has he been after[1] that they groan and shake their fists?
And wherefore is he wearing such a conscience-stricken air[2]?
Oh they're taking him to prison for the colour of his hair.

'Tis a shame to human nature, such a head of hair as his;
In the good old time 'twas hanging for the colour that it is;
Though hanging isn't bad[3] enough and flaying[4] would be fair
For the nameless[5] and abominable colour of his hair.

Oh a deal of pains he's taken and a pretty price he's paid
To hide his poll[6] or dye it of a mentionable[7] shade;
But they've pulled the beggar's hat off for the world to see and stare,
And they're haling[8] him to justice for the colour of his hair.

Now 'tis oakum[9] for his fingers and the treadmill for his feet
And the quarry-gang[10] on Portland in the cold and in the heat,
And between his spells of labour in the time he has to spare
He can curse the God that made him for the colour of his hair.

---

1) *after*: in pursuit or quest of; be after=추구하다, 찾다
2) *air*: appearance, bearing, gesture
3) *bad*: causing inconvenience or trouble, offensive, unpleasant; injurious, hurtful
4) *flaying*: 가죽을 벗기기 (stripping or pulling off the skin)
5) *nameless*: that one shrinks from naming, inexpressibly loathsome and horrific
6) *poll*: a human head; part of a human head on which hair grows
7) *mentionable*: worthy of mention
8) *hale*: drag or draw forcibly
9) *oakum*: 뱃밥 (낡은 밧줄을 푼 것; 죄수에게 낡은 밧줄을 푸는 일을 시켰음)
10) *quarry-gang*: 채석공, 채석장 인부(quarryman)

18

오, 팔목에 수갑을 차고 있는 저 젊은 죄인은 누구인가?
사람들이 투덜대며 주먹을 휘두르다니 그가 무슨 짓을 했는가?
왜 그는 양심에 거리끼는 표정을 짓고 있는가?
오, 그는 머리카락 색깔 때문에 감옥에 끌려가고 있다.

그 사람과 같은 머리카락을 가진 머리는 인간성에 대한 수치다;
옛날 같았으면, 그런 머리색은 교수형 감이었다;
비록 형언할 수 없을 정도로 끔찍하고 혐오스러운 머리카락 색깔에는
교수형으로는 충분치 않고 가죽을 벗기는 것이 마땅하겠지만.

오, 그의 머리를 감추거나 입에 담을 수 있을 정도의 색깔로 염색하려고
그는 많은 고통을 겪었고 상당한 희생을 치렀지만,
사람들은 세상 사람들이 보라고 그 거지의 모자를 벗겼고,
머리카락 색깔 때문에 그를 법정으로 끌고 가는 중이다.

이제 그는 손가락으로 낡은 밧줄을 풀고 발로는 바퀴를 돌린다
그리고 추울 때나 더울 때나 포틀랜드에서 채석장 일을 한다,
그리고 일하는 사이사이 짬을 낼 수 있는 여가 시간에
머리카락 색깔 때문에 자기를 만들어준 하나님을 저주한다.

해설

혐오스러운 머리카락 색깔 때문에 감옥에 갇힌 죄수의 이야기다. 머리카락이나 피부의 색깔은 타고난 것이며 인간이 마음대로 바꿀 수 있는 것이 아니기 때문에 죄가 될 수는 없을 것이다. 이 과장된 이야기는 인간이 만든 법의 불합리성을 풍자한 것이 아닐까? 하우스만의 시에는 죄인들을 동정하고 그들의 상황에 공감을 표현하는 내용이 많이 나온다.

XIX
The Defeated

In battles of no renown
My fellows and I fell down,
And over the dead men roar
The battles they lost before.

The thunderstruck flagstaffs fall,
The earthquake breaches the wall,
The far-felled[1] steeples resound,
And we lie under the ground.

Oh, soldiers, saluted afar
By them that had seen your star,
In conquest and freedom and pride
Remember your friends that died.

Amid rejoicing and song
Remember, my lads, how long,
How deep the innocent trod
The grapes of the anger of God[2].

---

1) *fell*: 넘어뜨리다 (cause to fall, knock or strike down)

2) *grapes of the anger of God*: 신의 분노의 포도 (신의 분노의 상징); "Wherefore art thou red in thine apparel, and thy garments like him that treadeth in the winefat? I have trodden the winepress alone; and of the people there was none with me: for I will tread them in mine anger, and trample them in my fury; and their blood shall be sprinkled upon my garments, and I will stain all my raiment." (Isaiah, 63:2-3)

19. 패배자

이름 없는 전투에서
내 벗들과 나는 쓰러졌고,
시체들 위로 으르렁거리며,
그들이 이미 패배한 전투는 계속되었다.

벼락 맞은 깃대들이 넘어지고,
지진은 담을 무너뜨리고,
멀리 쓰러진 첨탑들이 메아리치고,
우리는 땅속에 눕는다.

오, 병사들이여, 당신들의 운명의 별을 본
사람들이 멀리서 인사를 한다,
정복과 자유와 긍지 속에서
당신들의 죽은 친구들을 기억하라.

즐거워하며 노래하는 가운데,
젊은이들이여, 기억하라, 얼마나 오래
얼마나 깊게 죄 없는 사람들이
하나님의 분노의 포도를 짓밟았는지를.

해설

이 시의 화자는 패배한 전투에서 전사한 병사의 한 사람이다. 그들은 "이름 없는 전투에서" 전사한 무명의 용사들이다. 그들의 주검 위로 전투는 계속된다. 깃대와 첨탑들이 무너지고 땅이 진동하여 성벽이 파괴된다. 죽은 병사들은 살아서 "정복과 자유와 긍지"를 누리고 있는 살아남은 병사들에게 멀리서 인사를 한다. 그들은 살아 있는 병사들의 운명을 알고 있다. 살아 있는 병사들도 조국을 위해 몸 바쳐 죽을 운명을 피할 수는 없을 것이다. 화자는 살아 있는 병사들에게 "죽은 친구들을 기억하라"고 말한다. "1887년"(『슈롭셔의 젊은이』, 1)에서 여왕을 구원한 병사들처럼, 오늘의 번영이 죽은 병사들의 희생 덕택임을 기억하라는 말이다. 마지막 연에서 시인은 성경의 인유(이사야서 63:2-3)를 통해 죽은 병사들을 이스라엘 민족을 고난과 압제에서 구원한 하나님 또는 메시아에 비유함으로써, 이들이 "패배자"가 아니라 진정한 승리자요 구원자임을 암시하고 있다.

XX

I shall not die for you,
　Another fellow may;
Good lads are left and true
　Though one departs away.
　But he departs to-day
And leaves his work to do,
　For I was luckless aye,
And shall not die for you.

20

나는 자네를 위해 죽지 않을 것이네,
  다른 친구가 그렇게 할 테니;
비록 한 젊은이는 떠나지만
  선량한 젊은이들은 남아 있고 진실하다.
  그러나 할 일을 남겨두고
그는 오늘 떠난다,
  왜냐면 나는 언제나 운이 없었고,
그래서 자네 대신 죽지 않을 것이기에.

XXI
New Year's Eve

The end of the year fell chilly
  Between a moon and a moon;
Through the twilight shrilly
  The bells rang, ringing no tune.

The windows stained[1] with story,
  The walls with miracle scored[2],
Were hidden for gloom and glory
  Filling the house of the Lord[3].

Arch[4] and aisle[5] and rafter[6]
  And roof-tree[7] dizzily high
Were full of weeping and laughter
  And song and saying good-bye.

There stood in the holy places
  A multitude none could name,
Ranks of dreadful faces
  Flaming, transfigured[8] in flame.

Crown and tiar[9] and mitre[10]
  Were starry with gold and gem;
Christmas never was whiter
  Than fear on the face of them.

---

1) *stain*: ornament with coloured designs or patterns; depict in colour, print colours on
2) *score*: mark with a line or lines, esp. by drawing
3) *the house of the Lord*: 교회 (a church)
4) *arch*: an arched roof, a vault, an archway
5) *aisle*: passage between rows of pews or seats
6) *rafter*: 서까래 (one of the sloping beams forming framework of a roof)
7) *roof-tree*: 마룻대, 상량(上樑) ridge-piece: a horizontal beam along the ridge of a roof, into which rafters are fastened
8) *transfigure*: change the appearance of; transform; change into a more elevated, glorious, or spiritual form
9) *tiar*: tiara: a richly ornamental three-crowned diadem, formerly worn by popes
10) *mitre*: 주교관 (bishop's and abbot's tall cap, deeply cleft at top

21. 새해 전야(前夜)

달과 달 사이에, 한 해의 마지막이
  싸늘하게 다가왔다;
황혼 속에서 날카롭게
  종이 울었으나, 노래가 되지는 않았다.

이야기로 얼룩진 유리창과
  기적이 새겨진 벽은
주님의 집을 가득 채운
  어둠과 영광에 가려져 있었다.

둥근 천정과 복도와 서까래
  그리고 아득히 높은 마룻대는
울음과 웃음과 노래와
  작별인사로 가득 차 있었다.

그 성스러운 장소에는
  이름 모를 사람들이 모여 있었다,
불타는, 불 속에서 거룩하게 변용된,
  줄지어 늘어선 두려움에 가득 찬 얼굴들이.

왕관과 삼중관과 주교관은
  금은보화로 반짝였고,
두려움에 가득 찬 사람들의 얼굴은
  성탄절보다 더 창백했다.

In aisles that emperors vaulted[1)]
For a faith the world confessed,
Abasing[2)] the Host[3)] exalted,
They worshipped towards the west.

They brought with laughter oblation[4)];
They prayed, not bowing the head;
They made without tear lamentation,
And rendered me answer and said:

`O thou that seest our sorrow,
It fares with us even thus:
To-day we are gods, to-morrow
Hell have mercy on us.

`Lo, morning over our border
From out of the west comes cold;
Down ruins the ancient order
And empire builded of old.

`Our house at even is queenly[5)]
With psalm and censers alight[6)]:
Look thou never so keenly
Thou shalt not find us to-night.

---

1) *vault*: construct or cover in with a vault or arched roof
2) *abase*: lower in rank; humiliate, degrade
3) *the Host*: 성체(聖體) (the bread consecrated in Eucharist regarded as the body of Christ)
4) *oblation*: the action of offering something to God; the offering of the bread and wine in the Eucharist
5) *queenly*: queenlike, majestic
6) *alight*: on fire, lighted up

속세 인간들의 신앙고백을 위해
  황제들이 원형지붕으로 덮은,
성체를 무색케 할 만큼 높은 복도에서,
  사람들은 서쪽을 향해 예배했다.

그들은 웃으면서 성찬을 봉헌했고;
  고개를 숙이지 않고 기도했다;
그들은 눈물 없이 슬퍼했고,
  내게 대답하며 말했다:

"오, 우리의 슬픔을 보는 그대여,
  우리는 이렇게 지내고 있다오:
오늘 우리는 신이고, 내일은
  지옥이 우리에게 자비를 베푼다오.

"보시오, 우리의 국경 너머로 아침이
  서쪽으로부터 차갑게 다가오고;
구질서는 무너지고
  옛날에 세워진 제국도 멸망한다오.

"저녁에 우리의 집은 장엄하게
  찬송가와 향로로 밝아온다오;
그렇게 열심히 보지 마시오,
  당신은 오늘밤 우리를 보지 못할 것이오.

`We are come to the end appointed
  With sands not many to run;
Divinities disanointed[1)]
  And kings whose kingdom is done.

'The peoples knelt down at our portal,
  All kindreds under the sky;
We were gods and implored and immortal
  Once; and to-day we die.

They turned them again to their praying,
  They worshipped and took no rest,
Singing old tunes and saying
  'We have seen his star in the west,'

Old tunes of the sacred psalters[2)],
  Set to wild farewells;
And I left them there at their altars
  Ringing their own dead knells.

---

1) *disanoint*: annul the anointing or consecration of
2) *psalter*: 시편 (the Book of Pslams)

"우리는 정해진 종말로 다가가고
　시간의 모래가 얼마 남지 않았소;
성직자들은 성직을 박탈당하고,
　왕국이 멸망한 왕들도 왕권을 잃는다오.

사람들은 우리 현관에서 무릎을 꿇었소,
　하늘 아래 모든 혈족들이;
한때 우리는 불멸의 신이었고, 사람들이 우리에게
　자비를 빌었으나, 오늘 우리는 죽는다오."

그들은 다시 기도를 했고,
　쉬지 않고 예배를 드렸다,
"우리는 서쪽에서 그의 별을 보았다"라는
　옛 노래를 부르며 말했지.

열광적인 이별에 맞춰 작곡한
　성스러운 시편의 옛 노래를;
그리고 그들 자신의 조종을 울리는
　제단에 그들을 남겨두고 나는 떠났다.

XXII

R.L.S.[1]

Home is the sailor, home from sea:
  Her far-borne[2] canvas[3] furled[4]
The ship pours[5] shining on the quay
  The plunder[6] of the world.

Home is the hunter from the hill:
  Fast[7] in the boundless snare
All flesh[8] lies taken at his will[9]
  And every fowl of air.

'Tis evening on the moorland free[10],
  The starlit wave is still:
Home is the sailor from the sea,
  The hunter from the hill.

---

1) *R. L. S.*: Robert Louis Stevenson; 스티븐슨은 1894년 12월 3일에 작고했고, 하우스만은 스티븐슨의 "Requiem"를 모방하고 있다.
2) *far-borne*: far-flung; Cf. bear=extend or stretch in a given direction
3) *canvas*: sails
4) *furl*: 감아올리다 (roll up and secure neatly)
5) *pour*: cause to flow in stream
6) *plunder*: goods and valuables taken by force from an enemy;
7) *fast*: in a close-fitting manner, tightly
8) *flesh*: the animal kingdom
9) *at his will*: as he pleases
10) *free*: clear of obstructions, open, not blocked, unobstructed

22. 로버트 루이스 스티븐슨

선원이 돌아왔다, 바다에서 집으로:
넓게 펴진 돛을 접고
배는 부두에서 찬란히 빛나면서
세상의 전리품을 쏟아낸다.

사냥꾼이 산에서 집으로 돌아왔다:
넓은 덫에 가득히
마음대로 잡은 온갖 짐승들과
공중의 온갖 새들이 들어있다.

드넓은 황무지에는 저녁이 오고,
별 총총한 밤 파도는 고요하다:
선원은 바다에서 집에 돌아왔고,
사냥꾼은 산에서 집에 돌아왔다.

해설

로버트 루이스 스티븐슨의 "진혼곡(Requiem)"을 패러디한 작품이다.

XXIII

The Olive

The olive in its orchard
  Should now be rooted sure[1),
To cast abroad[2)] its branches
  And flourish[3)] and endure[4)].

Aloft[5)] amid the trenches[6)]
  Its dressers[7)] dug[8)] and died
The olive in its orchard
  Should prosper[9)] and abide[10)].

Close should the fruit be clustered
  And light the leaf should wave,
So deep the root is planted
  In the corrupting grave.

---

1) *sure*: † completely, fully
2) *abroad*: broadly, widely, in different directions
3) *flourish*: grow vigorously, thrive; † flower, blossom
4) *endure*: remain in existence, last, persist
5) *aloft*: † on the top, on the surface
6) *trench*: a long narrow ditch or furrow cut out of the ground
7) *dresser*: 땅을 갈고 거름을 주며 보살피던 사람 (one who cultivates or tends); Cf. *dress*=cultivate (the field, garden, plant); treat with manure, compost or other fertilizer
8) *dig*: turn up the ground with a spade, pick, etc.
9) *prosper*: flourish
10) *abide*: stay, remain

23. 올리브나무

과수원의 올리브나무는
　지금쯤 완전히 뿌리를 내리고.
가지를 넓게 뻗고
　무성히 자라 오래 오래 살리라.

밭고랑 사이에서 나무를 보살피던
　사람들은 땅을 파놓고 죽었다,
과수원의 올리브나무는 당연히
　잘 자라서 오래 오래 살리라.

열매는 주렁주렁 달릴 것이고,
　잎은 살랑살랑 바람에 나부끼리라.
뿌리가 썩어가는 무덤 속에
　깊이깊이 박혀 있으니.

해설

올리브나무는 평화를 상징한다. 올리브나무는 지금 비옥한 땅에 뿌리를 내리고, 잎을 무성히 피우고 , 주렁주렁 열매를 달고 있다. 나무를 보살피던 이는 죽었지만 나무는 무성히 자라서 오래 살아남을 것이다. 올리브나무가 무성하게 자란 이유는 그 "뿌리가 썩어가는 무덤 속에 / 깊이 깊이 박혀 있기" 때문이다. 오늘 평화가 유지되는 것은 "밭고랑 사이에서 나무를 보살피다가" 죽은 사람들과 같은 수많은 사람들의 희생 덕택이다.

참고문헌

1. Primary Sources:

Ricks, Christopher (ed.). *A. E. Housman: Collected Poems and Selected Prose*. London: Penguin Books, 1988.

2. Secondary Sources:

Ricks, Christopher (ed.). *A. E. Housman: A Collection of Critical Essays.* Englewood Cliffs, N. J.: John & Sons, 1968.

Bayley, John. *Housman's Poems*. Oxford: Clarendon Press, 1995.

Bourne, Jeremy. *The Westerly Wanderer: A Brief Portrait of A. E. Housman.* The Housman Society, 1996.

Gardner, Philip (ed.). *A. E. Housman: The Critical Heritage.* London: Routledge, 1992.

Gow, A. S. F. *A. E. Housman: A Sketch.* Cambridge: Cambridge UP, 1936.

Graves, Richard Perceval. *A. E. Housman: The Scholar-Poet.* New York: Charles Scribner's Sons, 1979.

Hawkins, Maude M. *A. E. Housman: Man Behind a Mask.* Chicago: Henry Gegnery Company, 1958.

Leggett, B. J. *Housman's Land of Lost Content: A Critical Study of 'A Shropshire Lad'.* Knoxville: University of Tennessee, 1970.

Leggett, B. J. *The Poetic Art of A. E. Housman: Theory and Practice.* Lincoln and London: University of Nebraska Press, 1978.

Maas, Henry. *The Letters of A. E. Housman.* London: Rupert Hart-Davis, 1971.

Withers, Percy. *A Buried Life.* London: Jonathan Cape, 1940.

Index of First Lines

Along the field as we came by /80
As I gird on for fighting /192
As through the wild green hills of Wyre /106
Ask me no more, for fear I should reply /430
Be still, my soul, be still; the arms you bear are brittle /142
Because I liked you better /372
Bells in tower at evening toll /344
Beyond the moor and the mountain crest /188
Bring, in this timeless grave to throw /136
By shores and woods and steeples /390
Clunton and Clunbury /146
Could man be drunk for ever /212
Crossing alone the nighted ferry /356
Delight it is in youth and May /346
Far I hear the bugle blow /162
Far in a western brookland /152
Far known to sea and shore /402
Farewell to a name and a number /394
Farewell to barn and stack and tree /36
For these of old the trader /310
From Clee to Heaven the beacon burns /12
From far, from eve and morning /96
From the wash the laundress sends /368
Give me a land of boughs in leaf /326
Good creatures, do you love your lives /362
Good-night; ensured release /414
Half-way, for one commandment broken /382
He is here, Urania's son /248
He looked at me with eyes I thought /396
He stood, and heard the steeple /226
He would not stay for me, and who can wonder /432
He, standing hushed, a pace or two apart /366
Hearken, landsmen, hearken, seamen /408
Her strong enchantments failing /194
Here are the skies, the planets seven /428
Here dead lie we because we did not choose /384
Here the hangman stops his cart /138
High the vanes of Shrewsbury gleam /86

Ho, everyone that thirsteth /354
Home is the sailor, home from sea /468
How clear, how lovely bright /342
I 'listed at home for a lancer /200
I did not lose my heart in summer's even /386
I hoed and trenched and weeded /180
I lay me down and slumber /336
I promise nothing: friends will part /334
I shall not die for you /460
I to my perils /322
I wake from dreams and turning /400
I walked alone and thinking /262
If in that Syrian garden, ages slain /304
If it chance your eye offend you /134
If truth in hearts that perish /98
In battles of no renown /458
In midnights of November /236
In my own shire, if I was sad /116
In summertime on Bredon /68
In the morning, in the morning /246
In valleys green and still /204
Into my heart an air that kills /114
Is my team ploughing /82
It is no gift I tender /426
It nods and curtseys and recovers /56
Leave your home behind, lad /18
Like mine, the veins of these that slumber /350
Loitering with a vacant eye /150
Look not in my eyes, for fear /54
Loveliest of trees, the cherry now /16
Lydians, lords of Hermus river /418
Morning up the eastern stair /440
My dreams are of a field afar /392
Now dreary dawns the eastern light /258
Now hollow fires burn out to black /170
Now to her lap the incestuous earth /434
O thou that from thy mansion /412
O youth whose heart is right /314
Oh fair enough are sky and plain /66
Oh hard is the bed they have made him /196
Oh is it the jar of nations /448
Oh on my breast in days hereafter /438
Oh see how thick the goldcup flowers /26
Oh stay at home, my lad, and plough /286

Oh turn not in from marching /446
Oh were he and I together /422
Oh who is that young sinner with the handcuffs on his wrists? /456
Oh, sick I am to see you, will you never let me be? /100
Oh, when I was in love with you /60
On forelands high in heaven /376
On moonlight heath and lonesome bank /40
On the idle hill of summer /102
On Wenlock Edge the wood's in trouble /94
On your midnight pallet lying /46
Once in the wind of morning /120
Onward led the road again /264
Others, I am not the first /92
Say, lad, have you things to do? /76
Shake hands, we shall never be friends, all's over /370
Shot? so quick, so clean an ending? /130
Smooth between sea and land /404
Soldier from the wars returning /206
Some can gaze and not be sick /452
Star and coronal and bell /228
Stars, I have seen them fall /324
Stay, if you list, O passer by the way /444
Stone, steel, dominions pass /358
Tarry, delight, so seldom met /340
Tell me not here, it needs not saying /292
Terence, this is stupid stuff /174
The chestnut casts his flambeaux, and the flowers /208
The end of the year fell chilly /462
The fairies break their dances /242
The farms of home lie lost in even /338
The half-moon westers low, my love /254
The lad came to the door at night /154
The lads in their hundreds to Ludlow come in for the fair /74
The laws of God, the laws of man /216
The mill-stream, now that noises cease /348
The night is freezing fast /240
The night my father got me /222
The olive in its orchard /470
The orchards half the way /276
The Queen she sent to look for me /198
The rain, it streams on stone and hillock /234
The rainy Pleiads wester /332
The sigh that heaves the grasses /256
The sloe was lost in flower /244

The snows are fled away, leaves on the shaws /318
The Star-filled seas are smooth to-night /168
The stars have not dealt me the worst they could do /454
The street sounds to the soldiers' tread /72
The sun al noon to higher air /44
The time of year a twelvemonth past /78
The time you won your town the race /62
The time, I think, by Wenlock town /112
The vane on Hughley steeple /172
The Wain upon the northern steep /232
The weeping Pleiads wester /330
The wind out of the west land blow /110
The world goes none the lamer /352
There pass the careless people /52
There, in the day when heaven was falling /284
They say my verse is sad: no wonder /302
They shall have breath that never were /442
Think no more, lad; laugh, be jolly /144
'Tis five years since, 'an end,' said I /450
'Tis mute, the word they went to hear on high Dodona mountain /252
'Tis spring; come out to ramble /90
To stand up straight and tread the turning mill /364
Twice a week the winter thorough /58
Wake not for the world-heard thunder /260
Wake: the silver dusk returning /22
We'll to the weeds no more /186
West and away the wheels of darkness roll /282
Westward on the high-hilled plains /160
What sound awakened me, I wonder /218
When Adam walked in Eden /424
When first my way to fair I took /280
When green buds hang in the elm like dust /328
When he's returned I'll tell him—oh /398
When I came last to Ludlow /166
When I meet the morning beam /126
When I was one-and-twenty /50
When I watch the living meet /48
When I wood muse in boyhood /272
When Israel out of Egypt came /306
When lads were home from labour /296
When smoke stood up from Ludlow /32
When summer's end is nighing /288
When the bells justle in the tower /436
When the eye of day is shut /274

When the lad for longing sighs /30
White in the moon the long road lies /104
With rue my heart is laden /158
With seed the sowers scatter /374
Yon flakes that fret the eastern sky /360
Yonder see the morning blink /214
Young is the blood that yonder /380